죽어도 사는 사람
불멸의 링컨 유산

The Man Who Lives Even After Death
The Immortal Abraham Lincoln's Legacy

Donggill Kim & Sung-Hack Kang

Far East University Press

죽어도 사는 사람
불멸의 링컨 유산

김동길·강성학

극동대학교 출판센터

죽어도 사는 사람
불멸의 링컨 유산

1판1쇄 발행 2018년 1월 8일

지 은 이   김동길·강성학
펴 낸 이   한상호
펴 낸 곳   **극동대학교 출판센터**
등   록   제 2012-000001호
주   소   충북 음성군 감곡면 대학길 76-32 극동대학교 관광관 112호
전   화   043-879-3570~1
팩   스   043-879-3572
이 메 일   kdu879@hanmail.net

책값은 뒤표지에 있습니다.

잘못된 책은 구매처에서 바꾸어 드립니다.
이 책의 내용은 저작권법에 따라 보호받고 있습니다.

ISBN 979-11-962665-0-9 03340

이 도서의 국립중앙도서관 출판예정도서목록(CIP)은 서지정보유통지원시스템
홈페이지(http://seoji.nl.go.kr)와 국가자료공동목록시스템(http://www.nl.go.kr/kolisnet)에서
이용하실 수 있습니다. (CIP제어번호 : CIP2017035242)

▌저자 서문 ▌

링컨과 한국인

"분열된 집은 스스로 설 수 없다."
– 에이브러햄 링컨

 2006년 10월 핵실험 성공 이후 북한은 넓게는 국제평화와 안전을 위협하고 있지만, 더욱 직접적으로는 대한민국의 생존을 위협하고 있다. 하지만 유엔을 비롯한 국제사회와 한국은 지난 20년 동안 모든 것이 잘될 것이라는 막연한 낙관론에 취한 채 잠자고 있었다. 아니 더 나아가 대한민국의 경우 과거 두 명의 대통령이 추진한 대북 평화와 유화정책은 부분적이나마 북한의 핵개발을 앞당기는데 실질적인 도움을 주었을 수도 있다. 긴 잠에서 깨어났을 때 한국은 절체절명의 위기를 마주하고 말았다. 만일 남한만의 비핵화 상태가 지속되고, 더구나 탈원전으로 핵무장의 가능성마저 완전히 배제하는 가운데, 북한의 핵무장이 어떤 형태로든 국제적으로 용인 혹은 묵인되고, 더 나아가 남한이 경제협력이라는 이름으로 북한의 경제발전을 돕는 정책을 추진한다면, 그것은 결국 북한으로 하여금 머지않아 남한을 흡수 통일하게 하려는 불순한 목적을 위한 기만적 전략으로 이어지게 될 것이다. 과거 한국전쟁의 최초 여성 종군기자였던 마거리트 히긴스(Marguerite Higgins)는 한국에 묻힌 유엔 참전용사들에게 헌정한 〈한국전쟁〉(*War in Korea*, 1951)에서, 민주주의 시민들에게 다음과 같은 경고를 한 바 있다.

> "불행하게도 자유국가들은 독재국가로부터의 위험을 무시하는 만성적인 기질이 있다. 히틀러는 그가 무엇을 할 것인지를 말했었다. 북한은 그들이 무엇을 할 것인지를 말했고, 중국 또한 그랬다. 그러나 우리는 그들이 말하는 것을 좋아하지 않았기 때문에 그들이 하는 말을 믿지 않았었다."[1]

이것은 바로 지금을 살아가는 한국인들에게도 여전히 적절한, 아니 어쩌면 너무도 늦어버린 경고라고 할 수 있다.

---

1 강성학, 『한국의 지정학과 링컨의 리더십』(서울: 고려대학교 출판문화원, 2017), pp. 144-145에서 재인용.

그러나 민주주의의 속성을 고려할 때, 지금이라도 모든 한국인들이 대오각성하고 일치단결하여 각자가 자기 희생을 각오하고, 모두가 함께 최후의 총력전을 준비해 나간다면 희망이 없지는 않을 것이다. 깜박이는 희망을 빛나는 승리로 전환시키기 위해서는 지혜로운 예언자적 비전과 함께 최후의 승리를 가져다 줄 영웅적 지도자가 출현해야 한다. 본서가 역사상 가장 위대한 민주주의의 지도자였던 에이브러햄 링컨을 다룬 이유도 여기에 있으며, 오늘날 이 땅이 절박하게 필요로 하는 것이 바로 그가 남긴 불멸의 유산이다.

한국인들 가운데 링컨의 민주주의에 대한 정의, 즉 "인민의, 인민에 의한, 인민을 위한 정부"라는 구절을 모르는 사람은 아마도 거의 없을 것이다. 그러나 동시에 대부분 한국인들의 링컨 대통령에 대한 지식은 그가 19세기 미국 남북전쟁에서 승리하여 노예를 해방시킨 후 불행히도 암살당한 비운의 대통령이었다는 정도에 그치지 않나 생각된다. 왜냐하면 한국인들은 학창시절 교과서에 실리지 않은 링컨에 관해 구체적으로 배운 적이 없기 때문이다. 어쩌면 어린 시절 위인전을 통해 링컨을 알게 된 사람도 링컨에 대한 지식은 매우 피상적인 수준에 머물러 있을 것으로 생각된다. 그만큼 에이브러햄 링컨은 한국인들에겐 낯선 역사적 인물이다. 20세기 초반이 되어서야 한국에 근대 교육이 본격 도입되었고, 또 일제 강점하 민족주의의 성장기에 한국의 독립운동가들이나 지식인들에겐 링컨보다는 "민족자결의 원칙"을 선언한 미국의 우드로 윌슨 대통령이나, "반제국주의 투쟁"을 선전한 러시아 혁명가 레닌의 이름이 더 빈번하고 매력적으로 다가왔다는 점 등을 고려하면 더욱 그렇다.

제1차 세계대전 당시 한국인들을 포함하여 식민지 처지의 민족들에겐 윌슨의 민족자결의 원칙이 희망의 빛으로 다가왔지만,[2] 제1차 세계대전에 참전한 미국의 윌슨 대통령이 내건 전쟁의 목적은 "민주주의가 안전한 세계"를 수립하는 것(to make the world safe for democracy)이었다. 링컨은 남북간 내전을 "지구상에서 인민의, 인민에 의한, 인민을 위한 정부가 사라지는 것"을 막기 위한 투쟁으로 보았다. 이러한 링컨의 궁극적인 비전은 자신의 정당이 아니라, 20세기 최초의 민주당 대통령인 우드로 윌슨 대통령의 "세계로

....

[2] Erez Manela, *The Wilsonian Moment: Self-Determination and the International Origins of Anticolonial Nationalism* (Oxford: Oxford University Press, 2007). 윌슨이 한국의 3.1독립운동에 미친 영향에 관해서는, 제6장 "Seizing the Moment in Seoul," pp. 119–135 참조

나가는 교량"(a bridge to the world)에서 발견된다.3 윌슨은 링컨을 가장 위대한 본보기로 간주했다. 윌슨은 특히 제1차 세계대전에서 민주주의가 안전한 세계를 만들기 위해 투쟁하는 과정에서 링컨의 사상과 경험을 보다 깊이 이해하려고 모색했다.4

그러나 전후 민주주의는 안전하지 못했다. 마르크스-레닌주의에서 비롯된 계급투쟁의 위협에 처한 이탈리아와 독일에서 각각 무솔리니(Mussolini)의 파시즘과 히틀러(Hitler)의 나치즘이 "야만적 볼셰비즘"(barbaric Bolshevism)과 "타락한 민주주의"(decadent Democracy)의 유일한 대안이라고 호소하더니, 정권을 잡자마자 전체주의적 독재체제로 전락해버렸다. 반면 반제국주의의 깃발을 앞세운 수많은 민족주의 세력들은 제2차 세계대전에서 연합국이 승리하자 바로 그 연합국이 창설한 유엔의 탈식민화(de-colonialism) 운동에 힘입어 신생 국가들을 수립했다. 그 과정에서 미국과 소련의

---

3 Mary Elizabeth Stockwell, "Woodrow Wilson and Lincoln's Bridge to the World," in Robert P. Watson, William D. Pederson, and Frank J. Williams, eds., *Lincoln's Enduring Legacy: Perspectives from Great Thinkers, Great Leaders, and the American Experiment* (Lanham, Maryland: Lexington Books, 2011), p. 63.

4 Mary Stockwell, *Woodrow Wilson: The Last Romantic*(New York: Nova Science Publishers, 2008).

영향 하에 들어간 민주주의 세력은 미국식 자유민주주의를 받아들이거나, 혹은 소련식 공산당의 일당지배하에 "인민민주주의"라는 간판을 걸고 실제로는 좌익 전체주의 체제의 길을 택했다. 한 민족이 남과 북으로 분단되어 미국과 소련이라는 두 초강대국의 후원 하에 두 개의 판이하게 다른 이념적 정치체제가 각각 수립된 한반도의 경우가 전형적인 역사적 실례라고 하겠다.

소위 인민민주주의를 내세운 소련식 전체주의 체제의 북한에서 자유민주주의의 상징적 인물 가운데 하나인 에이브러햄 링컨의 이름이 전혀 등장하지 않은 것은 조금도 이상할 것이 없다. 한편 미국식 자유민주주의를 택한 대한민국의 창설자들은 미국의 윌슨 대통령을 칭송했었다. 그러나 남한 내 "민주주의" 담론의 과잉 현상에도 불구하고, 거의 모든 한국 정치지도자들의 입에서조차 링컨의 이름이 제대로 등장하지 않은 것은 참으로 이상한 일이다. 그것은 한국인들이 교육을 통해 링컨에 대해 다소라도 배운 적이 없다는 사실과 함께, 어쩌면 수많은 정치인들이 주장하는 민주주의가 미국식 자유민주주의와는 동떨어진 "다른 형태의 민주주의"를 마음에 두고 있는 것으로부터 비롯된 것은 아닐까 하는 추측을 가능하게 한다. 물론 여기서 그것들이 어떤 민주주의였는가를 가리려는 것은 아니다. 여기서 지적하려는 것은 한국인들이 진정으로 자유민주주의를 원한다면, 또 자유민주주의에 입각한 한반도의 통일된 조국을 원한다면, 지금부터라도 윌슨 대통령이 자신의 가장 위대한 정치적 스승이라고 인정했던 에이브러햄 링컨으로 돌아가야 한다는 점을 강조하려는 것이다. 왜냐하면 링컨이야말로 진정한 자유민주주의와 그에 입각한 통일국가 수립의 대표적 상징이라고 해도 결코 과언이 아니기 때문이다.

보다 구체적으로 말해서, 오늘의 시점에서 대한민국은 밖으로는 가공할 핵무기를 손에 쥔 북한 김정은 독재정권의 위협에 국가적 생존이 백척간두에 선 것처럼, 풍전등화의 위태로운 처지에 놓여있고, 안으로는 국민들에게 온갖 복지정책으로 고통없는 삶을 약속하며 무조건적 지지를 요구하는 정치인들로 인해 혼란스러운 상황 가운데 놓여 있다. 한국인들은 억압 때문이 아니라 몽테스키외(Montesquieu)가 일찍이 경고했듯이 스스로 진정한 자유인의 독립적 자유의지를 포기하고 국가에 의해 자신의 삶 전체가 관리당하는 "부드러운 전제정치"(Soft Despotism)[5]에 빠져들고 있는 안타까운 처지에 있다. 그것이 아무리 부드럽다 해도 국가에 의해 관리되는 세계는 곧 전체주의의 세계이다. 한국인들이 정말 애완동물이나 동물원 속의 동물 같은 삶을 알면서도 원하는 것일까? 국가통치관료들에 의해 조정되는 안락한 삶이 진실로 지속적으로 가능하긴 한 것일까? 과거 소련과 동유럽 국가의 인민들은 그런 삶의 경험을 통해 그것이 얼마나 거짓된 것인지를 깨달았다. 지난 20세기 말 동유럽의 민주화 혁명과 소련 공산주의 체제의 붕괴가 시작된 것도 바로 이 때문이었다.

과연 한국인들에게 이런 내우외환의 진퇴유곡에서 벗어날 수 있는 비전과 그것을 실현해줄 지도자는 없는 것인가? 바보는 직접 경험으로만 배우는 법이다. 보다 현명해지기 위해서, 바보처럼 구태여 과거 동유럽인들과 러시아인들이 고통 속에 경험했던 그 기나긴 길을 한국인들 역시 꼭 거쳐야만 하는 것일까? 히틀러에 직면하여 1930년대의 프랑스인들과 영국인들이 범했던 실수를 꼭 직접 실천해 보아야만 하는 것일까? 그것들은 참으로 어리석은 선택이 될 것이다. 저자는, 적어도 이론적으로 말한다면, 현재 한국인들이 직면하고 있는 진퇴유곡의 질곡에서 벗어날 수 있는 그런

....

5 Paul A. Rahe, *Soft Despotism, Democracy's Drift*(New Haven: Yale University Press, 2009).

비전을 링컨의 정치철학적 사상에서, 그리고 그런 지도자의 모델을 링컨의 역사적 리더십에서 찾을 수 있다고 생각했다. 이와 관련, 저자는 『한국의 지정학과 링컨의 리더십』을 2017년 1월에 이미 출간한 바 있다.

그 이후 저자는 링컨사상연구소에서 김동길 박사님의 요청으로 계속해서 "미국 남북전쟁의 역사적 의미"와 "죽어도 사는 사람: 링컨"이라는 주제로 거듭된 강의를 하게 되었다. 여기서는 미국의 남북전쟁이 미친 범세계적 영향을 분석하고, 링컨 사후 그의 비전이 미국의 수많은 후임 대통령들에게는 물론이고 미국 땅을 넘어 전 세계적으로 어떤 영향을 미쳤는지를 다루었다. 즉 링컨의 위대한 유산을 관련문헌을 통해 구체적으로 조사해본 것이다. 그러면서 저자는 본 연구가 출판될 수 있다면 링컨의 위대성이 범세계적으로 어느 정도인지를 한국인들도 알게 될 것이며, 그에 따라 한국인들도 링컨을 새롭게 재인식할지 모른다는 일종의 기대심리를 갖게 되었다.

그리하여 본서의 공동 저자인 강성학은 김동길 박사님을 찾아뵙고, 약 반세기 전에 쓰신 김박사님의 박사학위 논문 중 일부를 번역하여 포함하는 형태로 공동 저서의 출판을 제안드렸다. 이에 대해 김동길 박사님께서 흔쾌히 동의하시고 출판과 관련된 모든 작업을 나에게 위임하셨다. 아울러 한국의 유일한 링컨 학자로서 오랜 세월 동안 마음에 품어오신 링컨에 관한 김동길 박사님의 생각을 제1장에 담기로 하고, 박사님께 "나와 에이브러햄 링컨 대통령"이라는 주제의 글을 부탁드렸다. 그리고 제2장과 제3장은 김동길 박사님의 박사학위 영어논문 중 핵심적 일부(제2장, 제7장 중 pp. 177-195)를 번역하여 게재하기로 했다. 번역은 마침 영국에서 박사학위를 마치고 귀국한 윤성원 박사가 맡아 수고해 주었다. 윤박사는 번역을 마친 뒤에도 여러 차례 번역문을 다듬었을 뿐만 아니라, 내가 쓴 모든 원고까지 교정해 주는 수고를 아끼지 않았다. 윤박사의 수고에 깊이 감사한다. 또한 마지막 교정작업을 위해 크게 수고해준 공군사관학교 조교수 박성건 중위에게도 깊이 감사한다.

  출판사를 정하는 것은 또 다른 문제였다. 이런저런 생각 중에 내가 석좌교수로 강의하고 있는 극동대학교의 출판부가 생각났다. 류기일 극동대학교 전 총장님에게 신간에 관해 설명하자, 류 전 총장님은 극동대학교의 출판센터가 발행하도록 주선해 보기로 했다. 그 뒤 본서가 극동대학교 출판센터가 발행하는 최초의 학술서적임을 알게 되었다. 류기일 전 총장님께 깊이 감사드린다. 아울러 극동대학교 출판센터장으로 본서의 신속한 발행을 위해 여러모로 애써주신 조성근 교수님께도 깊이 감사드린다.

끝으로 약 반세기 전에 쓰신 소중한 박사학위 논문의 일부를 우리 말로 번역하여 본서에 포함시킬 수 있도록 허락해 주셨을 뿐만 아니라, 구순의 연세에도 불구하고 본서의 출판을 위해 필요한 원고를 직접 작성해 주시면서 필자에게 본서의 발간을 통해 위대한 링컨에 관한 공동 저자가 될 수 있는 기회와 영광을 베풀어 주신 김동길 박사님께 그 누구보다 앞서 무한한 감사를 드린다.

2017년 10월 31일
구고서실(九皐書室)에서
강 성 학

차례

저자 서문 링컨과 한국인_ 강성학   5

제1장 프롤로그: 나와 에이브러햄 링컨 대통령_ 김동길   17

제2장 링컨 대통령과 유교정신_ 김동길   26

제3장 링컨: 윤리적 대통령_ 김동길   63

제4장 미국 남북전쟁의 역사적 의미_ 강성학   99

제5장 미국의 링컨 계승자들_ 강성학   132

제6장 링컨의 글로벌 유산_ 강성학   198

제7장 에필로그: 링컨의 유산이 한국인들에게 주는 교훈_ 강성학   274

참고문헌   311

찾아보기   334

제1장
프롤로그: 나와 에이브러햄 링컨 대통령

내가 링컨을 처음 알게 된 것은 일제시대에 국민학교에 다니던 때였습니다. 3학년인가 4학년 교과서에 링컨에 관한 짧은 글이 하나 실려 있었습니다. 그 글을 읽고 나는 미국의 제16대 대통령 에이브러햄 링컨에 대하여 소년다운 꿈을 갖기 시작하였습니다. 누구나 다 잘 아는 이야기겠습니다만, 링컨은 켄터키(Kentucky)의 산골 통나무집에 태어나 어려서부터 많은 고생을 했습니다. 이후 자습, 독학 등을 통해 변호사 시험에 합격했고 변호사로서 차차 명망이 높아졌습니다. 일리노이주 스프링필드(Springfield, Illinois)에서 변호사 개업을 하여 정치에 입문했으며, 일리노이주 하원의원으로 출마하여 당당히 당선됐습니다. 워싱턴에 있는 미국 하원에 나아가 정치 활동을 활발하게 전개했는데, 이미 여러 차례 일리노이 주의회에 당선되어 정치를 밑바닥에서부터 시작한 인물인 것만은 확실하였습니다.

하원의원 2년 임기를 마친 링컨은 경중을 떠나 국가적인 일을 계속하고 싶었지만 기회가 주어지지 않아 다시 스프링필드 옛집으로 돌아와 변호사 일을 계속하고 있었습니다. 그러던 차에 상원의원 자리를 놓고 더글라스(Stephen A. Douglas) 의원과 맞붙게 된 링컨은 일리노이주의 여러 도시를 순회하면서 선거유세를 벌여야 했습니다. 두 사람이 청중 앞에서 논쟁을 하는 가운데 링컨 후보가 들고 나온 매우 충격적인 상황 판단이 한 가지 있었습니다. 그는 성서에 나오는 "집이 스스로 분쟁하면 설 수 없다"라는 한마디를 매우 의미심장하게 다루었습니다. 링컨은 이 말씀에 의거해, 절반은 노예제도가 용인되고 나머지 절반은 노예제도가 용인되지 않는 상황이 전개되는 한 미국이 국가로서의 구실을 하기 어려울 것이라는 선언을 하게 됩니다. "집이 스스로 분쟁하면"이라는 한마디로 링컨은 졸지에 미국의 저명인사가 되었습니다. 그것이 핵심을 찌른 발언이었기 때문입니다.

비록 그 상원의원 선거에서 링컨은 패배하기는 하였지만 미국 정계에 유명 인사로 등장하게 되었고, 그것이 바탕이 되어 1860년 시카고에서 열린 대통령 후보 지명 공화당 전당대회에서 간신히 대통령 후보로 지명됐습니다. 그가 지명되리라고 예상한 사람은 몇 없었지만 당시 민주당의 분열이 크게 도움이 되어 링컨은 스워드(William H. Seward)를 누르고 지명을 얻게 된 것입니다. 그는 이듬해 대통령에 취임, 남북전쟁이라는 미국 역사상 최대의 비극을 잘 처리하고 대통령으로서 두 번째 임기에 도전하여 성공한 것도 사실입니다.

최후는 비록 비극적이었지만 링컨은 얼마나 극적으로 한 평생을 살았습니까. 그의 생에 있었던 복잡한 사실들은 전혀 몰랐지만 그가 만인에게 존경받는 위대한 정치 지도자라는 사실을 알고, 나도 그런 사람이 되었으면 하는 어리석은 희망을 갖게 되었습니다. 내가 어렸을 적 나의 어머님은 집이 가난해서 고생을 많이 하셨는데 그 모습을 지켜보면서 나는 반드시 성공하여 나의 어머님이 호강을 하시도록 해 드려야겠다는 결심을 단단히 하게 된 것입니다. 그 뒤로는 어떤 책이든 링컨 이야기가 나오면 열심히 읽었습니다. 그러면서 대학을 졸업하고 미국 유학을 하게 되었습니다. 대학원을 마치고 석사학위를 받고 내가 봉직한 연세대학의 백낙준 총장의 권면으로 박사학위 과정을 이수하게 되었습니다. 필요한 과목들을 다 끝내고 박사학위 논문을 쓰게 되었을 때 어떤 제목으로 논문을 쓰느냐 하는 것이 매우 중요한 문제로 떠올랐습니다. 나를 지도해 준 케네스 버나드(Kenneth Bernard) 교수는 링컨 연구의 전문가인데 이미 연로하여 몇 년 뒤에는 은퇴할 노교수였습니다. 버나드 교수에게 링컨에 관해서 학위논문을 쓰고 싶다고 말씀드렸더니 "링컨에 관한 단행본만도 7000건에서 8000건이나 되는데 또 무슨 주제를 선택할 수 있겠냐"라며 나에게 물었습니다. 그분에게 내 마음속에 그려온 논문제목인 "에이브러햄 링컨에 관한 동양적 이해"를 말씀드렸더니 그런 주제라면 흥미가 있겠다고 답하셨습니다.

  나는 동양인 입장에서 링컨의 성격을 이모저모 분석해 보기 위하여 사서삼경에 관련된 제목들을 다 한 번 훑어보았습니다. 동양인의 꿈이 공자님 말씀대로 "군자는 남들과 잘 어울리지만 내용이 같은 인물이 아니고, 소인은 남들과 잘 어울리지 못하지만 내용은 비슷한 인간들이다"(君子和而不同 小人同而不和)와 일맥상통한다면, 동양인의 이상적 지도자 상이 바로 링컨의 성격과 그 일상에 나타나 있음을 분명히 파악하였습니다. 나는 링컨의 품격을 연구하면서 훌륭한 지도자란 동서를 막론하고 품격이 비슷하다는 것을 분명하게 깨달았습니다. 서양의 위인들이 동양인들을 감동시키고, 또 동양의 위인들이 서양인들에게도 큰 교훈이 되는 것은 동서 위인들에게 공통점이 있기 때문일 것입니다.

링컨의 일생을 더듬어보면서 그의 출생지를 한번 찾아가 보고 싶은 마음이 간절하였습니다. 그가 태어났다는 호젠빌(Hodgenville) 켄터키를 찾아가 본 적이 있습니다. 우리말로 하자면 그의 생가는 산간벽지에 있었습니다. 산세도 험한 편이었고 정말 보잘것없는 촌락이었습니다. 우리 속담에 "개천에서 용이 난다"라는 말이 있는데 그 속담이 생각날 만큼 험난한 고장이었습니다. 그가 태어난 통나무집이 그대로 보전되어 있기는 한데 과연 그 통나무집이 바로 거기에 있는 그 집인지는 누구도 장담할 수 없었습니다. 다만 그 통나무집 위에 수백만 달러를 들인 으리으리한 대리석 집이 한 채 지어져 그가 태어났다는 통나무집을 보호하고 있었습니다. 영웅호걸은 어느 집에서 하룻밤을 자고 간 사실이 기록됩니다. 특별히 미국에 그런 곳이 많습니다. "워싱턴 여기서 묵고 가다" 또는 "링컨이 머물렀던 곳"이라는 문자가 적혀 있는 집들이 여럿 있는 것도 사실입니다.

영웅에게는 국적도 없고 국경도 없습니다. 개인적으로 친숙하던 미국 감리교의 저명한 전도자 해리 덴만(Harry Denman) 박사가 내게 다음과 같은 이야기를 해 주었는데 그의 말을 듣고 깜짝 놀랐습니다. 덴만 박사가 하는 말이,

스탈린이 철권 통치를 하던 무시무시한 시절 그가 모스크바에 간 적이 있는데 거기서 한 고급 관리의 집무실을 방문한 적이 있었답니다. 그의 책상 뒤의 벽에 스탈린 초상화가 아니라 링컨의 초상화가 걸려 있기 때문이었습니다. 덴만 박사가 놀라서 "아니 어쩌자고 미국의 대통령이었던 링컨의 초상이 거기에 있는 것입니까?"라고 물었더니, 이 러시아 관리가 답하기를, "링컨은 옛날부터 내가 마음속에 간직하고 사는 인류의 영웅입니다"라고 하더라는 것입니다. 그 말을 전해 들은 나도 놀랐거늘, 소련 땅에서 그것도 고위 관리 집무실에서 링컨의 초상화를 본 미국인 전도사의 감동은 얼마나 큰 것이었을까 생각해 보았습니다.

사람은 아무리 타고난 능력이 있다 하여도 그 능력을 발휘할 기회가 없으면 큰 일을 할 기회도 없을 것입니다. 링컨에게는 남북전쟁이라는 미국 역사 최대의 불상사가 일어났고, 링컨이라는 지도자는 그 문제를 해결할 막중한 책임을 거머쥐게 된 것입니다. 만일에 링컨이 남북전쟁에서 패배하고 말았다면, 다시 말해 남군이 승리하여 미국 전체를 통치하게 되었다면 링컨은 역사책에서 숨도 제대로 쉬지 못하는 존재가 되었을 가능성이 큽니다. 일이 되려면 그런 역경을 대체할 만한 인물이 등장하는가를 봅니다. 1860년 공화당 대통령 후보 지명을 받은 것도 링컨에게는 기적적인 일이었고, 대통령 선거에서 승리한 것은 더욱 기적적인 일이었습니다. 그가 빈약한 북군의 총사령관으로 북군을 지휘하여 마침내 북군의 승리로 전쟁을 끝낼 수 있었다는 것은 기적 중의 기적이라고 밖에는 생각할 수 없습니다.

사실 그가 첫 번째 임기를 끝내고 또 한 번 대선에 출마했을 때 승리하리라는 자신은 없었습니다. 그렇지만 전쟁에 이긴 것만으로 사명이 다 끝난 것은 아니고, 남부 재건이라는 중대한 일이 남아 있었기 때문에 그는 안 될 줄 알면서도 그 일에 도전하였다고 볼 수 있습니다. 두 번째 대선에서 이긴 것 또한 기적적인 일이었는데, 그는 취임 연설에서 역사에 남을 한마디를 남겼습니다. "아무에게도 악의를 품지 말고, 모든 사람을 사랑으로"(With malice toward none; with charity for all). 진실로 위대한 사람의 가슴 속에는 원수를 갚아야겠다는 천박한 생각은 없는 겁니다. 한마디 더 보태자면 위인에게는 원수가 없는 것입니다.

연방을 탈퇴하고 나간 주들이 연합하여 같은 땅에 또 하나의 정부를 수립했었고, 로버트 리(Robert E. Lee)가 지휘하는 남군이 전쟁 초기에는 월등하게 우세하였는데, 그런 고약한 남부의 지도자와 백성을 밟을 수 있는 만큼 밟아 버리자는 의견이 승리한 북의 지도자들 사이에 없지도 않았습니다. 그러나 링컨은 끝까지 증오나 보복이 아닌 사랑으로 남부를 껴안을 너그러운 마음을 가지고 있었던 것입니다.

에이브러햄 링컨은 대통령에 두 번이나 당선된 유능한 정치인만이 아니라 미국을 남북전쟁의 위기에서 건져낸 타고난 지휘관이기도 했습니다. 그러나 링컨은 그런 큰 일에만 필요한 사람이 아니라, 한 아내의 남편으로 또는 아이들이 아버지로서도 누구나가 부러워했을 인물입니다. 링컨의 상사가 되어 그를 부하로 지닐 수 있다면 그런 축복은 없을 것입니다. 그런 상사 밑에 부하로 일을 할 수 있어도 매우 자랑스러운 일이 되겠습니다. 그런 친구가 있어서 한 평생 가까이 지낼 수만 있어도 누구나가 그것을 행운이라고 여겼을 것입니다. 진정 위대한 사람이란 어디서 무슨 일을 해도 자랑할 수 있는 사람입니다.

링컨에 관한 이런저런 책자는 해마다 끊임없이 쏟아져 나오고 있고, 모르긴 하지만 앞으로도 수십 년은 이러한 작업이 이어질 것 같습니다. 마크 닐리 주니어(Mark Neely Jr.)는 1993년 하버드대학 출판부를 통해 『*The Last Best Hope of Earth*』라는 단행본을 출간하였습니다. 그 책의 부제는 다음과 같습니다. "Abraham Lincoln and the Promise of

America". 이 책의 제목부터 링컨이 이 시대뿐만 아니라 앞으로 오는 시대에도 반드시 큰 영향을 미치게 되리라는 예언이 담겨 있는 제목이라고 할 수 있습니다. 오늘의 미국이 그런 지도자를 요구하고 있지만 찾을 수 없습니다. 세계적으로도 링컨 같은 지도자가 꼭 나타나야 실타래처럼 얽힌 복잡한 문제들을 해결할 수 있을 터인데, 그런 인물이 등장하지 않기 때문에 세계는 희망을 잃었다고 해도 과언이 아닙니다. 독일의 메르켈(Angela Merkel) 수상이나 프랑스의 마크롱(Emmanuel Macron) 대통령 같은 인물들은 링컨 면모의 일부를 지닌 것 같기도 하지만, 영국의 메이(Theresa May) 수상이나 미국의 트럼프(Donald Trump) 대통령이 그런 인물이 되기에는 함량 부족이라는 평판을 떨쳐버리기 어려울 것 같습니다.

시대가 인물을 만든다는 말도 있지만 인물이 시대를 만든다는 사실도 부인할 수 없는데, 오늘날 세계적 위기가 우리들의 현실을 곤혹스럽게 만들고 있는데도 세계 어디에도 그런 인물, 특히 링컨을 닮은 지도자는 나타나지 않고 있기 때문에, 태풍, 홍수, 지진 등을 비롯한 천재지변까지 겹친 지구의 현실 속에서 인류가 핵무기로 인한 멸망을 우려하고 있는 것도 무리가 아니라는 생각이 듭니다. ___ 김동길

제2장
링컨 대통령과 유교정신

I. 링컨과 동양

링컨이 태어났을 때 동양은 정치·사회적 격변을 겪고 있었다. 기독교 선교사들에 대한 무자비하고 가차없는 박해자였던 청나라 가경제(嘉慶帝) 치하의 중국엔 바람 잘 날 없이 위험한 상황이 이어졌다. 백련교(白蓮敎)의 난과 같은 농민들의 봉기에 시달려온 가경제는 기독교라는 새로운 종교로 인해 생겨난 문제들을 해결할 여력이 없었다.[1]

한국에서는 11살의 나이에 왕위에 오른 순조가 여전히 10대였고, 늙고 완고한 정순왕후가 대비로 승격해 조그만

---

[1] 크리스천에 대한 박해가 가장 심했던 곳은 사천(四川)성이었다. 중국 지도자들은 해외로부터의 문물을 받아들이던 전통을 되돌아보지 않았다. 1840년 영국군에 패하고 나서야 서구를 배워야 할 필요성을 자각했다.

한반도 안에서 철권통치를 펴고 있었다. 감옥은 가톨릭 신도들로 가득 메워져 있었고, 금지된 종교의 많은 지도자들이 참수당했다. 조선의 상황은 불안정했고, 고요한 아침의 나라는 더 이상 고요하지 못했다.

도쿠가와 이에나리(德川家齊) 치하의 일본 역시 외부로부터의 점증하는 압력으로 인한 곤란 가운데 놓여 있었다.[2] 러시안-아메리칸 회사(Russian-American Company)를 대표하고 있던 니콜라이 레자노프(Nikolai Rezanov) 러시아 대사는 1804년 나가사키에 도달했으나 통상조약을 맺는데는 실패했다. 레자노프 무리들은 대신 1806년 사할린과 쿠릴열도를 습격했다. 영국 프리깃함 페이튼(Phaeton)호가 네덜란드 배를 수색하러 나가사키에 입항했던 사건은 링컨 출생 바로 직전 해에 일어났다. 페이튼호는 폭격 가능성을 저울질하며 일본을 위협했고, 물자를 획득해 갔다. 결국 링컨이 켄터키의 한 평온한 마을에서 태어났을 때, 동양은 그들의 굳게 잠긴 문을 폭력적으로 열려는 서구 세력들로 인해 혼란 가운데 놓여 있었던 셈이다.

---

[2] 쇼군으로서 도쿠가와 이에나리의 시기는 사치와 부패가 만연했으며, 고립정책과 군정(軍政)의 와해 가능성이 표면화된 시기로 특정된다. 하지만 이 시기는 농민출신으로 유명한 철학자이자 경제 개혁가였던 니노미야 손토쿠(二宮尊德)가 살았던 때이기도 하다.

아시아에 대해 아는 것이 거의 없었던 에이브러햄 링컨은 자연스레 동양적인 것에 대한 관심 역시 표하지 않았다.³ 휘그당원이었던 매사추세츠의 칼렙 쿠싱(Caleb Cushing)이 1844년 여름 중국 광둥 근처의 왕샤에서 중국과의 조약을 체결했을 때, 링컨은 당시 대통령 후보로 지명된 헨리 클레이의 지원유세를 하러 다니느라 바빴다. 심지어 외부 일정을 소화하느라 순회 의무를 다하지 못하기도 했다. 은행업무 및 관세문제 또한 링컨의 주요 관심사였다. 실제 당시 대통령 선거에서 미국의 대(對)아시아 정책은 전혀 이슈가 되지 못했었다. 링컨 역시 왕샤조약이 미국의 외교사 및 국가의 운명에 중대한 역할을 할 것이었음에도 불구하고 그에 대해 어떤 얘기도 하지 않았다.⁴

1845년 2월 15일, 뉴욕의 자독 프라트(Zadoc Pratt) 하원의

---

[3] Roy P. Basler, Marion D. Pratt, and Lloyd A. Dunlap, eds., *The Collected Works of Abraham Lincoln*, 9 vols. (New Brunswick: Rutgers University Press, 1953) (이하 Lincoln, *Works*로 표기)의 색인 혹은 Archer H. Shaw, ed., *The Lincoln Encyclopedia* (New York: The Macmillan Company, 1950) 중 어느 것도 극동 또는 동양에 대한 언급을 하고 있지 않다.

[4] 1844년 6월 19일 "Resolutions Adopted by the Whig Convention at Peoria, Illinois," 및 1844년 10월 30일 인디애나 록포트(Rockport)에서의 연설 참조. Lincoln, *Works*, I, pp. 338–342.

원이 일본과 한국으로 사절단을 파견해 미국의 통상범위를 확대하자는 제안을 의회에 제출했다. 그의 제안은 다음의 이유에 기반한 것이었다.

> 타국과의 통상 및 외교관계를 오랜기간 차단해 온 중국이 이제는 "최혜국" 가운데 하나인 미국의 기업들에 어느 정도 개방을 하고 있다. 또한 언제나 우리 정부의 기준이 되는 공정함으로 운영되는 대사관이, 미국민에 광범위한 혜택을 줄 수 있는 일본 및 한국과의 관계를 성공리에 수립할 수 있을 것이라는 믿음을 가질만한 이유가 많이 있다. … 일본과 한국은 우리가 최근 유리한 조약을 맺은 중국에 비해서는 영토와 인구가 미약하지만, 양국 모두 미국 국민들의 관심을 받을만한 가치가 충분히 있다.[5]

그러나 프라트의 법안은 멕시코와의 전쟁이 확실시되면서 통과되지 못했다. 게다가 극동까지 미국 해군을 보내는 것은 그것이 비록 함대의 작은 일부일지라도 현명하지 못한 것으로 여겨졌다.

한편 링컨은 1846년 연방하원의원으로 당선됐다. 하지

---

[5] *House Document*, 28 Congress, 2 Session, No. 138.

만 링컨이 의석을 거머쥘 예정이었던 제30대 의회의 첫번째 회기는 선거 후 17개월이 지난 1847년 12월까지 소집되지 않았다. 일본과 한국이 "미국 국민들의 관심을 받을만한 충분한 가치가 있다"는 프라트의 의견에도 불구하고, 링컨이 해당 법안의 토의와 부결 과정에 관심을 기울일만한 이유는 찾아보기 어려웠다.

미국은 태평양 세력으로서 빠르게 성장해 나가고 있었다. 오리건 분쟁은 1846년 해결됐고, 1848년에는 캘리포니아를 획득했다. 몇몇 미국인들은 태평양을 향해 나아가는 대규모의 상업을 꿈꿨지만, 링컨은 그렇지 않았다. 게다가 매튜 페리(Matthew C. Perry) 장군이 1853년 에도만에 무장함대를 상륙시켜 무력과 기술을 과시함으로써 일본 막부에 영향을 미치려 했다는 소식에 링컨이 동요했다는 기록은 찾아볼 수 없다. 또 미주리 타협(Missouri Compromise)이 폐지되며 남북 간 사투가 시작되면서, 1854년에 맺어진 카나가와 조약 역시 그의 이목을 끌지 못했다. 캔자스가 "피를 흘리고" 있었던 것이다.[6] 일리노이에서 온 깡마른 정치인은

....

6 캔자스에서 친(親)노예제파와 반(反)노예제파 간 벌어진 게릴라전으로 200여명이 넘는 사망자와 부상자가 발생했다. 언론은 이를 두고 "유혈의 캔자스"(Bleeding Kansas)라고 표현했다.

캘리포니아 연안을 넘어 그의 눈을 돌릴 겨를이 없었다. 블루밍턴, 스프링필드, 시카고에서의 링컨의 연설은 그가 당시 피어스(Pierce) 행정부의 외교정책에 그다지 많은 관심을 기울이지 않았다는 것을 잘 보여준다. 링컨의 주요 관심은 보다 특이한 제도이면서도 절박했던 문제인 노예제도에 있었다.[7]

링컨이 1861년 3월 국가원수직에 취임했을 때 중국의 청조는 간신히 붕괴를 면하고 있었다. 양쯔강 이남에서는 태평천국의 난에 시달렸고, 링컨 취임 전해에는 영불연합군의 침략으로 베이징이 함락됐다. 하지만 이런 난국에서도 증국번(曾國藩), 이홍장(李鴻章) 같은 능력있는 만주 지도자들이 부상했다. 이들의 목적은 전통 유교사상과 궤를 같이 하는 중국의 근대화를 위한 다수의 기본적 개혁작업을 실행하는 것이었다.[8] 일본에서는 쇼군이 갖는 최고지위에 대한 의문이 나타나기 시작했고, 나아가 조슈(長州)와 사쯔마(薩摩)의 급진적 개혁파들은 이에 도전하기까지 했다. 서구

---

[7] 1854년 9월 12일, 9월 26일 일리노이 블루밍턴(Bloomington), 동년 10월 16일 일리노이 피오리아(Peoria), 동년 10월 27일 일리노이 시카고(Chicago)에서의 연설 참조. Lincoln, *Works*, II, pp. 230–284.

[8] John K. Fairbank, *The United States and China* (New York: The Viking Press, 1966), pp. 128–141.

세력과의 접촉은 일본을 동요하게 하고 또 자각하게 했다.[9] 1860년대 한국의 지도자들은 국내 봉기와 서구로부터의 도전에 직면했으며, 곧 흥선대원군이 실력자로 등장할 예정이었다. 대원군은 쇄국적 반기독교 정책을 추구함과 동시에 기존 제도의 개혁을 시도했다.[10]

취임 후 얼마 지나지 않아 링컨은 윌리엄 스워드(William H. Seward)에게 외교사안을 논의하기 위한 편지를 보내 "다섯 가지의 처리되시 않은 임무"를 상기시켰다. 중국은 여기에 언급된 국가 중 하나였다.[11] 1861년 6월 8일 링컨은 스워드에게 국무부의 윌리엄 헌터(William Hunter) 서기장이 준비한 "이행되지 않은 외교적 사안들"의 목록이 담긴 또 다른 편지를 보냈다. 여기엔 중국에 이어 일본이 처음 언급됐다. 편지의 일부분엔 "내가 이해하기로 일본은 변하지 않을 것이오. 우리가 만일 오스트리아에 다른 사람을 보내야 한다면 중국엔 안손 벌링게임(Anson Burlingame)을 보낼 수 있

---

[9] John K. Fairbank, Edwin O. Reischauer, and Albert M. Craig, *East Asia: The Modern Transformation* (Boston: Houghton Mifflin Company, 1965), pp. 179–243.
[10] 이선근, 『한국사: 최근세편』(서울: 을유문화사, 1961), pp. 151–340.
[11] 링컨과 스워드는 본래 안손 벌링게임(Anson Burlingame)을 오스트리아로 보낼 계획이었지만 오스트리아 정부에 의해 거절당했다. Lincoln, *Works*, IV, pp. 292–293 참조.

을 것이오"[12]라고 적혀 있었다. 한국은 1882년까지 미국과 어떠한 공식적 외교관계도 맺고 있지 않았다. 실제 링컨이 조그만 반도국가의 존재를 알고 있었는지조차 확실하지 않다. 링컨은 일생동안 한 번도 한국을 언급한 적이 없었다.[13] 링컨에게 한국은 아마 중국이라는 거대한 제국의 일부로 인식되었을 수도 있다.

중국과 일본에 대해 그가 쓴 편지만으로 링컨이 동양에 대해 품었던 이미지를 확인하기란 불가능하다. 링컨은 1861년 1월 14일 암살당한 주일본 미국 공사관 서기관이었던 뉴욕의 헨리 휴스켄(Henry C. J. Heusken)의 비극적 죽음에 대해서는 틀림없이 들은 바 있을 것이다. 링컨은 그러나 일본 내 특정 항구 및 도시들의 개방에 관한 미일 간 조약에 명시된 기간 연장을 요청한 "일본의 쇼군"(Tycoon of Japan)에게 1861년 8월 보낸 편지에서는 그 사건을 언급하지 않았다. 의심의 여지없이 링컨은 살인사건을 인지하고 있었겠으나, 그는 쇼군을 "대단하고 좋은 친구"로 불렀으며, 쇼

---

[12] 1861년 6월 8일 링컨이 스워드에 보낸 편지. Lincoln, *Works*, IV, p. 397.
[13] 링컨이 조선왕조를 알고 있었다는 것을 시사하는 어떤 기록도 발견되지 않았다.

군의 "충만한 번영"을 기원했다.[14]

1861년 12월 3일 연례 교서 가운데 한 단락은 링컨이 중국과 가까운 장래에 "폭넓은 교역"을 기대했다는 점을 시사한다.[15] 링컨은 남중국에서 일어난 태평천국의 난으로 청 제국이 분열 위기로 치닫던 시기 미국의 광둥위원을 역임한 험프리 마셜(Humphrey Marshall)과 같은 인물이 좋아할 만한 태도를 지닌 것처럼 보인다. 마셜은 통일제국을 지키려 분투하는 중국의 심정에 공감했으며, 영국과 러시아가

---

[14] 주일 미 외교관 휴스켄 암살은 그다지 충격적인 뉴스가 아니었을지도 모른다. 이를테면, 뉴욕타임스(New York Times)는 최소 3개월 간 해당 소식을 보도하지 않았다. "국가적 위기"(The National Crisis)는 극동 지방에서의 한 미국인의 죽음이 아니라, "분리독립"(Secession)에 관한 것이었다. 국가적 관심을 끈 것은 사우스캐롤라이나의 찰스턴(Charleston)이었다. 1861년 1월 15일부터 3월 15일자 *Times* 참조. 한편 스워드 국무장관은 같은 날 일본 외무각료들에게 보낸 통신에서 "고(故) 휴스켄 미국 공사관 서기관 살인 사건에 대한 처벌과 배상 부재" 문제를 언급한다. 따라서 링컨이 해당 암살 사건을 인지하고 있었다고 보는 것이 타당하다. 링컨이 쇼군에 보내는 편지에서 왜 이 문제에 대해 침묵했는지는 알려지지 않고 있다. 1861년 8월 1일 링컨이 쇼군에 보낸 편지. Lincoln, *Works*, IV, p. 468 참조.

[15] 링컨은 "중국을 상대로 한 미국민의 배상요구가 충족된 후 지속될 여지가 있는 무역흑자"에 대해 언급한 후, "하지만 이같은 권고를 실행에 옮길만한 상황이 아닐 경우, 중국과 광범위한 무역을 해나가는 과정에서 지속될 수 있는 중국에 대한 미국민들의 다른 정당한 요구들을 관철시켜 나가기 위해 정부는 무역흑자액을 넘어서는 투자를 보장받도록 할 것을 제안한다."고 말했다. Lincoln, *Works*, V, p. 38.

반란을 이용해 그들 간에 중국대륙을 분할하려 한다고 의심했다.[16] 링컨의 중국공사였던 벌링게임(Burlingame)이 스워드의 태도를 반영하고 있었으며, 국무장관이었던 스워드는 링컨의 의중을 반영하고 있었음은 합리적으로 추론할 수 있다. 벌링게임은 중국의 영토가 온전히 유지될 수 있도록 대담하게 싸웠다.[17]

---

[16] 페어뱅크(John K. Fairbank)는 그러나 마셜의 영향력에 다음과 같이 의문을 제기한다. "마셜은 영국의 책략에 맞서 중국을 지원하기 위한 우리의 노력을 강조함으로써 학생들에 의해 흔히 인용돼 왔다. 그러나 마셜이 중국에 머문 기간은 너무 짧았고, 관련 사실들에 대한 지식도 전무했으며, 또 불충분한 지원 여력으로 인해 그의 보고들은 정책 형성이라기보다는 태도 표명에 가까웠다." Fairbank, *op. cit.*, p. 250.

[17] 타일러 데닛(Tyler Dennett)은 1899년 스워드의 극동정책을 다음과 같이 매우 높게 평가했다. "… 헤이(Hay)가 이같이 어려운 문제를 마주했을 때, 그는 모든 정책방향들이 60년대에 이미 스워드 혹은 그의 유능한 베이징 특사였던 벌링게임에 의해 고려됐었다는 사실을 깨달았음에 틀림없다. … 미국 극동정책에 관한 한 그 외에 새로운 원칙들이 더해질 필요조차 없었다." *American Historical Review*, XXVIII(1923), p. 45. 헨리 템플(Henry W. Temple) 역시 데닛의 의견에 동의한다. "스워드가 국무부에 머문 8년 간 남북전쟁의 부담에도 불구하고 극동은 스워드가 주의를 기울여야 할 중요한 국제개발무대였다. … 스워드는 열강들이 개항장을 보호하고, 중국정부에 태평천국의 난에 대한 군사적 지원 대신 심정적 지원을 표하며, 중국 해안에 걸쳐있는 해적들을 제압할 수 있는 전함을 구입할 수 있게 하는 등의 각서에 서명했다. … 동등한 기회, 중국 영토의 보전, 그리고 외국인들을 보호하기 위한 협력 등은 스워드의 정책을 이룬 기본요소였다." Henry W. Temple, "William H. Seward Secretary

링컨은 중국인 노동자들이 미국 상선 스태그하운드(Staghound)와 레오니다스(Leonidas)를 나포하려 한 것에 대해 분개하거나 우려하지 않았다. 링컨은 1861년 12월 23일 하원에 아시아 노동자 무역 등에 관한 모든 관련 정보를 보냈다. 그리고 의회가 미국 상선에서 미국민에 의한 노동자 무역을 금지하는 법안을 추진하자 링컨은 흔쾌히 그것을 승인했다.[18] 후에 중국 정부 중개상이었던 헨리 워드(Henry G. Ward)가 뉴욕에서 구입한 336배럴의 폭약을 배에 싣는 것을 금지당하자, 링컨은 그의 전쟁장관에게 "구입대금을 중개상에게 돌려줘 그가 그것을 다른 곳에 쓸 수 있도록 하라"고 지시했다.[19]

의회는 일본 정부를 위한 함선과 대포, 여섯 문의 야포대, 소총류 등이 건조되고 있는 부분에 대한 의혹을 제기한

---

of State," in Samuel Flagg Bemis, et al., eds., *The American Secretaries of State and Their Diplomacy* (New York: Pageant Book Company, 1958), VII, pp. 111–112.

[18] *Statutes at Large*, XII, p. 340. 이 때는 링컨의 아들 윌리(Willie)가 장티푸스로 인해 목숨이 위태로운 상황이었다. C. Percy Powell, *Lincoln Day by Day: A Chronology, 1809-1865* (Washington: Lincoln Sesquicentennial Commission, 1960), III, p. 95 (February 19, 1862) 참조.

[19] 1862년 9월 19일 링컨이 에드윈 스탠턴(Edwin M. Stanton)에게 보낸 편지. Lincoln, *Works*, V, p. 430.

바 있었지만, 1862년 말 링컨은 중국 및 일본과의 관계가 순조롭다고 보고했다. 그것은 주미공사 로버트 프륀(Robert H. Pryun)에 의한 것이었고, 정치가로 잘 알려진 뉴욕의 썰로우 위드(Thurlow Weed)가 중개인으로 활약했다.[20]

몇 달 후 링컨은 대일관계가 이전보다 만족스럽지 못한 상황이라고 보고했다. 1863년 6월 25일까지 모든 외국인들의 추방을 알리는 칙령이 떨어졌고, 동 칙령을 이행하기 위한 실제적 시도는 이뤄지지 않았으나 외국인들이 공격당하고 심지어 맹목적 고립분자들에 의해 살해되는 사건이 발생하기도 했다.[21]

조약과 관련해 일관성 없고 변덕스런 "일본의 특수한 상황"에 우려를 나타냈지만, 1864년 12월까지 링컨은 상황을 낙관적으로 봤다. 그는 미국에 대한 일본의 신뢰가 전반적으로 증진하고 있다는 점에 만족했다. 또 "오랜기간 중국 내에서 노골적으로 지속된" 반란이 마침내 진압되었다는 소식에 마음이 놓였다. 대제국의 인민들이 "서구 국가들과의

---

[20] 일본정부를 위한 전함 건조 문제와 관련, 1863년 1월 30일 상원 결의안 질의에 대한 링컨의 1863년 2월 6일 답변. Lincoln, *Works*, VI, pp. 95–96.

[21] 1863년 12월 8일 의회 연례교서. Lincoln, *Works*, VII, p. 39.

상업 및 사회적 교류를 규정하는 관습법을 호의를 가지고 받아들일 것"이라는 믿음으로 중국 정부와의 협력을 기대했다.[22]

요컨대, 위의 몇몇 사소한 사건들을 제외하고, 링컨은 그와 동시대를 살았던 대부분 사람들과 마찬가지로 극동지역에 특별히 관심을 둘 만한 사건을 겪지는 않았다. 대부분의 미국민이 느꼈던 것과 같이, 극동은 그에게 희미하고 동떨어진 지역이었다. 학계와는 거리가 먼 초창기 삶을 살았던 링컨에게 동양적 철학과 동양적 삶의 방식을 접할 기회는 없었다. 게다가 대통령 재임기간 남북전쟁의 임박한 어려움에 시달리던 그로서는 동양에 위치한 국가들과 관련된 사소한 것들과도 익숙해질 겨를이 없었다.[23]

---

[22] 1864년 10월 12일 의회 연례교서. Lincoln, *Works*, VIII, p. 139. 1864년 10월 12일 링컨은 뉴욕에서 건조된 일본군함 후지가마(Fusigama)에 대한 행정명령을 발동, 해당 선박의 출항을 유예했다. Lincoln, *Works*, VIII, p. 45. 또다른 선박인 후나야마 솔리스(Funayama Solace)의 출항 역시 중단됐다. Lincoln, *Works*, VIII, pp. 131–132.

[23] 링컨은 "다대한 비용과 정교한 공예술로 만들어진 검, 쏙 빼닮은 태국 왕과 그의 사랑스런 공주, 태국에서만 자랄 수 있는 코끼리의 상아가 지니는 길이와 규모"로 표현된 태국왕의 선물을 받았다. 그러나 링컨은 이를 개인적 선물로 받는 대신 정부의 기록 보관소에 뒀다. 또 미국의 기후가 적당하지 않다는 이유로 코끼리를 받는 것은 정중히 사양했다. Lincoln, *Works*, V, pp. 125–126.

그럼에도 불구하고 미국 통치권자로서 링컨은 동양의 국가들과 외교관계를 고려해야 하는 임무를 지니고 있었으며, 외교관을 파견하고, 조약을 구상하고 체결하며, 때로는 해외에서 미국의 국익을 지키기 위해 이들 국가들을 상대로 단호한 조치를 취할 필요가 있었다. 특히 동양과의 관계에 있어 링컨이 뚜렷하게 지녔던 원칙은 그가 동양의 국가들을 국제사회의 구성원으로 끌어들이는데 매우 적극적이었다는 점이다. 그는 더 높은 수준의 평화와 번영을 달성하기 위해 그들을 도우려 애썼다. 이 과정에서 거만함이나 경멸적 태도를 보이지도 않았다. 아시아 노동자 교역을 금지하거나 태국왕으로부터 기증품을 받을 때도 그는 유교의 핵심 사상인 인(仁)의 원칙에 따라 행동했다. 링컨의 생각은 오늘날 세계가 열린 세계인 것과 같이 개방된 것이었다.[24] 그는 동등한 호의로 중국, 한국, 일본을 포함한 모든 나라들을 맞이했으며, 아시아 국가의 인민들과 "매우 호의적인 관계"를 유지하기를 원했다.[25] 종국적으로는 "대

---

[24] 모나그한(Monaghan)에 대한 랜달(Randall)의 서문. Jay Monaghan, *Lincoln Bibliography 1839-1939* (Springfield: Illinois State Historical Library, 1943), p. xii.

[25] Lincoln, *Works*, V, p. 521.

양이 둘러싼 지역에 있는 모든 이들은 형제"라는 신념으로 지내고, 또 일했다.[26] "비판치 말라 그리하면 너희가 비판을 받지 않을 것이요"를 반복해 강조했던 링컨은 진실로 "위대한 신사"였다.[27] 링컨이 아시아 인민들을 위대한 신사가 지닌 관대함으로 대했을 것임에는 의심의 여지가 없다.

1862년 여름 어느 날 쿠스버트 불릿(Cuthbert Bullitt)에게 쓴 편지에서, 링컨은 당시 미국 전역이 휘말리게 된 전쟁에 대한 그의 생각, 그리고 자신의 정책을 비판하던 무리에 대한 생각을 드러냈다. 비판자들에게 세심하게 답변하고 그의 정책을 설명한 이후 그는 다음과 같이 결론내렸다. "나는 어떤 일도 악의에 의해 하지 않겠다. 내가 다루는 일이란 악의를 품고 처리하기엔 너무 큰 것이다."[28] 이것은 링컨의 철학이었다. 링컨은 동일한 원칙과 철학을 동양의 국가들을 상대하는데 적용했다. 적개심을 품고서는 어떤 일도 하지 않는다는 것은 동양의 가장 위대한 도덕적 스승이었던 공자의 근본적 가르침과도 다르지 않은 것이었다.

---

[26] *Analects*, XII, p. 5.
[27] F. Lauriston Bullard, *Was "Abe" Lincoln a Gentleman?* (Boston: The Boston University Press, 1952), p. 22.
[28] 1862년 7월 28일 링컨이 쿠스버트 불릿에게 보낸 편지. Lincoln, *Works*, V, pp. 344–346.

II. 링컨과 유교덕목들

혹자는 현자로서의 공자와 정치가인 링컨을 비교하려는 생각을 터무니없는 것으로 여길지도 모르겠다. 켄터키주의 호젠빌(Hodgenville)과 중국 산둥성 간 거리는 거의 9000마일에 달한다. 공자와 링컨이 살다 간 시대의 차이도 2300년에 이른다. "사부(師父)"를 이해하는 것은 불가능에 가깝다. 수세기를 거치며 공자의 이름을 두고 엄청난 양의 신화와 전통이 두텁게 축적됐을 것이다. 따라서 공자에 대한 진실을 알아내기는 쉽지 않다. "유교적 신화"에 비한다면 "링컨 신화"는 상대적으로 덜 복잡하다. 하지만 신뢰성 있는 자료들로부터 공자의 생애를 간략히 조명하는 것은 가능할 것이다. 그리고 이러한 작업은 위대한 스승과 위대한 해방자의 삶이 확실히 공유하는 점들을 드러나게 한다. 둘의 비교연구는 링컨을 공부하는 학생들을 놀라게 할지도 모르겠다.

공자는 기원전 551년 작은 노나라에서 태어났다. 그의 조상들이 어떤 일을 했는지는 알 수 없으나 선조 가운데 귀족들이 있었던 것으로 추정된다. 적어도 공자는 젊은시절 생계를 위해 다소 하찮은 것으로 여겨지는 일들을 해야 했다. 한 번은 공자의 제자 중 자공(子貢)이 공자가 하늘이

내린 현자냐고 묻는 어느 각료의 물음에 다음과 같이 답했다. "스승님께서 현자가 되신 것은 하늘의 뜻임에 틀림없다." 그러자 그 각료가 질문을 이어갔다. "만일 그렇다면 어째서 그가 그렇게 많은 세속적인 일들을 완수하였는가?" 자공은 이에 스승이 세속적 일들을 많이 해 온 것 역시 사실이라고 답했다. 그 대화를 들은 공자가 말했다. "장관님은 나에 대해 잘 알고 계십니다. 어릴 때 저는 변변치 않은 환경에 놓여 있었습니다. 그것이 바로 제가 세상의, 매일의 삶과 연관된 단순한 일들을 많이 해 온 이유입니다."[29] 링컨은 언젠가 그의 젊은 시절은 연애의 감정도 없었고, 무언가 영웅적인 느낌도 없었다고 고백했다. 링컨은 그의 삶을 묘사하기 위해 토마스 그레이(Thomas Gray)가 쓴 "어느 시골 교회 묘지에서 쓴 애가(哀歌)"를 인용했다. "가난한 자의 짧고 단순한 연대기".[30] 겸손함은 공자와 링컨 모두가 지닌 것이었다. 두 사람 모두 학문하는 법을 배웠고, 많은 부분은 독학에 의한 것이었다.

공자는 17세의 나이에 곡물시장의 감독관이 됐다. 근면

---

[29] *Analects*, IX, p. 6.
[30] 영국의 저명한 시인인 토마스 그레이는 1716년에서 1771년까지 살았다. 가장 유명한 작품이 1750년에 작성된 "애가(An Elegy)"이다.

함과, 불법행위를 근절하려는 열정, 나아가 해당 산업 전반에 질서와 통합의 사조를 불어넣음으로써 두각을 나타냈다. 공자는 부인과의 사이에도 꽤 많은 문제가 있었다.[31] 다음에 나오는 그의 말은 이 문제에 대한 약간의 단서를 제공한다. "여자와 태생이 천한 사람들은 상대하기가 매우 어렵다. 만일 당신이 그들과 친해지면 그들은 정도를 넘게 된다. 하지만 그들과 거리를 유지하면 그들은 그것을 분개히 여긴다."[32]

공자는 이후 목초지와 가축 무리들을 관리하는 총관리자로 임명됐다. 그의 세심한 관리로 국가의 경작 수준은 오르고 시민들의 삶의 질은 향상됐다고 전해진다. 23세에 어머니가 돌아가시면서 공자는 인생의 전환점을 맞게 됐다. 그는 집에 틀어박혀 3년 간 어머니를 추모하며 고독의 시간을 보냈다. 그것은 돌아가신 부모님에 대한 공자의 사랑이 도덕적으로 표현된 것이었다. 링컨은 9살에 어머니를 여의었다. 공자처럼 3년 간 어머니를 추모하지는 않았지만 그는 일생동안 어머니의 모습을 소중히 여기고 흠모했다.

---

[31] 공자가 19세에 결혼해 4년 후 아내와 결별했다는 설이 있으나 이에 대해 여전히 의견이 분분하다.
[32] *Analects*, XVII, p. 25.

링컨에 있어서 어머니는 고결하고, 다정하며, 선하고, 인정 있는 모습이었다. "나의 나 된 것 혹은 되고자 하는 것은 천사와 같은 나의 어머니에 기인한다."33 가장 사랑받는 미국 시인이자 링컨 전기작가 중 하나인 칼 샌드버그(Carl Sandburg)에 따르면 링컨은 셋째아들 윌리(Willie)의 장례식날 아침 매사추세츠주 첼시의 레베카 포머로이(Rebecca Pomeroy) 부인에게 다음과 같이 고백했다고 한다. "내 어머니는 선한 크리스천이었습니다. 그녀의 기도가 지금껏 내 삶을 지탱해줬어요."34

공자는 고향인 노나라로 돌아왔다. 부적격한 관료들의 모습에 실망한 그는 진나라로 갔으나 그다지 환영받지 못했다. 공자는 이후 노나라 왕의 각료가 되었지만 얼마 지나

---

33 Issac Newton Arnold, *The Life of Abraham Lincoln* (Chicago: Jansen, McClurg & Company, 1885), p. 20. 링컨 어머니의 사망일 및 관련 자료는 제대로 알려져 있지 않다. 루이스 워렌(Louis A. Warren)은 "링컨의 친모는 한 때 대부분의 작가들에 의해 경시되거나 비난의 대상이 된 바 있다. 그녀는 이제 그녀를 보잘것 없는 사람 혹은 무책임한 방랑자로 깎아내린 인습과 혼탁한 배경에서 벗어나, 고결한 아들이 속한 가계의 명예로운 지위에 올랐다"고 주장한다. *Lincoln Lore*, No. 526 (May 8, 1939).

34 칼 샌드버그가 인용한 사람이 누구인지는 밝혀지지 않았다. Carl Sandburg, *Abraham Lincoln: The War Years* (New York: Harcourt, Brace & Company, 1939), III, p. 378.

지 않아 그를 시기한 신하들의 음모로 해직되었다. 공자는 다시 방랑을 시작했지만 그가 발길을 닿은 국가들은 모두 공자의 개혁 방침을 거부하였다. 그의 이론은 제대로 인정받지 못했고 어떤 경우엔 박해를 받기도 했다. 한 번은 투옥돼 아사할 지경에 이르기도 했다. 공자는 결국 그가 살아 있는 동안에는 조국으로부터 환대를 받을 수 없다는 사실을 직시하고, 극심한 가난 가운데 낙향해 남은 생애를 최소한 후대가 그의 사상을 습득할 수 있도록 저작 활동에 쏟아 부었다.

한편 링컨의 방황은 상대적으로 이른 시기에 끝났다. 링컨의 생활양식은 그러나 실제로는 공자가 이상적이라고 제시한 것과 놀랍게도 일치한다. 공자는 그의 말년에 다음과 같이 말했다.

> 나는 15세에 학문에 뜻을 두었고, 30세에 나의 입장을 확고히 가졌으며, 40세에는 더 이상 미혹됨이 없었다. 50세에 하늘이 내게 명하는 바를 알았고, 60세에는 귀가 순해졌고, 70세에는 내 마음이 내키는대로 행동하여도 법도에 어긋나지 않았다.[35]

----

[35] *Analects*, II, p. 4.

물론 링컨은 60세나 70세까지 살지 못했다. 그는 50대에 운명했다. 60세나 70세의 링컨을 그려보는 것은 단순한 추측에 지나지 않을 것이다. 그러나 그가 "순한 귀"로 "하늘이 명하는 바"를 들을 수 있었으며, 법도에 어긋나지 않고도 "마음이 가는대로 행동"할 수 있었을 것으로 생각하는 것은 억측이 아닐 것이다. 전쟁 기간 링컨이 끊임없이 "신의 뜻"을 궁구했던 것은 확실하다. 심지어 전쟁 전에도 링컨은 "단지 워싱턴에 놓인 임무보다도 더 큰 임무를" 지니고 일리노이의 스프링필드를 떠나면서 다음과 같이 말했다. "신의 돌보심 없이 나는 성공할 수 없습니다. 그의 돌보심과 함께라면 나는 실패할 수 없습니다. 나와 함께 하시며 당신과 함께 하시는, 언제나 무소부재하신 분을 신뢰하고, 모든 일이 잘될 것이라는 확신을 가집시다."[36] 1865년 4월 11일 "마지막 공개연설"에서 링컨은 분명히 선언했다.

> 우리는 슬픔이 아닌 기쁜 마음으로 오늘 저녁 이 자리에 모였습니다. 피터스버그와 리치몬드에서의 철수, 반란군들의 항복은 정의로운, 곧 다가올 주체할 수 없는 기

---

[36] 1861년 2월 11일 일리노이 스프링필드(Springfield)에서의 고별사. Lincoln, *Works*, IV, p. 190.

쁨이 넘치는 평화의 희망을 줍니다. 하지만 우리는 이런 기쁨 가운데에서도 모든 축복의 통로가 되시는 하나님을 잊어서는 안됩니다. 국가적으로 감사의 절기가 준비될 것이고, 적절한 절차에 따라 공표될 것입니다.[37]

이같은 링컨의 선언에 비추어, 우리는 링컨이 법도에 어긋나지 않고도 그가 하고자 하는대로 행동할 수 있었음을 유추할 수 있다.

더욱이 유교 사상의 측면에서 링컨은 공자가 그토록 세상에 이상적 인류로 제시하고 싶었던, 즉 군자(君子)의 자질을 지닌 지도자였다고도 할 수 있다. 군자란 무엇인가? 군자라는 단어는 본래 통치자의 아들을 의미했다. 특정한 도덕과 행동규정에 의해 규제받는 신사이다. 따라서 태생적 우월만으로는 불충분하다. 군자는 반드시 기질과 행동의 측면에서도 뛰어나야 했다. 종국에는 출생조건 역시 불필요한 것으로 여겨졌다. 공자는 이렇게 말했다.

---

[37] 1865년 4월 11일 마지막 공개연설. Lincoln, *Works*, VIII, pp. 399–400.

얼룩소의 자손이라도 털이 붉고 뿔이 좋으면, 사람들이 그것을 이용하는 것을 꺼린다 하더라도, 산천이 그 송아지를 버리겠는가?[38]

군자의 길을 따르는 이가 군자다. 속이 좁은 사람들의 길을 따르는 이는 많다. 그럼 군자의 길이란 무엇일까? "고향에서는 마치 말을 잘 하지 못하는 사람처럼 소박하게 지내며 잘난 체 하지 않고",[39] "종묘에 나아가서는 각료들과 우호적이고 상냥한 태도로 대화한다."[40]

로버트 잉거솔(Robert G. Ingersoll)은 링컨을 회상하며 그를 "우리 시대의 가장 온화한 기억"으로 불렀다. 그는 다음과 같은 말로 링컨의 인격을 묘사했다.

링컨은 거대한 인격의 소유자였다. 확고했으나 완고하지는 않았다. 완고함은 자기중심적이나 확고함은 용감한 것이다. 그는 힘들이지 않고도 무의식적인 방법으로 다른 이들에게 영향을 줬다. 그리고 다른 사람들은 인간

---

[38] *Analects*, VI, p. 4.
[39] *Ibid.*, X, p. 1.
[40] *Ibid.*, X, p. 2.

이 자연에 복종하듯이 링컨에게 무의식적으로 순종했다. 그는 스스로에게 엄격했으나, 바로 그 이유 때문에 다른 이들에게 관대했다. 그는 자신의 동료들보다 더욱 다정하다는 이유로 유감을 표하는듯 했다. 다른 사람들이 범죄를 저지르는 만큼이나 보이지 않게 자비로운 행동들을 실천했다. 친절함을 부끄러워하면서, 그는 겸손의 최고 미덕이라 할 수 있는 특유의 기이하고도 매력적인 혼란을 발산하며 고결한 단어를 사용하고 고결하게 처신했다. … 그는 동료들이 스스로를 작거나 보잘것없이 느끼는 일이 없도록 구부정하게 선 위대한 사람이었다.[41]

행동과 견해에 있어서 중용은 진정한 신사가 지니는 전형적 특징이다. 군자는 제한이 없는 것, 극단적인 것을 피한다.[42] 맹자는 공자가 극단적인 것들을 삼갔던 사람이라고 말한다.[43] 자공으로부터 자장과 자하 중 누가 더 나은가에 대한 질문을 받은 공자는 "자장은 지나치고 자하는 미치지

---

[41] Robert G. Ingersoll, "The Great Memory of Our World," in Allen Thorndike Rice, ed., *Reminiscences of Abraham Lincoln by Distinguished Men of His Times* (New York: Harper & Brothers Publishers, 1909), p. 426.
[42] *Han Fei Tzu*, 33 (Roll XII), adapted in *Tao Te Ching*, XXIX.
[43] *Mencius*, IV, p. 2, X.

못한다. … 지나침은 미치지 못함과 같다"고 했다.44

링컨이 그의 정책은 정책을 갖지 않는 것이라 말했을 때, 그것은 구불구불하게 펼쳐진 것이라 할지라도 중용의 길을 택하겠다는 결단의 표현이었다. 실제 그는 한 번도 정책을 가져본 적이 없었다. 그는 "단순히 매일의 삶을 통해 가장 최선으로 보이는 것들을 하려했던 것뿐이었다."45 지나침은 미치지 못함과 같다는 것을 알았기에, 링컨의 목적은 극단을 피하는데 있었다.

하지만 군자, 즉 신사는 언제나 열정적이면서 기민해야 했다. 무덤덤해지거나 둔감해진다면, 더 이상 군자일 수 없는 노릇이다. 공자가 말했다.

> 군자는 9가지를 주의해야 한다. 분명히 볼 수 있도록 주의하고, 분별해 들을 수 있도록 주의한다. 다정하게 보일 수 있도록 주의하고, 타인에게 공손해야 하며, 말은 충실히 해야 하고, 업무에서는 부지런해야 한다. 의심스러울 때는 신중히 물어봐야 하고, 화가 났을 때라도 결과를 고려해야 한다. 그리고 이득의 기회가 생기면 그것을

---

44 *Analects*, XI, p. 14.
45 Sandburg, *op. cit.*, III, p. 663.

추구하는 것이 법도에 어긋남이 없는지 신중히 생각해야 한다.46

  의로움에 대한 결단 없이 중용은 달성될 수 없다. 공자와 맹자 모두 인간의 본성을 선한 것으로 여겼다. 동시에 그들은 악한 세계가 인간의 선함을 타락시킬 수 있는 유혹들로 가득하다고 봤다. 따라서 군자는 예의범절에 따라 겸손하게, 또 완전한 성실 가운데 행하며 스스로를 의로움 가운데 두어야 한다.47 군자는 의로움을 최고의 덕목으로 간주한다.48 하지만 용기 없이 중도와 의로움을 어떻게 지키겠는가? 다행히도 "자유주의 정치가 링컨"은 언제나 그의 중도적 정책을 수행해 나갈 용기를 지니고 있었다. 그는 우단(羽緞)같은 정치인이기도 했지만 동시에 철(鐵)의 정치인이기도 했다. 링컨의 인격에 대한 랜달(J.G. Randall)의 묘사는 마치 군자가 지닌 모든 덕목들을 요약해 놓은듯 하다.

....

46 *Analects*, XVI, p. 10.
47 *Ibid.*, XV, p. 17.
48 *Ibid.*, XVII, p. 23.

링컨의 위대함은 균형잡힌 덕목들이 조합된 것으로부터 연유한다. 그의 행동은 자동적으로 되돌아 나오는 스프링과 같은 반응으로는 결코 설명될 수 없다. 그것은 오히려 사려깊은 연구와 분별있는 설명으로 가능하다. 단순한 구호 혹은 정형화된 생각들은 링컨에게 아무런 인상을 주지 못했다. 링컨은 가식적으로 행동하지 않았으며 솔직하게 표현했던 소박한 사람이었고, 결코 과장되게 행동하지 않았다. 인도주의를 실제적 양식과 결합했다. 그는 가장 높은 명성의 지위에 올랐지만, 다른 이들이 스스로를 낮게 여기지 않도록 처신했다. … 그는 독재자가 되지 않고서도 자기 입장을 뚜렷이 반영할 수 있었다. 그는 자기중심적이지 않았지만 야망을 가졌다. 동료나 하급자, 또는 각료 등이 공격을 당하면, 링컨은 그 비난을 기꺼이 본인이 감수하려 했을 것이다. 때때로 흥분된 상황에서 편지를 쓴 경우에는, 다시 생각해보고, 편지의 내용이 수령인에게 상처가 될 수도 있다는 점을 자각하고 난 후엔 보내지 않기도 했다.[49]

만일 공자가 링컨같은 제자를 만났더라면 매우 기뻐했을

---

[49] J. G. Randall, *Lincoln: The Liberal Statesman* (New York: Dodd, Mead & Company, 1947), p. 205.

것이다. 공자는 문제로 가득한 세상의 안녕을 위해 스스로를 갈고 닦았다.[50] 능력은 있으나 거만하게 행동하는 자는 세계의 화평을 깰 수 있으므로 군자가 아니다. 세상이 조화 가운데 지속될 수 있는 것은 사람들을 평화와 안녕 가운데 거할 수 있도록 하기 위해 스스로를 갈고 닦는 신사들을 통해서다. 링컨은 이같은 동양적 신사의 자질을 갖추고 있었다. 공자가 마침내 진실된 군자를 찾은 셈이다.

상술한 바와 같이 공자의 가르침은 인간관계 및 다른 이들과 어떻게 조화롭게 살아갈 것인가에 방점을 두고 있다. 지금껏 제시된 바처럼 링컨은 공자 자신에 의해 수립된 도덕적 행동양식으로서 군자의 기준에 매우 잘 부합하고 있다. 그러나 개인이 진정한 군자가 되기 위해서는 몇 가지의 단계가 더 남아있다. 유교의 윤리제도에는 군자가 되기 위해 시(詩)와 의례(儀禮), 음악 등이 중요하고 필수적인 것으로 여겨진다. 공자는 "사람으로 하여금 시를 통해 먼저 본성을 일으키고, 예절에 대한 공부를 통해 굳건한 기반을 마련케 하며, 음악으로 인격을 완성케 하라"고 했다.[51] 다시 말해 개인적 수양은 운문으로 시작하고, 예에 의해 확립

---

[50] *Analects*, XIV, p. 14.
[51] *Ibid.*, VIII, p. 8.

되며, 음악에 의해 완전해진다는 것이다.

동양 문학은 가르치거나 즐겁게 하는 수단, 혹은 진실을 전하는 수단, 감정을 표출하는 수단 등으로 구분되는 것 같다. 이러한 구분은 쉽게 인지할 수 있다. 전자는 객관적·해설적인데 반해 후자는 주관적이고 서정적이다. 사람들의 사고방식을 증진시키고 사회의 도덕양식을 고양시킨다는 점에서 전자가 주로 후자에 비해 더 중요한 것으로 여겨졌다. 이러한 관점에서 그들은 소설과 연극 양식을 대문학의 전당에는 포함될 수 없는 것으로 소홀히 여기는 경향이 있었다. 다만 시만큼은 서구에서보다 더 집중적이고 일반적으로 연구되고 또 중시되었다. 실제 유교 사상가들은 시인이거나 시인으로 보이려 했으며, 사상가들 연구의 절반에 달하는 내용이 시로 채워져 있다. 당나라 이후 중국의 국가시험에서는 문학적 능력을 평가하기 위한 중요항목으로 언제나 시 작품들이 포함돼 있었다. 공자 자신도 제자들이 시경(詩經)을 공부할 것을 강력히 권했다.

> 왜 아무도 노래를 배우지 않느냐? 노래는 사람들이 정서를 고양하고, 그들의 감정을 경험하며, 남들과 교제하고, 슬픔을 표하는 것에 도움을 준다. 집에서는 아버지를

모시는데, 밖에서는 군주를 섬기는데 사용될 수 있다. 뿐만 아니라 이로 인해 새들과, 짐승들과, 식물과 나무들과도 더욱 친밀해질 수 있을 것이다.[52]

공자가 시를 좋아한 것은 그것이 음탕해지지 않고서도 기쁨을 표할 수 있고, 해롭지 않을 정도로 슬픔을 표할 수 있기 때문이었다.[53]

링컨이 시를 좋아했던 것은 부인할 수 없는 사실이다. 실제 그가 쓴 글 가운데 가장 오래된 것이 시의 형태로 남아 있다.

> 에이브러햄 링컨,
> 그의 손 그리고 펜
> 그는 형통할 것이나
> 오직 신께서 주관하시리니.[54]

이 시의 독창성을 놓고 이견이 있었으나, "다시 찾은 내

---

52 *Ibid.*, XVII, p. 9.
53 *Ibid.*, III, p. 20.
54 Lincoln, *Works*, I, p. 1.

어린시절의 집"(My Childhood-Home I see Again)으로 제목이 붙여진 시가 링컨이 37세 되던 1846년에 작성되었다는 점은 분명하다. 링컨에게 특별한 재주가 있었거나 아니면 최소한 운문에 대한 약간의 열정이 없었다면, 서른일곱의 나이에 시를 쓰지는 않았을 것이다. 자크 바준(Jacques Barzun)은 링컨의 "문학적 천재성"이 "분명하고, 강력하며, 독창적이면서 구별되는" 링컨의 문학적 스타일을 유지할 수 있도록 만들었다고 했다. 바준은 링컨이 23세의 나이에 만든 광고 전단을 가리키며 다음과 같이 말한다.

> 링컨이 타고난 작가라는 사실은 문학자가 아니더라도 알 수 있다. 자기 확신이 강하면서도 공정함을 유지하고, 불길한 예감 가운데에도 분투하는 비범한 젊은이였다는 점은 심리학자가 아니더라도 짐작할 수 있다.[55]

바준은 쿠퍼 유니언(Cooper Union) 연설 전 링컨의 생애에 대한 알버트 베버리지(Albert J. Beveridge) 상원의원 주장의 타당성에 대해 의문을 제기하며 다음과 같이 말했다. "명백한

---

[55] Jacques Barzun, "Lincoln the Literary Genius," *The Saturday Evening Post*, February 14, 1959, p. 62.

사실은 적어도 지난 2년 간 빛났던 쿠퍼 유니언 연설 전 그의 인생 전반에는 아주 희미한 빛조차 보이지 않았다는 점이다." 그러나 바준은 링컨의 초창기 글조차도 링컨의 천재성을 암시한다고 주장하며 "아마 상원의원은 대통령의 글쓰기를 결코 이해할 수 없을 것"이라고 했다.[56]

다시 찾은 내 어린시절의 집
이를 바라보며 기뻐하네
내 머릿속은 추억들로 가득하지만,
그 안에는 슬픈 기억도 있네.

오 추억이여!
이 땅과 낙원 가운데 놓인 너의 세계엔
꿈결같은 흔적이 찾아와
사물들이 쇠락하고, 사랑하는 사람들이
사라지는 곳.[57]

---

[56] *Ibid.*
[57] Lincoln, "My Childhood-Home I See Again," *Works*, I, p. 367.

링컨의 시는 동진 시절 권세를 누렸던 왕(王)씨 집안과 사(謝)씨 집안이 거주했던 검은 옷 거리(Black-Gown Alley)의 쇠락에 대한 유우석(劉禹錫)의 시와도 비견된다. 배경은 다르지만 같은 정서와 연민이 느껴진다.

> 주작교 주변에는 들꽃이 자라고,
> 검은 옷 거리에는 석양이 불타오르네.
> 그 옛날 왕씨와 사씨 집안의 제비가,
> 이제는 평범한 사람들의 집에 날아드네.

링컨은 그러나 그의 공적 책임이 무거워지면서 시를 더 이상 쓰지는 않았다. 링컨 같은 문학가가 다섯 편도 안되는 시를 남겼다는 것은 동양의 전통적 시각에서 보면 비극이고 유감스러운 것인지 모른다.

군자의 개인적 수양은 의식(儀式)의 형태로 세워진다. 의식이란 무엇인가? 의식은 중국식으로 예(禮)로 표현될 수 있다. 예는 한 사람의 도덕적, 사회적, 종교적 행위를 규제한다. 어원적으로 예는 사실상 종교적이며, 그것이 발전해 오는 과정에서 모든 형태의 의식 절차 및 군자로서의 합당한 행실과 관련된 모든 것들을 포함하게 되었다. 예의 본래 의미는 희생하는 것이며, 현대 중국에서도 그러한 의미를 지니고 있다. 공자는 생각했다. 만일 통치자들이 선조들 앞에 진실되게 헌신한다면 그러한 행위가 통치의 영역에서도 동일하게 드러날 것이며, 신하들이 궁중 회의에서 서로를 공손함으로 대한다면 그들이 국가의 중추인 일반 백성들도 사려깊게 대할 것이다. 이러한 측면에서 공자는, 그의 제자에게 어디를 가든지 만나는 모든 사람을 마치 중요한 손님을 맞이하듯이 대해야 한다고 말했던 것이다.[58]

몇몇의 소위 유교 경전들은 심지어 철저하리만치 세심한 행동 수칙을 제공한다. 이를테면 제사의 도구를 집을 때 각 손가락의 위치를 알려주는 것 등이다. 하지만 공자는 예를 다른 방식으로 이해했다. 공자에게 중요한 것은 정신이었다. 그는 값비싼 요소들로 구성된, 과시적 방식으로 예를 추구할 수 있다고 믿었던 자들을 경멸했다. 공자는 다음과 같이 말하며 탄식했다. "예라고 예라고 말하지만, 그것이 옥이나 비단을 바치는 것만을 의미하겠는가?"[59]

링컨은 인습에 얽매이지 않는 미국인이었다고 전해진다. 그는 의복에 크게 신경을 쓴 것 같지 않았다. 그러나 이것이

---

[58] *Analects*, XII, p. 2.
[59] *Ibid.*, XVII, p. 11.

링컨이 무례하거나 예의를 차리지 않았음을 의미하는 것은 아니다. 그는 무척 꾀죄죄한 모습으로 보일 때도 있었지만, 스테판 로란(Stefan Lorant)의 사진집에 나오는 링컨의 모든 사진들은 그가 단 한 번도 사회적 지위에 걸맞지 않은 복장을 한 적은 없었다는 점을 보여준다. 시골 변호사 시절의 링컨은 시골 변호사처럼 입었었고, 대통령이 된 링컨은 대통령의 복장을 하고 있었다는 것만은 확실하다.[60]

링컨은 작은 일에도 사려깊고 주의깊게 행동했다. 1865년 3월 15일 썰로우 위드에게 쓴 편지에서 링컨은 "칭찬을 좋아하지 않는 사람은 없죠. 보잘것 없는 제 취임사를 평가해 준 것에 감사드립니다"라고 말했다.[61] 프레더릭 더글라스(Frederick Douglass)는 링컨의 공손하고도 다정한 태도를 다음과 같이 기억했다. "링컨이 나를 봤을 때 난 그로부터 10피트가 채 안되는 거리에 있었다. 그의 표정은 빛났고, '어서 오게 내 친구 더글라스'라고 말하는 그의 목소리가 온 방에 울려퍼졌다." 더글라스에 따르면 링컨은 그에게 따뜻한 악

---

[60] Stefan Lorant, *Lincoln: A Picture Story of His Life* (New York: Harper and Brothers, 1952) 및 Hamilton and Ostendorf, *Lincoln in Photographs* (Norman: University of Oklahoma Press, 1963) 참조.
[61] 1865년 3월 15일 링컨이 썰로우 위드에게 보낸 편지. Lincoln, *Works*, VIII, p. 356.

수를 건넸고, 심지어 취임식 때 링컨 본인이 무엇을 입어야 할지를 물어보기도 했다고 한다.[62] 다시 말해, 링컨이 그의 일생을 통해 실천했던 것은 유교의 예 사상과 크게 다르지 않은 것이었다. 링컨이 그의 인생에 있어 품었던 야심은 그의 표현에 따르면 다소 "특별한 것"이었다. 링컨은 1832년 "… 제 동료들로부터 존중받는 것, 그들의 존중을 받을 만한 사람이 되는 것보다 더 중요한 것은 없습니다."[63] 동료들의 존중을 받을만한 사람으로 거듭나기 위해 링컨은 일생을 통해 예를 실천했다. 이것이 바로 동양적 삶에 있어 높은 수양을 요구하는 진정한 예의 기반이 아니겠는가?

마지막으로 군자는 음악에 의해 완성되어야 한다. 링컨의 음악적 소양은 어땠을까? 케네스 버나드(Kenneth A. Bernard)는 링컨과 남북전쟁의 음악에 대해 철저히 연구한 끝에 다음과 같이 결론내렸다.

> 에이브러햄 링컨은 가장 "음악적 소양이 없는" 대통령 중 한 명이었다. 그는 음악을 공부해 본 적도 훈련을 받

---

62 "Abraham Lincoln: Frederick Douglass's Reminiscence," in *New York Tribune*, July 5, 1885.
63 1832년 3월 9일 생가몬(Sangamon) 카운티 주민들과의 대화. Lincoln, *Works*, I, p. 8.

아 본 적도 없었을 뿐더러, 음악의 기술적 부분에 대해 알지도 못했다. 아마 하모니카를 제외하고는 연주할 수 있는 악기도 없었을 것이다. 악보를 읽을 줄도, 노래를 제대로 할 줄도 몰랐다. 울타리 일꾼(rail-splitter)으로, 순회법정의 변호사로, 연방의 구원자로 그리고 해방자로 살았던 링컨은, 한 마디로, 음악가는 아니었다.

하지만 링컨과 음악에 대해 생각할 때 두 가지 명백한 사실이 있다. 하나는 링컨이 대통령으로서 음악을 매우 좋아했다는 것, 그리고 다른 하나는 그가 다른 어떤 미국 대통령보다도 많은 음악을 들었다는 것이다.[64]

공자가 제나라에 있을 때 소(韶) 음악을 듣고 석 달 간 고기맛을 잊어버렸다는 이야기가 전해진다. 음악이 이토록 아름다우리라고는 그도 미처 생각해보지 못했던 셈이다.[65] 링컨이 소유했던 이같은 유교적 덕목을 고려한다면, 동양의 지식인 시각에서도 링컨은 진정한 군자, 즉 완벽한 신사로 불릴 수 있을 것이다.

― 김동길

....

[64] Kenneth A. Bernard, *Lincoln and the Music of the Civil War* (Caldwell, Idaho: The Caxton Printers, 1966), p. xvii.
[65] *Analects*, VII, p. 13.

제3장
링컨: 윤리적 대통령

"의로운 삶을 추구하는 것이 첫째요,
다른 어떤 것을 추구하는 것은 그 다음이라.
덕을 완성하는 것이 먼저요,
다른 모든 것들은 그 무엇이든 부차적인 것이다."
– 예기(禮記)66

링컨을 "스스로 만든 신화"(Self-made Myth)라고 부른 리처드 호프스태터(Richard Hofstadter)의 평가는 대체적으로 비판적이지만, 인간 그리고 지도자로서 링컨의 위대성을 적절하고 정확하게 표현하고 있다.

....

66 *Li Chi*, XVII, C, p. 5.

링컨은 보수적 휘그당원들과 반노예제 지지자들을 효과적으로 결집시키는데 지대한 공헌을 했으며, 이에 따라 그의 명성 또한 자자해졌다. 링컨은 노예제도를 미 전역에 확산시키고자 하는 시도를 가려내어, 공화당 내 와해 움직임을 강력한 통합의 힘으로 전환시켰다. 그는 공화당이 극도로 이질적인 집단들로 이뤄져 있다는 사실을 잘 인지하고, "분열된 집"(House Divided) 연설을 통해 당이 "낯설고, 부조화스러우며, 심지어 적대적인 요소들"로 이뤄져 있다고 솔직히 말했다. 노예제 폐지론자들과 흑인 혐오자들 외에도, 공화당은 부자와 가난한 자들, 개인과 기업들, 구시대 정치에 신물이 난 전 휘그당원 및 민주당원들, 절주 운동가들과 술꾼들, 문맹자들과 이주민들을 아우르고 있었다. 링컨은 그런 연합을 하나로 이끌고 정권을 쥐고, 전쟁에 승리한 능수능란한 수완을 지닌 자였다.[67]

호프스태터는 그러나 "연합을 지탱해 나가고, 정권을 쥐고, 전쟁에 승리한 능수능란한 수완" 뒤에 숨겨진 것에 대해서는 언급하지 않는다. 링컨의 수완을 가능하게 했던 것

---

[67] Richard Hofstadter, *The American Political Tradition* (New York: Alfred A. Knopf, 1948), p. 117.

은 그의 독특하면서도 뛰어난 도덕적 자질이었다. 동양적 시각에서 보면 이것이야말로 링컨을 다른 유명한 서구의 지도자들과 구별케 하는 것이었다. 라인홀드 니버(Reinhold Niebuhr)의 표현을 빌리자면, 링컨은 "부도덕한 사회의 도덕적 인간"이었다.[68] 물론 에이브러햄 링컨과 남북전쟁 시기의 미국 사회가 특별히 부도덕했다는 의미는 아니다. 모든 사회는 그 사회에 속한 도덕적 개인들이 도덕적인 삶을 지속해나가기 어렵게 한다는 점에서 부도덕적이다. 도덕적 인간이 부도덕한 사회에서 지도자가 될 수 있는가? 그것은 공자와 맹자 모두의 꿈이기도 했다.[69] 그러나 인류 역사 가운데 부도덕한 환경 속에서 존재했던 진정한 도덕적 지도자들은 손에 꼽을 정도로 적었다. 그리고 링컨은 확실히 그 가운데 한 사람이었다.[70]

---

[68] Reinhold Niebuhr, *Moral Man and Immoral Society* (New York: Charles Scribner's Sons, 1960), "Introduction", pp. xi–xxv 참조.

[69] 이러한 주장은 음양(陰陽)이론적 철학을 기반으로 한다. 즉 인간의 본성은 선하나 환경이 악하다는 것이다. 어떤 의미에서 음양이론은 조로아스터교(Zoroastrianism)의 중국식 버전으로 볼 수 있다. 이상적 지도자에 대한 유교적 관점은 *Analects*, XIX, pp. 1–3; IV, p. 10; *Mencius*, VII, B, p. 13; IV, A, p. 9 참조.

[70] J. G. Randall, *Lincoln: The Liberal Statesman* (New York: Dodd, Mead & Company, 1947), p. 206.

랜달(J.G. Randall)은 도덕적 지도자로서의 링컨을 다음과 같이 묘사한다.

> 링컨을 평가하는 가장 확실한 방법은 그가 가장 왕성해보일 때 내놓은 성명을 통해서다. 생산자들의 특수한 이익을 위한 보호관세를 설명할 때 그는 다소 더듬거리거나 조심스럽게 말한다. 그러나 윌리엄 헨돈(William H. Herndon)이 말한 바와 같이, 근본적 인권에 대한 문제를 다룰 때 링컨은 다른 사람이 된다. 우리는 헨돈의 글에서 다음과 같은 기술을 볼 수 있다. "링컨이 자유를, 독립선언서를 뒷받침하는 권리를 보호할 때면, 그는 마치 도움과 지원을 구하기 위해 절대자에 호소하는 것처럼 혹은 그가 매우 사랑하는 어떤 사람을 감싸안는 것처럼 팔을 뻗었다. 그때야말로 그가 창조주의 손에서 갓 나온 것과 같이 영감을 얻은 듯한 순간이었다. 링컨의 회색 눈동자는 노예제도에 반대할 때나, 정의와 인류의 진보를 포함하는 자유의 희망과 사랑을 언급할 때 불타올랐다."[71]

맹자가 참된 지도자로 추구했던 것은 바로 링컨이 풍부

---

[71] *Ibid.*, p. 179.

히 소유하고 있었던 도덕적 자질과 사명감이었다. 그게 아니었더라면 4년 간 지속된 끔찍한 내전을 견딜 수 없었을 것이다. "안으로 성찰하여 잘못을 발견하지 못한다면, 어찌 근심하며 두려워하겠는가?"[72]

1860년 11월 선거 이후 링컨이 취임하기 전, 스프링필드(Springfield)에서는 우려 섞인, 또 지쳐가는 4개월을 보내고 있었다. 대부분의 시기 링컨은 침묵을 지켰다. 공자는 "쉽게 동요하지 않고, 결연하며, 나무같은, 말하기를 더디하는 자가 선(善)에 가깝다"면서, 마치 미국의 제16대 대통령으로 취임할 사람을 묘사하는 것과 같이 말했다.[73] 링컨은 관직을 탐하는 사람들, 정치인들, 장삼이사들에 둘러싸여 있었지만 그의 "차분함"과 명랑함을 유지했다.[74] "군자는 자부심이 있어도 교만하지 않고, 소인은 교만하나 자부심이 없다."[75]

1860년의 선거결과는 남부에서의 분리주의 운동이 공공연하게 전개되면서 제대로 공표될 수 없었다. 링컨이 취

---

[72] *Analects*, XII, p. 4.
[73] *Ibid.*, XIII, p. 27.
[74] H. G. and Oswald G. Villard, eds., *Lincoln on the Eve of '61: A Journalist's Story* (New York: Alfred A. Knopf, 1941), p. 13.
[75] *Analects*, XIII, p. 26.

임하기 한 달 전 남부 7개주가 연방탈퇴령을 채택하고 독립적인 국가연합을 구성, 해당 연합을 위한 헌법을 작성했다. 또 제퍼슨 데이비스(Jefferson Davis)를 대통령에 선출함으로써 노예를 소유하고 있는 다른 주들의 신속한 동참을 기대했다.

상황은 매우 좋지 않았다. 남부의 많은 곳에서 공공연한 반란이 전개되고 있었고, 나머지 노예소유주들(Slaveholding States) 역시 반란주들의 움직임에 흔들리고 있었다. 반란은 완강하고 대담하며 숙련된 지도자들에 의해 전개됐다. 열정과 군인정신으로 똘똘 뭉친 남부 사람들은 무장을 시작해 이미 몇몇 진지들과 무기고들을 점령한 상태였다. 연방정부에서도 "남부 동조세력"이 없지 않았다. 국고는 비었고, 공적자금은 최저 수준을 기록하고 있었다. 정규군 역시 몇몇 탁월한 사령관들의 이탈로 인해 형편이 좋지 못했다. 해군은 거의 도움이 못되는 수준이었다. 노예 권력(slave power)의 위협 및 분열은 이제 심각한 현실이 됐다. 갈피를 잡을 수 없을 정도의 혼란이 불협화음을 타고 전국을 휩쓸었다. 게다가 미 연방의 영구적 붕괴를 바라는 구(舊)세계의 은밀한 열망 또한 노골적으로 드러났다.

"정직한 에이브 링컨"이 대통령에 취임했을 때, 그는 이 모든 상황들을 통제해야 했다. 링컨은 워싱턴에 많은 친구들을 두지 못했었고, 심지어 공화당 내에서도 링컨의 취임을 달갑지 않게 여기는 세력들이 많았다. 특히 스워드(Seward) 세력은 여전히 낭패감에 젖어 있었다. 윤리적 대통령 링컨은 딜레마적 상황에 놓였다. 링컨은 "1년 내에 나라를 바로잡을 수 있고, 3년 이내에 모든 문제가 해결될 수 있다는 것을" 보장할 수 없는 상황이었다.[76]

50년 후, 중국의 위대한 지도자 손문(孫文)은 청나라 멸망 후 자신이 비슷한 처지에 놓여 있다는 점을 깨달았다. 신생 공화국 수립 후 유감스럽게도 좋지 못한 일들이 연달아 발생했다. 대부분의 개혁적 지도자들은 손문의 계획을 이해하지 못하고 군벌주의의 길을 걸었다. 원세개(袁世凱)와 장훈(張勳) 같은 몇몇 강력한 지도자들은 제국의 부활을 꿈꿨다. 중화민국의 아버지 손문은 이러한 상황 가운데 무엇을 했는가? 손문은 자신의 당에 환멸을 느꼈다. 환멸의 정도가 너무 극심한 나머지 임시 대총통직을 사임했다.[77] 개척국가 미국의 삼손이었던 링컨은 비슷한 상황에서 어

---

[76] *Ibid.*, p. 10.
[77] Immanuel C. Y. Hsü, *The Rise of Modern China* (New York: Oxford University Press, 1970), pp. 563–564.

떻게 했는가? 그는 환멸을 느끼지도, 대통령직에서 내려오지도 않았다. 대통령직을 붙잡고, 임무를 완수할 때까지 싸웠다. 도덕적 강단에 있어서만큼 링컨은 확실히 "불굴의 의지"를 지니고 있었다.

링컨의 뛰어난 도덕적 자질은 정치지도자로서 그리고 시민으로서도 빛났다. 링컨의 주요 정치적 연설 및 메시지들은 혼란과 불화, 아수라장 속에서도 최고통수권자가 윤리적일 수 있다는 점을 보여준다. 이를테면 그의 첫 번째 취임사는 단순히 링컨 행정부 임기를 통해 취해질 수 있는 공식적 방침을 넘어서는 어떤 것을 담고 있었다. 칼 슐츠(Carl Schurz)가 지적한대로, "그 취임사는 마치 다루기 힘든 아이들을 앞에 두고 비탄하는 아버지의 간청과도 같았다. 가장 친절한 언어로 그는 분리주의자들이 추구하는 분열이 얼마나 잘못된 것인지, 그리고 분리주의자들 자신을 위해서도 왜 그들이 연방의 분열 추구를 멈춰야 하는지를 설명했다."[78]

----

[78] Carl Schurz, *Abraham Lincoln* (Boston and New York: Houghton Mifflin Company, 1891), p. 65.

불만 가운데 놓인 나의 동포 여러분, 나의 손이 아닌 바로 여러분들의 손에 내전이라는 중대한 문제가 달려 있습니다. 정부는 여러분을 공격하지 않을 것입니다. 여러분들 자신이 공격자가 되지 않는 한 물리적 충돌은 없을 것입니다. 저는 미합중국의 헌법을 "보존하고, 보호하며, 지키는" 엄숙한 선서를 할 것이나, 여러분들에게 정부를 무너뜨릴 수 있는 천부적 권리가 있는 것은 아닙니다.

마무리를 해야겠습니다. 우리는 적이 아닙니다. 친구입니다. 우리는 적이 되어서도 안됩니다. 감정이 격앙될 수는 있지만, 그것이 애정의 연대를 깰 수는 없는 것입니다. 기억이라는 신비로운 감정은 모든 전투현장과 애국자의 무덤부터, 이 드넓은 땅에 있는 모든 살아있는 가슴과 가정에 이르기까지 퍼져 있습니다. 확신하건대, 우리 본성 가운데 있는 보다 선한 천사(the better angels of our nature)의 손길이 다시 다가올 때 연방의 찬가 또한 울려 퍼질 것입니다.[79]

---

[79] Lincoln, *Works*, IV, p. 271. 본 인용문의 두번째 단락은 작성 과정에서 스워드(Seward) 국무장관이 부분적으로 관여했다. 스워드 장관의 글은 때에 맞는 적절하고 절묘한 단어를 잘 활용한 것으로 잘 알려져 있다. 1863년 10월 3일의 추수감사절 공표문 참조. Lincoln, *Works*, VI, pp. 496–497.

"우리 본성 가운데 놓인 보다 선한 천사"에 호소한 점에 비춰보면, 링컨은 결코 평범한 정치인이 아니었다. 현대의 마키아벨리적 혹은 맑시즘적 시각에서 보면 링컨은 웃음거리가 될 수도 있었다. 그러나 정치 철학자인 동시에 위대한 도덕적 스승이었던 맹자가 다른 상황에서도 사실상 링컨과 같은 말을 한 것은 매우 흥미롭다.

> 모든 사람은 측은히 여기는 마음(惻隱之心)을 지니고 있다. … 측은지심의 태도를 지닌 정부가 측은지심으로 정책을 시행할 때면 통치자는 마치 전 국가의 정사를 자신의 일을 돌보듯이 할 것이다. 모든 사람에게 측은지심이 있다고 한 연유는 다음과 같다. 연못에 빠지려고 하는 아이를 발견한 한 사람이 있다. 그가 누구든 예외없이 경각심과 동정심을 느끼게 될 것이다. 그리고 이것은 아이의 부모로부터 환심을 사려는 생각이나, 그가 아이를 구하는 데 실패했을 경우 받을 비난이 두려워서 생기는 감정이 아니다. 동정심이나 수치심, 공손함, 옳고 그름을 분간할 수 있는 감각 등을 결여한 사람은 없다. 정의감은 수치심을 앎으로 시작되고, 예의 바름은 공손함을 앎에서부터 시작된다. 선악을 구분할 수 있는 감각은 지혜의 시작이다. 모든 사람은 사족(四足)이 있듯 이같은 본성을

지니고 태어난다. … 우리 가운데 내재한 이 네 가지의 본성을 모든 이들이 키우고 발전시킬 수 있도록 돌보자. 그리하면 이같은 본성들은 타오르는 불처럼, 약동하는 봄처럼 피어날 것이다.[80]

링컨이 "우리 본성의 보다 선한 천사"에 의탁했다면, 맹자는 인간이 지닌 측은지심에 호소했다. 인간의 본성이 "보다 선한 천사"를 지니고 있음을 확신한 채 말하는 사람은 윤리적 지도자라 할 수 있을 것이다.

링컨이 지닌 도덕적 지도자로서의 뛰어난 자질은 포트섬터(Fort Sumter)에 대한 남부의 적대행위가 시작된 후 반란군 진압을 위한 75,000명의 민병대 소집 및 긴급 의회소집 시 다시금 드러났다. 의회에 대한 장문의 연설에서 링컨은 긴급상황의 본질을 간단명료한 도덕적 수사로 신중하게 설명했다.

> 행정부가 정부 수호를 위해 전쟁수행 의무권한을 발동해야 함을 매우 유감스럽게 생각합니다. 이 권한을 발동하지 않으면 정부는 존재할 수 없을 것입니다. … 행정부

---

[80] *Mencius*, II, A, p. 6.

로서 우리의 제도가 소멸되는 것을 두고 볼 수도 없지만, 자유를 향유하는 미국민들이 시민의 일원인 제게 위임한 장대하고 신성한 신임을 저버릴 수는 더더욱 없는 것입니다. 저는 약해질 수 있는 도덕적 권한이 없다고 생각합니다. 혹 다가올지 모르는 목숨에 대한 위협도 감수해야 할 것입니다. 이 막중한 책임 가운데, 저는 제가 해야하는 것으로 여겨지는 의무를 지금껏 다 해 왔습니다.[81]

작전은 너무 포괄적이었고 효과는 분산됐다. 또 그 영향이 매우 광범위한 것이라 사실 링컨의 시대 그 누구도 전쟁의 규모와 복잡성을 상상할 수 없었다. 시간이 흐를수록 윤리적 대통령 링컨에게 가해지는 압박의 강도는 증가했다. 전쟁을 수행하기 위해서는 수백만달러에 달하는 자금과 수십만명에 이르는 병력이 반드시 필요했다. 병사들을 위한 옷과 음식, 무기, 운송수단, 전장에서 효과적으로 싸우기 위한 훈련 등이 필요했다. 이케다(Ikeda)는 국가적 위기에 직면한 링컨의 극심한 괴로움에 공감하며 다음과 같이 기술했다.

---

[81] Lincoln, *Works*, IV, p. 440.

링컨이 아무리 진정으로 북부와 남부는 친구라는 점을 확신시켜도, 독립을 선언함으로써, 적(敵)으로 규정한 북부와 싸우려는 남부의 의지는 확고했다.

전투는 불가피했다. 사랑으로 가득한 사람이었던 링컨이 얼마나 그 전쟁을 개탄스럽게 여겼겠는가![82]

이 대목에서 이케다는 링컨을 나폴레옹(Napoleon)에 비교했다.

나폴레옹이 링컨에 비견될 수 없다는 점은 말할 필요도 없다. 나폴레옹은 스스로의 탐욕과 정복욕을 만족시키려 국민들이 헛되이 피를 흘리도록 만들었다. 반면 링컨은 사랑과 인간성을 보존하고, 조국의 통합과 독립을 지키기 위한 전쟁을 해야만 했다.

나폴레옹은 영웅일지 모른다. 링컨은 성자(聖者)같은 영웅이었다. 과연 얼마나 많은 사람들이 나폴레옹의 죽음에 진실로 비통해 했겠는가? 4백만의 흑인들과 전 미국인이 링컨의 죽음을 충심으로 애도했다.[83]

---

[82] Norimasa Ikeda, *Lincoln* (Tokyo: Dainihon Yubenkai Kodansha, 1952), p. 311.
[83] *Ibid.*, pp. 312–313.

전쟁이 지속될수록 근심도 커져갔다. 1861년의 불런(Bull Run) 전투, 1862년 봄의 반도 전역(Peninsula Campaign)은 패전과 실망을 안겨줬다. 메리맥(Merrimac)호에 대한 모니터(Monitor)호의 우위, 뉴올리언스(New Orleans) 및 앤티텀(Antietam) 점령 같은 성공도 있었다. 하지만 두 번째 겨울이 다가오면서 10,884명의 북부군이 사망하거나 부상을 당하는 등 프레드릭스버그에서 끔찍한 대량학살을 겪었다. 워싱턴은 부상자들과 죽어가는 자들로 가득했고, 사람들은 "기대를 저버린 기대"를 품었다. 전쟁부에서는 그 무엇도 제공하지 못했다. 기드온 웰즈(Gideon Welles) 해군장관은 전쟁부 내 확고한 입지를 갖지 못한 데 대한 개인적 우려를 지니고 있었다.[84]

기자이자 링컨의 가까운 친구였던 노아 브룩스(Noah Brooks)는 "가장 침울했던 것은 그 시기의 소위 공휴일들이었다"고 했다. 브룩스는 그러나 1862년의 가장 음울한 상황 가운데에서도 링컨은 전적으로 우울해하지만은 않았다고 말했다.

....

[84] Margaret Leech, *Reveille in Washington 1860-1865* (New York and London: Harper and Brothers, 1941), p. 221.

대통령은 그렇지 않았다. 그는 외교단을 맞이했고 …
탁월한 관료들이 절차에 따른 축하를 건네고 퇴장할 때
나, 육군과 해군의 장교들이 계급순으로 초대될 때 …
내전의 혼란 가운데에서도 그 선한 대통령은 평온하게
서 있었고 심지어 미소를 지어보였다.[85]

도쿠가와 이에야스(德川家康)가 불굴의 의지와 믿기 어려울 정도의 인내심으로 중세 일본의 다대한 장애물들을 돌파하고 도쿠가와 막부시대를 연 것처럼, 링컨 역시 그의 의지력과 인내의 지혜로 말미암아 표현할 수 없는 어려움들을 극복해냈다. 맹자는 "사람은 하지 말고자 하는 것을 하지 않는데 결연해야 하며, 이로써 강건함으로 행할 수 있다"고 말했다.[86] 동양적 표현을 차용하자면, 링컨은 미합중국이 분열되는 것에 결연히 반대했고, 바로 그 결단력으로 현명하게 행동했다. 공자는 "강건하고, 인내하며, 단순하게, 가식없이 행하는 것이 덕(德)에 가까운 것"이라고 했다.

---

[85] Noah Brooks, *Washington, D.C. in Lincoln's Time* (New York: Collier Books, 1962), p. 54. 원제는 *Washington in Lincoln's Time*. Noah Brooks, *Washington in Lincoln's Time* (New York: The Century Company, 1895) 참조.
[86] *Mencius*, IV, B, p. 8.

동양적 시각에서 보면, 링컨은 강건하게, 인내하며, 단순하고 가식없이 행했다. 자연스레 링컨은 덕을 실천하는 사람이 되어갔다.[87]

동양의 관점에서 링컨의 도덕적 리더십이 가장 빛나는 부분은 1863년 1월의 노예해방선언이었다. "예속 상태에 놓인 노예들은 … 이제 자유의 몸이 될 것이다 … ."[88]

동양인들은 링컨이 해방선언이라는 일대진보의 결정을 내릴 때 직면했던 복잡함과 어려움들에 대한 충분한 주의를 기울이지 않았다. 북부는 폐지론자들의 극단적 주장과, 경계주 주민들의 극심한 우려 가운데 노예문제에 대한 의견이 갈려 있었다. 링컨은 많은 병사가 노예를 해방시키려는 전쟁에 참여하는 것을 거부할 수 있다는 점, 노예해방선언 단행에 대한 권한의 불확실성, 또 그가 점진적이고 보정(補正)적인 해방책을 선호해 왔다는 점 등을 종합적으로 고려해야 했다.[89]

---

[87] *Analects*, XIII, p. 27.
[88] Lincoln, *Works*, VI, pp. 29–30.
[89] 노예제도 및 그 문제점에 대한 링컨의 견해에 대해서는 다음을 참조. Lincoln, *Works*, I, pp. 74–75; II, pp. 222–223, 239, 245–246, 255–256, 520; III, pp. 301–302, 313, 314–316; V, pp. 152–153, 317–319, 371–375, 419–421, 444; VII, pp. 243, 260; VIII, pp. 1–2.

동양인들은 링컨의 해방선언이 약 30억달러에 이르는 재산권에 대한 임의적 몰수를 의미하는 것이었다는 사실을 간과한다. 또 해방선언이 외교적으로 의미하는 중요성 역시 놓치는 경우가 많다. 그것은 이제 전쟁을 자유를 위한 성전(聖戰)이 되게 함으로써 영국과 프랑스가 전쟁에 개입해 남부를 지원할 수 있는 명분을 차단한 것이었다.[90]

노예제도의 개념이 동양에 생소한 것은 아니었다. 그러나 그것은 미국의 노예제도에 대해 동양이 가진 이미지와는 확실히 다른 것이었다. 라투레트(Latourette)는 다음과 같이 적었다.

> 노예제는 로마제국에서처럼 결코 광범위하거나 두드러진 것은 아니었다. 있었다 하더라도 구속된 노동자들에 의해 경작되는 대규모 사유지는 거의 없었다. 노예들은 대부분 가정 내의 일을 하는 데 동원됐다. 노예제도가 미국 흑인들의 경우와 같이 인종차별과 연관된 것도 아니었다. 대부분의 노예들은 경제적 불운 등으로 인해 그러한 상황으로 내몰린 중국계 후손들인 것처럼 보였다.

---

[90] 링컨은 그의 양식과 수완을 발휘해 많은 외교적 문제들을 처리했다. 링컨의 외교술에 대한 학문적 논의로는, Jay Monaghan, *Diplomat in Carpet Slippers* (Indianapolis: Bobbs-Merrill Company, 1945) 참조.

가난한 사람들은 특히 기근의 시기에 딸들을 팔아야 했을 것이다. 딸들은 아들에 비해 가치가 덜한 것으로 여겨졌기 때문에 가족 가운데 우선적으로 팔렸으며, 따라서 가정 내 노예들은 대부분 소녀를 포함한 여성들이었다. 그들은 어려운 삶을 살았지만 그들에 가해지는 학대행위는 여론의 감시에 의해 어느정도 억제될 수 있었다. 노예가 된 소녀들은 첩으로 팔리거나, 이웃에 있던 가난한 남자들의 부인으로 보내지는 경우도 빈번했다.[91]

동양의 관점에서 보면 미국의 노예들이 처한 상황은 매우 가혹한 것이었다. 미국 흑인들은 대부분 사슬에 묶여 있고, 악마같은 노예주인들로부터 끊임없이 매질을 당하는 장면이 그것이다. 따라서 링컨이 노예해방선언을 발표했을 때, 그는 수백만의 불운한 흑인 노예들의 자유를 위해 살다간 위대한 해방론자요 자유의 옹호자가 되었다. 이것은 동양인들의 시각에서 링컨 인생의 주안점이자, 동양이 링컨에 대해 지니게 된 주된 이미지가 됐다.[92]

------

[91] Kenneth Scott Latourette, *The Chinese: Their History and Culture* (New York: Macmillan Company, 1967), p. 581.
[92] 1862년 7월 13일 링컨은 국무장관과 해군장관에게 "노예해방은 연방을 구하기 위해 절대적으로 필요한 군사적 옵션이라는 결론을 내

1910년 일본 교육성이 발간한 교과서는 한 장(章)을 링컨과 미국의 남북전쟁에 할애했다. 주안점은 역시 링컨의 노예제도 폐지에 있었다.

> 그는 노예상태의 흑인들에 연민을 보이고 그들의 환경을 개선하기 위해 분투했다. 당시 미국은 노예제 폐지를 옹호하는 북부와 그것에 반대하는 남부로 나뉘어 있었다. 링컨은 각 주를 돌며 노예제 폐지의 정당성을 설파했다.
> … 5년 간 계속된 남북전쟁은 … 북부군의 승리로 끝났다. 전쟁 기간 링컨은 노예해방선언을 발표해 4백만의 노예를 해방시켰다. 흑인들과 다른 많은 사람들이 링컨의 대담한 행동과 열정에 찬사를 보냈다.[93]

일본제국 해군사에 가장 뛰어난 영웅 가운데 하나인 야마

렸다"고 전했다. John T. Morse, ed., *Diary of Gideon Welles* (Boston and New York: Houghton Mifflin Company, 1911), I, p. 70 참조. 전시수단으로 노예를 해방시킨 것은 동양이 품고 있는 링컨에 대한 대중적 이미지와는 쉽게 연결되지 않는다. 동양의 시각에서 링컨은 용기를 지닌 사람이었기 때문에 옳은 것을 보고 그것을 행한 윤리적 인간이었다. 공자 역시 "옳은 일을 보고도 하지 않는 것은 용기가 없기 때문"이라고 말한 바 있다. *Analects*, II, p. 24 참조.

[93] Tokyo Lincoln Center, *Report*, No. 10 (February 12, 1969), p. 7.

모토 이소로쿠(山本五十六)는 그의 후임이었던 주미 일본대사관 해군 담당관 미와(三和)에게 칼 샌드버그(Carl Sandburg)의 링컨 전기를 읽어볼 것을 권유했다고 전해진다.

> 링컨이 대단하다고 생각하지 않는가? 미국 대통령 가운데에서 그는 가장 탁월한 사람이었다.
> 그는 극심한 가난 가운데 태어났다. 켄터키에 있는 그의 집 사진을 본 적이 있는가? 일본에서도 찾기 어려운 그런 집이다. … 그렇게 보잘것없는 통나무집에서 가난한 부모 아래 태어나고 자란 링컨은 그가 암살되던 날까지 하나의 목표를 위해 달렸다. 그것은 바로 노예 해방, 즉 모든 인류의 해방이었다.[94]

일본 어린이들 사이에 가장 유명한 책 가운데 하나인 코단샤(講談社)의 링컨도감(Pictorial Lincoln)은 마지막 페이지를 링컨과 흑인들과의 관계로 장식한다. "노예제의 존속을 바랐던 남부 미국인들은 전쟁을 시작했다. 전투현장으로 나아가는 군인들을 바라보며 링컨은 마음속으로 '병사들이

---

[94] *Ibid.*, No. 8 (February 12, 1967), p. 3. 야마모토 장군이 2차대전 기간 미국과 싸우는 것을 꺼려했으며, 일제의 전쟁동기에 동조하지 않았다는 점은 널리 알려져 있다.

가련한 노예들을 위해 젖먹던 힘까지 내어 싸울 수 있도록 해 주세요'라고 기도했다."[95] 링컨이 남부를 전함으로 공격한 이유는 "가련한 노예들"을 구하기 위한 것이었다.[96] 책 속에는 해방된 흑인 노예들이, 몇몇은 무릎을 꿇고, 링컨을 바라보고 있는 가운데 키가 큰 링컨이 미소를 지으며 한 흑인 소년을 안아들고 있는 장면이 나오는데 특히 인상적이다. 이것은 전쟁 후반 링컨이 소개(疏開) 후 폐허가 된 리치몬드시에 찾아갔을 때의 장면을 그린 것이다.[97]

사와타(Sawata)의 유명한 링컨 전기는 "노예해방의 아버지"라는 부제를 갖고 있다. 이케다(Ikeda)의 링컨 역시 "사랑과 자유의 아버지"라는 비슷한 제목을 지니고 있다. 그의 전기를 관통하는 하나의 주제는 링컨이 숭고한 사랑의 소유자였으며 그의 사랑이 노예들을 자유케 했다는 것이다. 또다른 링컨 전기 저자인 민조 시바노(Minzo Shibano)는 링컨이 "가련하고 불쌍한 노예들"을 위해 살았으며 "노예제도를 혁파하기 위해" 죽었다고 말했다.[98]

---

[95] Kodansha, *Pictorial Lincoln*, p. 42.
[96] *Ibid.*, p. 44.
[97] *Ibid.*, pp. 46–47.
[98] Minzo Shibano, *Lincoln* (Tokyo: Kin-no Hoshi-sha, 1964), pp. 82–90, 154–161.

노예해방은 북부로 하여금 자유라는 대의로 나아가는 데 있어 후퇴할 수 없는 계기로 작용했다. 전쟁은 이제 도덕적 기반에 따른 신성한 투쟁이 됐다. 링컨은 그의 세대와 후대를 위한 위대한 도덕적 지도자의 반열에 올랐다.[99]

1863년 11월 19일 펜실베니아 게티스버그(Gettysburg)에서 링컨은 그의 가장 유명한 연설로 기억될 연설을 했다. 7월에 있었던 끔찍한 전투의 상처가 여전한 가운데, 링컨은 미국의 남북전쟁이 미국인들뿐만 아니라 모든 세대의 모든 사람들에게 얼마나 중대한 의미를 지니는지를 설명했다. 로이 바슬러(Roy P. Basler)는 다음과 같이 썼다.

> 링컨이 게티스버그에서 풀어야 할 문제는 두 가지였다. 즉, 과거를 기념하고 미래를 제시하는 것이었다. 이를 위해 링컨은 우선 청중들에게 가장 소중한 주제인, 영웅적으로 전사한 아들들과 아버지들의 명예를 드높였다. 링컨은 이를 그의 신념인 민주주의의 보전 개념과 결부

---

[99] 링컨은 노예해방선언을 자신이 이끈 행정부의 핵심적 행위로 여겼다. 그에게 노예해방선언은 "19세기에 일어난 가장 중대한 사건"이었다. Francis B. Carpenter, *Six Months at the White House with Abraham Lincoln* (New York: Hurd and Houghton, 1867), p. 90 참조.

시켰다. 이같은 두 가지의 주제로부터 인간과 국가의 출생과 죽음, 그리고 정신적 거듭남에 대한 링컨의 시적인 은유가 흘러나왔다. 링컨은 여기에 독실한 종교적 신념의 열정을 더했다. 민주주의는 링컨에 있어 종교와도 같았다. 그는 청중들이 민주주의를 실로 종교의 수준으로 받아들이기를 원했다. 링컨은 영원한 삶에 대한 희망을 영원한 민주주의에 대한 희망과 능숙하게 결부시킴으로, 애국적 주제를 애가(哀歌)조의 주제와 융합했다.[100]

동양인들은 링컨이 어떤 상황 가운데 "국민의 국민에 의한 국민을 위한 정부"라는 불멸의 표현을 표명했는지 생소할지도 모르겠다. 하지만 그들도 이 표현이 도덕적 대통령 링컨의 말이라는 것은 안다. 실제 "정부는 국민들이 혜택을 얻도록 하기 위해 존재한다"는 관념은 전통 유교사상에 비추어 전혀 새로운 것이 아니다. 다시 말해, 동양적 사고에 관련된 한, "국민을 위한 정부"는 새로운 개념이 아니다. "정부란 바로잡는 것이다. 통치자가 바르게 행동하면 모든 백성이 그의 절제를 본받을 것이다. 통치자의 행동을 백성

---

[100] Roy P. Basler, ed., *Abraham Lincoln: His Speeches and Writings* (New York: Grosset and Dunlap, 1962), p. 42.

도 따르게 될 것이다."[101] 섭공(葉公)이 정치에 관해 묻자 공자는 "좋은 정부란 가까운 곳의 백성들이 기뻐하고, 먼 곳에 사는 백성들이 그 소식을 듣고 찾아오게 하는 것"이라고 답했다.[102] 맹자는 이를 더욱 직접적으로 강조했다. "백성들이 가장 중요한 존재다. … 군주는 가장 마지막이다."[103]

하지만 링컨은 통치체제에 있어 동양적 사고로는 전혀 떠올릴 수 없었던 기본적이고도 핵심적인 두 가지 관념을 제시한다. "국민의 정부"와 "국민에 의한 정부"가 바로 그것이다. 민주주의 자체가 동양에 생소했던 것처럼, 링컨이 쉽게 표현한 정부의 새로운 개념조차도 동양에겐 생소할 수밖에 없었다. 마법같은 링컨의 이 구문이 수많은 동양의 지도자들로 하여금 민주주의를 위한 행동을 취하게 했다는 점 역시 놀라운 일은 아니다. 중화민국의 아버지 손문 또한 이 구문으로부터 영감을 받아 삼민주의(三民主義)를 제창했고, 전제적 청 왕조를 타도하는데 성공했다. 세대와 교육수준을 막론하고 링컨의 구문은 민주주의를 가장 잘 상징하는 표현으로 남아있다. 한국 페미니즘의 유명한 지

---

[101] *Analects*, XXIV, p. 7.
[102] *Ibid.*, XIII, p. 16.
[103] *Mencius*, VII, B, p. 14.

도자인 박인덕은 자서전에서 링컨의 게티스버그 연설에 대한 감상을 다음과 같이 표현했다.

> 링컨이 그의 유명한 연설을 했던 현장에 방문하는 생각으로 몇 시간을 보냈다. 심리학 수업에서 나의 기억 속도와 유지기간을 확인해 보려 그의 역사적 연설을 외운 바 있지만, 그것만으로는 그의 연설에 대한 나의 열정이 가시지 않았다. 연설이 행해졌던 장소에 서서 나는 마치 내가 그 위대한 해방자의 연설을 들었던 수많은 청중 가운데 한 사람이 된 것 같은 상상을 해봤다. 그리고 조국에 있는 우리 국민들이 압제자에 종속되는 것에서 벗어나 정신적, 정치적, 경제적으로 자유로울 수 있게 해 달라고 신께 기도했다.[104]

1864년의 날들은 링컨에게 설상가상의 어려움을 더하고 있었다. 전선(戰線)에서의 전사자수는 믿기 어려울 정도로 많았다. 그랜트(Grant)는 리치몬드 앞에서 저지당했고, 평화

---

[104] Induk Pahk, *September Monkey* (New York: Harper and Brothers, 1954), p. 124. 박인덕은 1928년 게티스버그 국립묘지에 방문했다. 당시 한국은 일본에 의한 강제적 지배하에 있었다. 그녀의 글에 나타난 애국적 논조는 조국에 진주한 침략국에 대한 분개를 나타내고 있다.

주의자들은 협상에 따른 평화를 요구했으며, 공화당은 분열돼 있었고, 민주당원들은 격렬하고 때로 위험한 방식으로 링컨을 백악관에서 끌어내리기 위한 투쟁을 펼치고 있었다.

1864년은 링컨의 "최후의 그리고 가장 위대한 전투들"의 해이기도 했다. 때로 그는 나라를 구하기 위해 홀로 싸우는 것처럼 보였다. 윌리엄 조르노우(William F. Zornow)는 이를 생생하게 묘사한다.

> 백악관의 그 수척한 대통령은 그의 인생에서 아마도 가장 결정적이고 중대한 해를 맞이했을 것이다. 그 누구도, 그 무엇도 링컨의 온전함을 지켜줄 수 없었으며, 1864년 링컨은 공화당의 분열을 막고 국가의 통일을 확증하기 위한 최후의, 가장 위대한 전투들을 벌여야만 했다.[105]

중차대한 시기에 포기하거나 굴복하지 않으려는 링컨의 굳건한 결단은 공자가 완전한 사람, 즉 군자(君子)의 자질로

---

[105] William F. Zornow, *Lincoln and the Party Divided* (Norman: University of Oklahoma Press, 1954), p. 3

제시한 도덕적 용기의 구현과 다름없었다.

> 이득을 보면 그것을 취하는 것이 옳은 일인지를 먼저 생각하고, [그의 국가가] 위태로운 것을 보면 자신의 목숨을 내어놓을 줄 알고, 오래된 약속을 지킴에 있어 자신이 했던 말을 잊지 않는 사람이야말로 우리가 "군자"라고 부를 수 있을 것이다.[106]

링컨은 국가가 위험에 처해 있다는 것을 직시했다. 그는 자신의 책임을 저버리지 않았으며 그 위험을 마주하기로 결단하고, 또 필요하다면 유교의 이상적 군자와 같이 그의 목숨을 바칠 각오가 되어 있었다.

1864년 11월 어느날, 재선 직후 상황이 조금 나아질 기미를 보이던 시기 링컨은 메사추세츠 보스턴(Boston)에 있는 리디아 빅스비(Lydia Bixby)에 조문편지를 보냈는데, 이 편지 역시 링컨의 도덕적 자질과 아픔에 대한 그의 공감능력을 보여준다.[107] 편지의 내용은 다음과 같다.

---

[106] *Analects*, XIV, p. 13.

[107] 워드 힐 레이몬(Ward Hill Lamon)은 "링컨은 역사상 가장 용감한 사람이자 가장 온화한 사람이었다"고 강조하며 링컨의 온화함을 보여주는 사례들을 제시한다. Ward Hill Lamon, *Recollections of*

친애하는 부인. 전쟁부의 메사추세츠 부사령관으로부터 당신의 다섯 아들이 전투 현장에서 장렬히 전사했다는 소식을 들었습니다.

제가 당신이 겪고 있을 애끊는 슬픔을 덜어드리고자 어떤 말을 하더라도 그것이 조금의 위안도 되지 않을 것임을 압니다. 그럼에도 저는 당신의 아들들이 목숨을 바쳐 구했던 국가가 감사하는 심정으로 당신께 위안을 보내지 않을 수 없습니다.

하나님 아버지께서 아들들을 잃음으로 인한 당신의 아픔을 덜어주실 것을, 그리고 사랑하는 아들들과의 소중한 기억만을 남겨주실 것을 위해 기도합니다. 자유를 위해 값으로 매길 수 없는 희생을 감내하신 그 숭고한 긍지가 온전히 당신의 것이 되게 해달라고 기도합니다.[108]

위의 편지에 나타난 도덕적 숭고함은 공자의 인성을 묘사한 것과 비견된다.

Abraham Lincoln (Washington, D. C.: The University Press, 1911), pp. 101–109 참조.

[108] Lincoln, *Works*, VIII, pp. 116–117. 로리스톤 불라드(F. Lauriston Bullard)는 사실적 오류가 "편지의 본질적 가치와 아름다움을 바꾸지는 못한다"고 주장한다. F. Lauriston Bullard, *Abraham Lincoln and the Widow Bixby* (New Brunswick: Rutgers University Press, 1946), p. 3. 사실적 오류와 관련해서는 *Ibid.*, pp. 33–34 참조.

공자는 온화했지만 단호했으며, 위엄이 있었으나 냉정하지 않았고, 공손했지만 편안했다.[109]

공자는 낚시를 했으나 그물로 고기를 잡지는 않았고, 새를 잡았지만 잠자는 새를 쏘지는 않았다.[110]

언젠가 마구간이 전소됐을 때, 조정에서 퇴청한 공자가 물었다. "아무도 다친 사람이 없느냐?" 그러나, 그는 말에 대해서는 묻지 않았다.[111]

불에 탄 마구간을 보고 말에 대해 묻지 않은 사람은 평범한 사람은 아니다. 공자는 확실히 대부분의 사람이 지니고 있는 약점으로부터 자유로운 사람이었다. 링컨도 그러했다. 재선 후 그의 백악관 세레나데에 대한 응답은 거의 사과조에 가까웠다. "제가 이 곳에 머물렀던 기간, 그 누구의 가슴에도 의도적으로 가시를 심은 적은 없습니다."[112]

역사가인 호프스태터는 "현대 역사에서 그렇게 막강한 권력을 행사하고서도, 권력에 흔히 수반되는 개인적 변질을 거의 경험하지 못했던 사람을 떠올릴 수 있는가?"라고

---

109 *Analects*, VII, p. 37.
110 *Ibid.*, VII, p. 26.
111 *Ibid.*, X, p. 12.
112 Lincoln, *Works*, VIII, p. 101.

묻는다. 호프스태터는 그의 질문에 다음과 같이 스스로 답한다. "이것이야말로 인류 역사에서 링컨의 개인적 명성을 가늠할 수 있는 기준이다. 그는 단련돼 있었고, 권력에 도취되지 않았었다."[113]

"그 누구의 가슴에도 의도적으로 가시를 심은 적이 없다"는 링컨의 표현은 모택동(毛澤東)이 자부심을 가지고 즐겨 인용한 노신(魯迅)의 2행 연구로 이뤄진 시와 극적으로 대조된다.

> 눈썹을 치켜뜨고, 수많은 사람들의 손가락질을 냉정하게 견디지만,
> 머리는 낮추어 기꺼이 아이들을 섬기는 소가 될 것이다.[114]

모택동에게 "수많은 사람들의 손가락질"은 분명 그의 대적들을 의미했다. 그러나 적들의 기세가 아무리 맹렬하더라도 그는 결코 굴하지 않을 것이다. 그것이 그의 아이들,

---

[113] Hofstadter, *op. cit.*, p. 135.
[114] Mao Tse-tung, *Talks at the Yenan Forum on Literature and Art* (Peking: Foreign Languages Press, 1965), p. 24.

즉 노동자 계급 혹은 일반 대중들을 섬기는 올바른 방법이 될 수 있는가?[115] 어쨌든 모택동의 길은 유교의 인(仁)과 인간애를 실현하는 방법과는 동떨어져 있다. 반면 미국 변경의 황무지에서 나온 미국의 개척자는 공자 자신이 세운 기준과 본보기에 가까운 삶을 살았다.

현대 미국의 가장 중요한 신학자 가운데 한 명인 라인홀드 니버는 "미국 역사의 역설"을 언급하며 이 문제를 설명하기 위해 링컨에게로 눈을 돌린다.

> 역사적 투쟁에 참여한 자들의 상황은 그러나 … 정신적 측면에서까지 절망적인 것은 아니다. … 우리는 남북전쟁 기간 우리의 위대한 대통령이 거둔 정신적인 성과가 그러한 비관주의를 단호히 거부한 데서 비롯됐다는 점을 의심치 않는다. 링컨은 책임감으로 인해 무책임한 방관자들이 즐길 수 있는 순전한 객관성의 사치조차 누릴 수 없었다. 하지만 그가 지닌 다소 음울했던 너그러움의 감각은 정치적 투쟁에서 직접 비롯됐다기보다는 다른 차원의, 보다 종교적 관념에서 나온 것이라 할 수 있다. 링컨은 "남부와 북부 모두 같은 성경을 읽고 같은 하나님께 기도

---

[115] *Ibid.*

한다. 양편 모두의 기도가 응답될 수는 없는 일이다. 양편 모두의 기도가 온전히 응답될 수는 없다."고 지적했다.

남북 모두의 이상주의적 관념이 담고 있던 가식적 요소에 대한 링컨의 자각은, 부분적으로 모순적이나 그렇다고 해서 갈등이 지닌 도덕적 측면과 동떨어지지는 않은, 절대적 섭리에 대한 그의 자신감에서 비롯된 것이었다. 링컨은 "절대자는 그만의 목적을 가지고 있다"고 말하면서도, "하나님께서 우리가 옳은 것을 분별할 수 있도록 하셨으므로 의(義)의 길에 굳건히 서 있는" 사람들의 도덕적 목적마저 파할 수는 없다는 점을 분명히 했다. 노예제도는 설령 그것이 신의 섭리 아래 행해진 것이라 할지라도 비난받아야 마땅하다. 왜냐하면 "누구든지 다른 사람이 수고해 흘린 땀으로 자신의 양식을 구할 수 있도록 정의로운 하나님께 감히 기도한다는 것이 이상한 일처럼 보이기" 때문이다. 그러나 링컨은 노예제도에 대한 이같은 윤리적 규탄마저 다음과 같은 영적 겸손함으로 끝맺는다. "우리가 비판을 받지 않기 위해서는 상대를 비판하지 맙시다."[116]

---

[116] Reinhold Niebuhr, *The Irony of American History* (New York: Charles Scribner's Sons, 1962), pp. 171–172.

1865년이 밝아오자 전쟁의 끝이 목전에 다다른 점이 명백해졌다. 지난 몇 년 간의 다난한 해들은 링컨의 얼굴에 깊은 주름을 남겼다.

> 누구에게도 악의를 갖지 말고, 모든 이들을 사랑하는 마음으로 … 우리에게 맡겨진 사명을 완수하기 위해, 우리나라가 입은 상처를 치료하고, 전쟁의 상흔을 입은 자들과 남편을 잃은 부인들, 그리고 고아들을 돌보는데 최선을 다합시다. 우리들 가운데, 그리고 모든 나라들과 함께 정의롭고 영원한 평화를 이루기 위한 모든 노력을 기울입시다.[117]

링컨은 1865년 3월 4일 그의 두 번째 취임사를 이렇게 마무리했다. "군자는 위를 지향하고 소인은 아래를 지향한다."[118] "군자는 모든 원인과 책임을 자기 자신에게서 강구(講求)하지만, 소인은 모든 것을 타인에게서 강구하려 한다."[119]

그랜트 장군은 남부연합의 수도에 대한 마지막 공세를

---

[117] Lincoln, *Works*, VIII, p. 333.
[118] *Analects*, XIV, p. 23.
[119] *Ibid.*, XV, p. 20.

펼쳤고 셔먼(Sherman) 장군 역시 캘리포니아에서 마지막 진군을 펴고 있었다. 그리고 4월 9일, 리(Lee) 장군이 애퍼매턱스(Appomattox)에서 항복했다. 북군의 군사적 승리였으며, 대통령 링컨의 승리였다. 그것은 깨질 수 없는 연방의 승리이자, 노예 폐지론자들의 승리였고, 흑인들의 승리였다. 역설적이게도 그것은 남부의 승리이기도 했다.[120] 도덕적 대통령 링컨은 이 모든 것을 위해 승리한 셈이었다.

1865년 4월 14일 부활절 금요일, "누구에게도 악의를 품지 말라"는 연설 후 정확히 40일이 지났다. 패배한 남부의 재건 작업에 대한 링컨의 계획이 이미 진행 중인 와중에, 링컨은 존 윌키스 부스(John Wilkes Booth)라는 이름의 암살범에 의해 쓰러졌다. 그의 인생 최후의 아침이 된 그 날 각료회의에서 링컨은 우정어린 마음으로 남부를 향해 말했었

---

[120] 존 홉 프랭클린(John Hope Franklin)은 "남부가 군사적 실패를 포함해 많은 것을 잃은 것은 확실하다. 그러나 남부는 그들의 경제적 발전을 가로막아 왔던, 그리고 그들의 지적 양식을 무력하게 해 온 지배적 제도들로부터 해방됐다. … 남부가 경제적 측면에 있어 마침내 현실적 시각을 갖게 되었으며, 그들의 교회와 학교, 문인들이 현실을 직시하고 그들이 보는대로 현실을 표현할 수 있게 되었다는 점에서 중요한 날이었다. … "고 주장했다. John Hope Franklin, *From Slavery to Freedom* (New York: Alfred A. Knopf, 1948), p. 291.

다.[121] "이미 많은 사람들이 희생되었습니다. 분노가 서 있을 곳이 남아 있어서는 안 됩니다."[122] 그는 의식을 회복하지 못한 채 다음날 아침 숨을 거두었다. 비극적이리만큼 아름다운 인생이 끝난 것이다.

한국의 링컨 전기작가 최태영은 그 비극적 장면을 다음과 같이 묘사했다.

> 다음 날 아침인 1865년 4월 14일 7시 20분, 링컨은 그의 마지막 숨을 거두었다. 그의 임종을 지키던 스탠턴(Stanton)은 눈물을 흘리며 말했다. "그가 영원한 세계로 들어간다."[123] 대통령이 암살된 소식을 전하는 전문(電文)이 전국으로 발송됐다. 전쟁장관은 수도에 계엄령을 선포했다. … 병사들은 그들의 애정어린 아버지의 죽음을 애도했고, 흑인들은 그들의 구원자를 하늘로 보내야 한다는 사실에 슬퍼했다. 미 전역이 지도자의 때 이른 죽음으로 인해 슬픔에 잠겼다.[124]

---

[121] Helen Nicolay, *Personal Traits of Abraham Lincoln* (New York: The Century Company, 1912), p. 358.
[122] *Ibid.*
[123] "그가 영원한 세계로 들어간다"는 표현은 아마 "이제 링컨은 시대를 초월한 인물이 되었다"는 의미로 해석될 수 있을 것이다.
[124] Tai Yung Choi, *Abraham Lincoln* (Seoul: The Christian Literature Society of Korea, 1929), p. 92.

시바노(Shibano)는 도덕적 대통령 링컨의 죽음을 애석해 하는 그의 감정을 다음과 같이 표현했다.

> 남부의 사람들과 북부의 사람들,
> 흑인과 백인, 젊은이와 노인들
> 모두가 애통해하고, 모두가 눈물을 흘린다.
> 그들의 사랑하는 아버지가 떠나가셨기 때문에!
> 아버지 에이브러햄의 몸은 여전히 열차에 누워 있다.
> 5년 전 전국을 뒤흔들었던
> 만세의 외침과 기쁨의 소리는
> 링컨이 "수염을 길러 주실래요?"라고 제안했던 어린 소녀가 있는
> 그의 본향으로 돌아감으로,
> 더 이상 들리지도 들을 수도 없다.
> 그 소녀는 이제 젊은 숙녀가 되었을 터
> 어딘가 모퉁이에서 링컨을 실은 기차가 지나가는 것을 보며,
> 고요하게 그리고 애정어린 얼굴로
> 눈물을 흘리겠지.[125]

__ 김동길

....

[125] Shibano, *op. cit.*, pp. 185–186.

제4장
미국 남북전쟁의 역사적 의미

"전쟁은 모든 사물의 아버지이며 왕이다."
– 헤라클라이투스(Heraclitus)

I. 서언

미국의 비극적 남북전쟁(1861-1865년)이 있었던 19세기 중반에도 세계역사의 중심축은 여전히 구세계(the Old World), 즉 유럽이었다. 유럽은 프랑스 대혁명의 여파에 따른 사반세기에 걸친 나폴레옹과의 전쟁을 끝내면서 프랑스 대혁명이 무너뜨린 정통성 있는 왕정을 복귀시켰다. 1815년 소위 유럽협조체제(the Concert of Europe)가 나폴레옹이 파괴한 힘의 균형(the Balance of Power)에 입각한 국제질서를 부활시켰으나 1848년 2월 혁명으로 크게 흔들렸다. 이후 2월 혁명의

실패로 유럽에는 다시 보수적 질서가 안착되었다.[126]

그러나 1853년 소위 동방문제(the Eastern question), 즉 오스만 터키 문제로 발생한 영국·프랑스와 러시아 간 크리미아 전쟁(the Crimean War)으로 유럽협조체제는 붕괴됐고, 이 전쟁이 1856년 파리조약(the Treaty of Paris)으로 종결되면서 유럽외교의 중심지가 비엔나에서 파리로 바뀌었다. 뿐만 아니라 비엔나회의 이후 줄곧 견제를 받고 있던 프랑스가 마침내 타국을 견제하는 위치로 바뀌면서 프랑스 제2제국과 루이 나폴레옹 황제의 국제적 위신이 크게 치솟았다. 그러나 야심가이며 허영심이 강했던 나폴레옹 3세는 본질적으로

------

[126] 1848년 유럽에서 2월 혁명이 실패하자 여기에 참여했던 많은 유럽인들, 특히 많은 독일인들이 미국으로 이주했다. 이들은 1860년 링컨의 대통령 당선에 크게 기여했고, 또 남북전쟁 중에 링컨을 지지했다. 이점에 대해서는 Louise L. Stevenson, *Lincoln in the Atlantic World* (Cambridge: Cambridge University Press, 2015), 제3장, 제4장, 그리고 제7장을 참조. 또한 1848년 미국은 제임스 폴크(James K. Polk) 대통령의 주도하에 멕시코와의 전쟁을 끝내면서 지금의 캘리포니아(California), 네바다(Nevada), 유타(Utah), 그리고 뉴멕시코(New Mexico)와 아리조나(Arizona)의 대부분과, 와이오밍(Wyoming)과 콜로라도(Colorado)의 일부를 포함하는 50만 평방 마일 이상의 영토를 획득하여 대서양에서 태평양에 이르는 거대한 대륙국가의 기반을 확립했다. David M. Potter, *The Impending Crisis* (New York: Harper Collins, 1976), pp. 1–6; Walter R. Borneman, *Polk: The Man Who Transformed the Presidency and America* (New York: Random House, 2008), pp. 300–315.

비엔나체제에 대해 현상타파적 정책을 추구하기 시작했다. 이런 나폴레옹을 이용하여 피에몬테-사르데냐 왕국(the Kingdom of Piedmont-Sardinia)의 카부르(Cavour)수상과 이탈리아의 혁명가인 가리발디(Garibaldi) 장군은 전쟁을 통해 이탈리아를 통일, 1860년 이탈리아 왕국(the Kingdom of Italy)를 수립했다. 프러시아의 비스마르크(Bismarck) 재상도 전쟁을 통해 독일통일을 모색하고 있었다. 미합중국 역시 이탈리아, 보다 더 적합하게는 독일과 비슷했던 조건하에서 동일한 방법으로 통일되어야만 했었다.

당시가 국제적으로 민족통일이나 민족국가(the nation-state) 건설의 시대적 원류였다면, 정부형태의 측면에서 민주공화정은 오직 미국에서만 유지되고 있었다. 프랑스 제2공화정은 몰락했고, 라틴 아메리카의 공화국들도 왔다가는 가버렸던 시대였다. 그런데 1860년 바로 그 유일한 인민정부인 미국의 연방정부마저 분할의 위험에 빠져버렸다. 지구상 유일한 민주공화국의 미래가 위험한 시험 가운데 놓여 있었다. 미국의 민주공화국은 왕들과 황제들, 짜르와 독재자들이 지배하는 세계에서 연약해 보였다. 5~6년 전 크리미아 전쟁의 적국인 영국에 대한 반감으로 친(親)연방정부적 입장을 취한 러시아를 제외하면, 적어도 1863년 1월 1일 링컨의 노예해방선언이 있을 때까지 유럽의 보수 정부들, 즉 영국, 프랑스, 스페인, 오스트리아 등의 국가들은 링컨의 통일 노력이 실패하여 미국의 민주공화국이 붕괴되길 은근히 기대했었다. 그러면서도 유럽 강대국 간에는 언제나처럼 권력투쟁이 벌어지고 있었다. 그리고 이러한 유럽의 국제정치 속에서 바다를 지배하는 소위 팍스 브리타니카(Pax-Britanica)의 확립으로 대영제국은 유럽대륙에서 힘의 균형체제를 유지하기 위해 "분열시켜 지배"(the divide and rule)하는 국제적 균형자(a balancer)의 전략을 구사하고 있었다.

이같은 상황에서 미국은 국제정치의 치열한 각축의 현장 밖에 머물렀으며, 당시 유럽국가들과는 달리 대규모 상비군을 보유하지 않고 있던 관계로, 적어도 군사적으로는 유럽국가들로부터 강대국의 지위를 인정받고 있지 못했었다.[127] 미국은 아직 국제사회에서 소위 강대국들의 클럽(the

---

[127] 미국이 국제사회에서 약소 신생국(a new nation)의 이미지에서 벗어나 강대국으로 인정되기 시작한 것은 일반적으로 1898년 발생한 스페인과의 전쟁에서 승리한 이후로 간주되지만, 보다 실질적으로는 시어도어 루즈벨트(Theodore Roosevelt) 대통령이 해양함대를 구축하여 자신의 제국적 비전을 과시하기 위해 1907-1909년에 그의 대백색함대(Great White Fleet)로 하여금 세계를 일주하게 한 이후부터였다고 하겠다. 당시 국제사회에서 강대국의 지위는 순전히 군사력의 평가에 의해서만 고려되었다.

Club of Great Powers)에 참여하지 않았을 뿐만 아니라 건국 이후 구세계에 대한 정치적 불개입(political non-entanglement)의 원칙, 즉 국제분쟁에서 중립(neutrality)의 원칙을 표방하고 또 실천하면서 한편으로는 그러한 국제법적 원칙의 발전에 그 어느 국가보다도 더 크게 기여했다.[128] 유럽국가들과 다른 미국의 행동양식은 전통적으로 소위 "미국적 차이"(American Difference)라고 일컬어져 왔다.

바로 이러한 이유에서 미국 내전의 역사적 의미를 미국 역사로만 좁게 제한시킬 수도 있을 것이다. 그러나 남부전쟁 이후 급속히 성장한 미국의 국제적 위상을 고려할 때 그것의 범세계사적 의미도 결코 간과되어서는 안 된다. 본 장에서는 남북전쟁이 지니는 역사적 의미를 미국사적 의미와 세계사적 의미로 구분하여 논의할 것이다. 그렇게 함으로써 미국사적 의미를 넘어서는, 남북전쟁의 세계사적 의미가 보다 선명하게 제시될 수 있을 것으로 기대한다.

---

[128] Syngman Rhee, *Neutrality as Influenced by the United States*, A Dissertation Presented to the Faculty of Princeton University in Candidacy for the Degree of Doctor of Philosophy (Leopold Classic Library, 2016; originally published in 1910), p. 111.

II. 미국사적 의미

남북전쟁의 결과는 단순히 남부에 대한 북부의 군사적 승리가 아니었다. 그것은 군사적 승리의 의미를 넘어서 여러 가지로 중대한 의미를 갖는 엄중한 사건이었다. 첫째, 그것은 민주공화정으로서 단일 연방국가의 존립에 치명적인 반란세력에 대한 기존 연방(중앙)정부의 정치적 승리였다. 그 승리는 그것의 진정한 의미도 모른 채 황당한 비용으로 서투르게 성취된 것이 아니었다. 이를테면 1860년대 미국인들이 누구나 논리적으로 기대할 수 있었던 것보다 더 현명했고, 보다 더 인내력이 있었고, 또 보다 더 관용적이었더라면, 전승으로 쟁취했던 것을 유혈이 없이도 이룰 수 있었을 것이라고 주장할 수는 있다.[129] 그러나 그것은 오직

---

[129] Bruce Catton, *America Goes to War: The Civil War and Its Meaning in American Culture* (Middletown, Connecticut: Wesleyan University Press, 1986; originally published in 1958), p. 13. 미국의 내전이 "불필요한 전쟁"이었다고 주장하는 소위 수정주의자들에 대해서는, Steven F. Hayward, *Patriotism Is Not Enough: Harry Jaffa, Walter Berns, and the Arguments that Redefined American Conservatism* (New York: Encounter Books, 2017), pp. 93-98; Harry V. Jaffa, *A New Birth of Freedom: Abraham Lincoln and the Coming of the Civil War* (Lanham: Rowman & Littlefield, 2000), p. 75 와 p. 501 의 Note 4 를 참조. J. G. Randall, Avery Craven 그리고 George Fort Milton으로 대표되는 소위 수정주의 운동은

희망적 사유(wishful thinking)일 뿐이다. 18세기 미국의 탄생이 전쟁을 통해서만 이룩될 수 있었던 것처럼, 19세기 당시 미국의 남북간 대결도 오직 무력에 의해서만 해결될 수 있는 아주 심각한 것이었다. 그것은 바로 미국인들의 삶의 방식(the way of life)에 관한 근본적인 투쟁, 즉 실존적(existential) 투쟁이었고 일종의 "신들의 전쟁"(the War of the Gods)이었기 때문이다.

따라서 남북전쟁 중 링컨이 뚜렷하게 보여주었듯이, 내전의 종결양식은 반드시 반란세력의 "무조건 항복"(unconditional surrender)이어야만 한다. 타협이나 절충을 통한 내전의 종결은 반란의 불씨를 완전히 제거할 수 없다. 오직 무조건 항복으로 종결되어야 반란이 재발하지 않을 것이다. 어찌되었든 남북전쟁의 결과 아주 심오한 무언가가 성취됐다. 그것은 바로 하나의 민족국가(a nation-state), 혹은 진정으로 통일된 "국민국가"(a Nation)로 변환된 미합중국이었다.[130] 이러

노예제도의 폐지론자들과 노예제도의 적극적 옹호론자들을 다같이 비합리적 입장이었다고 비판하면서, 링컨도 노예제도 같은 도덕적 문제를 일차적으로 중요한 정치적 문제로 고집했다는 점에서 개탄할 극단주의자들과 다르지 않았다는 견해를 취했다.

[130] James McPherson, *The War that Forged a Nation: Why the Civil War Still Matters* (Oxford: Oxford University Press, 2015). 링컨은 미국의 민족주의를 민족성이나 인종직인 면에서가 아니라 인류의

한 이유로 링컨은 남북전쟁시기에 라틴 아메리카에선 국가 건설자(a nation-builder)로 추앙되었다.[131]

19세기는 통일민족국가의 건설 시대였다. 독일에서 비스마르크가, 이탈리아에선 카부르와 가리발디가 통일민족국가를 수립했다. 그러나 링컨은 보다 큰 일을 해냈다. 링컨은 단순히 통일국가를 구원했던 것이 아니라 아주 특별한 통일국가(a particular kind of union), 즉 "모든 인간은 평등하게 창조되었다"는 명제에 헌신하는 통일국가를 수립했다.[132] 만일 남북전쟁에서 남부의 반란 세력들이 승리했었다면 지상의 민주 공화국의 마지막 희망이 역사의 쓰레기통으로 들어가고 말았을 것이다. 링컨의 불멸의 표현을 빌

향상을 위한 도덕적 힘, 즉 세상에 대한 자유의 횃불로 제시했다. 민족은 그 자체가 목적이 아니라 정치적 자유와 개인적 권리가 보편적으로 달성되는 메커니즘(mechanism)이었다. 당시에 링컨은 어떻게 자신의 민족을 초월하여 보통 사람들의 보편적 투쟁의 상징이 되는가에 대한 모델을 제시했다. Richard Carwardine and Jay Sexton, "The Global Lincoln," in Carwardine and jay Sexton, eds., *The Global Lincoln* (New York: Oxford University Press, 2011), pp. 7–8.

[131] Nicola Miller, "The Great and Gentle Soul: Images of Lincoln in Latin America," in Richard Carwardine and Jay Sexton, eds., *op. cit.*, pp. 207–210.

[132] Andrew Ferguson, *Land of Lincoln: Adventures in Abe's America* (New York: Grove Press, 2007), p. 266.

려 말한다면, "인민의 인민에 의한 인민을 위한 정부가 지상에서 사라졌을 것이다." 그러나 남북 전쟁에서 북부의 승리는 고대의 작은 공화정이 아닌 미국과 같은 거대한 근대 민주 공화정이 하나의 국가로서 스스로 영토적 순결을 유지할 수 있다는 것을 인류 역사상 처음으로 입증했다.

둘째, 남북전쟁은 1776년 미국의 독립혁명에 이은 "제2의 미국혁명"으로 자유를 위한 투쟁이었다.[133] 그것은 치명적일 정도로 제한적이었던 상황에 맞선 민주주의 그 자체의 승리였다. 많은 미국인들처럼 링컨 대통령 역시 미국독립선언서의 약속들을 실현하기 위해서는 국가가 노예제도를 먼저 폐지해야만 한다는 것을 오직 점진적으로만 깨달았다.[134] 이 목적을 달성하기 위해 링컨은 노예제도의 전 보호자로서 헌법과 자유의 주된 보장자인 독립선언서 사이의 차이를 해소해 나가는 조치를 취했다. 노예소유주들로 하여금 더 이상 인간을 소유할 자유를 주장할 수 없게

---

[133] James M. McPherson, *Battle Cry of Freedom: The Civil War Era* (Oxford: Oxford University Press, 1988); *Abraham Lincoln and the Second American Revolution* (New York: Oxford University Press, 1991).

[134] Howard Jones, "Introduction," to Robert Penn Warren, *The Legacy of the Civil War* (Lincoln: University of Nebraska Press, 1998; originally published in 1961), p. xi.

하는 것이었다. 즉 자치(self-government)를 인종이나 피부색과는 무관하게 모든 인간들에게 적용했다. 노예제도의 존재는 "자유의 땅"인 동시에 "동산 노예제도(chattel slavery)의 땅"이라는 미국의 국가적 위상의 거대한 "패러독스"를 창조했다. 양자 모두가 미국혁명의 정당한 후예라고 자처했다. 결국 노예제도가 분쟁의 핵심이었다. 1861년 마침내 링컨 대통령의 지도력하에 미국 국민들은 노예폐지론자들이 주창하는 "보다 높은 도덕률"(the higher law of morality)과 노예소유주들이 토로하는 "법률주의"(legalism) 사이의 갈등으로부터 야기된 내전을 감당하고자 일어섰다.[135] 그것이 미국 남북전쟁에 있어 일차적으로 중요한 의미가 될 것이다. 그리고 그런 일련의 값비싼 사건들은 인간들의 복잡하고 혼란스런 동기들과 맹목적인 수많은 사건들로부터 의미를 쟁취하는 인간노력의 영광을 과시했다.[136]

전쟁이 발발했을 때 미국의 급진적 공화당원들뿐만 아니라 대서양 건너 유럽의 급진주의자들도 그것을 혁명으로 보았다. 카를 마르크스(Karl Marx)는 런던에서 깊은 관심

---

[135] Robert Penn Warren, *The Legacy of the Civil War* (New York: Random House, 1961), p. 20.
[136] *Ibid.*, p. 108.

을 가지고 미국의 내전을 지켜보았다. 그는 비엔나의 한 신문에 남북전쟁에 관한 기사들을 썼으며, 자신의 동료인 프리드리히 엥겔스(Friedrich Engels)에게 보낸 편지에서는 "노예 과두정"(the slave oligarchy)에 대항하는 미연방정부의 전쟁을 만일 북쪽이 기회를 잡아 노예제도의 폐지를 선포하기만 한다면 "잠재적으로 세상을 변환시키는 혁명운동"이 될 것이라고 기술했었다. 링컨이 실제 그렇게 했을 때 마르크스는 "4백만 명의 노예해방과 같은 거대한 변환이 그렇게 빨리 이루어진 적은 결코 없었다"고 환호했다.[137]

미국의 역사가들 중에서 남북전쟁을 미국의 제2의 혁명으로 가장 밀접하게 연관시킨 것은 찰스 비어드(Charles A. Beard)였다. 비어드는 남북전쟁을 북부의 양키 자본주의 부르주아(Yankee capitalist bourgeoisie)와 남부의 농장귀족(a planter aristocracy) 간 계급투쟁이었고 노예제도와 해방은 거의 우연

....

[137] Saul K. Padover, ed. and trans., *Karl Marx on America and the Civil War* (New York, 1972), pp. 263–264, in James M. McPherson, *Abraham Lincoln and the Second American Revolution*, p. 6에서 재인용. 마르크스는 18세기의 미국독립전쟁이 유럽의 중산층에게 경보를 울렸다면 19세기 미국의 내전은 노동계급을 위해 경보를 울렸다고 선언했다. 이것은 R. Laurence Moore, *European Socialists and the American Promised Land* (New York: Oxford University Press, 1970), p. 7에서 재인용.

적인 것으로 간주했다.[138] 배링턴 무어(Barrington Moore)도 미국의 내전을 마지막 자본주의 혁명(the last Capitalist Revolution)으로 묘사했다.[139]

이같은 좌파적 역사가들 외에 남북전쟁이 혁명적 변화를 초래했음을 주장하는 실증주의적 연구자들도 있다. 로저 랜섬(Roger Ransom)과 리처드 서치(Richard Sutch)는 노예해방의 경제적 결과와 연관된 연구를 통해 내전이 초래한 변화를 제시했다.[140] 에릭 포너(Eric Foner)에 따르면, 미국은 해방 후 사회(post-emancipation societies)에서 해방된 노예들에게 평등한 정치적 권리들을 인정한 유일한 곳이었으며 그러한 혁명적 조치가 새로운 질서 속에서 사회·경제적 관계를 위한 중요한 결과를 가져왔다.[141]

---

[138] James M. McPherson, *Abraham Lincoln and the Second Revolution*, pp. 7–8.

[139] Barrington Moore, Jr., *Social Origins of Dictatorship and Democracy: Lord and Peasant in the Making of the Modern World* (Boston: Beacon Press, 1966), p. 152.

[140] Roger L. Ransom and Richard Sutch, *One Kind of Freedom: The Economic Consequences of Emancipation, 2nd. ed.* (Cambridge: Cambridge University Press, 2001; originally published in 1977), pp. 4–7.

[141] Eric Foner, *Reconstruction: America's Unfinished Revolution 1863-1877* (New York: Harper & Row, 2014; originally published

그러나 미국의 정치철학자 해리 자파(Harry Jaffa)의 판단처럼 남북전쟁은 무엇보다 신세계 미국에 "새로운 자유의 탄생"(a new birth of freedom)이라는 혁명을 가져왔다.[142] 링컨은 독립선언서의 근본 명제를 바탕으로 새로운 자유의 탄생을 미국에 제공함으로써 "독립혁명을 혁명화"했다.[143] 비록 이러한 제2의 혁명이 약속된 평등에 의해 곧바로 수반되지 않았다고 할지라도 남북전쟁이 미국인들에게 인간의 평등이라는 독립선언서의 원칙을 재인식시키고 평등사상을 크게 진작시키는 새로운 출발점이었다는 사실은 분명했다.

셋째, 남북전쟁에 의한 미국의 통일은 미 대륙에 거대한 단일 대륙국가 혹은 제국을 탄생시켰다. 버나드 드보토(Bernard DeVoto)에 따르면 남북전쟁은 "어제"(Yesterday) 대(對) "내일"(Tomorrow)에 관한 것이었다. 어제는 노예제도와 목화라는 하나의 작물 위에 건설된 농장을 가진 남부였고, 내일은

------

in 1988), p. 449; *Nothing But Freedom: Emancipation and Its Legacy* (Baton Rouge: Louisiana State University Press, 2007; originally published in 1983), p. 52.

[142] Harry V. Jaffa, *op. cit.*

[143] Garry Wills, *Lincoln at Gettysburg* (New York: Simon & Schuster, 1992), in Merrill D. Peterson, *Lincoln in American Memory* (New York: Oxford University Press, 1995), pp. 396–397에서 재인용.

공업화된 북부와 그곳의 반(反)노예제도였다. 드보토는 "신체적으로 말해서 우리는 분리될 수 없다"는 링컨의 말을 인용한 뒤, 링컨이 그 말을 통해 자신의 동포들이 성취한 미국의 서부(West)가 미국인들에게 어떤 사람들도 과거에 가져본 적 없는 그 어떤 것, 즉 내부적·국내적 제국(an internal, domestic empire)을 제공해 주었다는 점을 말하고 있다고 지적했다. 다시 말해 링컨은 그들에게 "어제"가 그 제국을 발칸화(Balkanize)하도록 허용되어서는 안 된다고 말하고 있다는 것이다.[144]

링컨에게 미 대륙은 분할되어서는 안 되는 하나의 "거대한 제국"이었다. 링컨은 1860년 그의 대통령후보 선거 포스터가 강조했듯이 소위 "서부의 사나이"(a man of the Western frontier)였다. 그리하여 링컨은 분할된 남북을 종식시키고, 국가를 통합하여, 산업화되고 미 대륙에서 동–서가 교류하는(east-west-oriented) 중산층의 국가로 나아가는 길로 미국을 접어들게 했다. 지리가 사람의 인격을 결정하지는 않지만

---

[144] Bernard DeVoto, *The Year of Decision: 1846* (Boston: Houghton Mifflin, 1989; originally published in 1942), pp. 495–496, 498, in Robert D. Kaplan, *Earning the Rockies: How Geography Shapes America's Role in the World* (New York: Random House, 2017), p. 28에서 재인용.

그래도 지리는 중요한 영향을 미친다. 링컨은 대(大)평원을 바라보면서 전 지구를 직관했다.[145] 남북전쟁은 (특히 남부가 승리했다면) 각 주들이 궁극적으로 주의 경계선을 따라 사분오열될 위험성, 바꾸어 말하면 여러 독립 국가들로 분열되는, 소위 발칸화(Balkanized)할 수 있는 위험성을 충분히 안고 있었다. 분열된 미국이 여러 주권국가들로 확산되어 그들 상호간 국가이익을 위해 투쟁하고 또 심지어 전쟁을 불사했다면, 미국 역시 30년 전쟁을 겪은 17세기의 유럽이나 중국의 옛 전국시대 같은 "전쟁상태" 혹은 "천하대란" 속으로 전락하여 오랫동안 거듭되는 전쟁을 겪었을 것이다. 당시 유럽의 정치가들은 링컨이 미연방정부가 종식되었다는 필연적 진실을 인정하고 분할된 미국을 무력으로 다시 통일하려는 유혈의 돈키호테 같은 노력을 포기하는 것은 단지 시간문제일 뿐이라고 가정했었다.[146] 인류역사를 아는 사람들에게 그럴 개연성은 아주 명백하다고 해도 결코 과언이 아닐 것이다.[147] 미 대륙이 발칸화되지 않고

---

[145] Robert D. Kaplan, *op. cit.*, p. 80.
[146] James M. McPherson, "Introduction: Last Best Hope for What?", in James M. McPherson ed., *We Cannot Escape History* (Urbana and Chicago: University of Illinois Press, 1995), pp. 1–2.
[147] 남미에서 시몬 볼리바르(Simon Bolivar)와 아프리카에서 크와메 은크

오히려 "비잔틴화"(Byzantinized)[148]되는 방향으로 실제 역사가 전개될 수 있었던 것은 링컨의 리더십 덕분이라고 할 수 있다. 중국식으로 표현한다면, 남북전쟁을 승리로 이끈 링컨 대통령의 리더십으로 미 대륙에 일종의 "천하통일"이 이루어진 것이다. 요컨대 미연방은 어제의 사람들을 위해서 뿐만 아니라 오늘을 살고 있는 사람들을 위해서 보존되었다.[149]

넷째, 남북전쟁은, 아주 상식적이고 따라서 그만큼 진부한 말이기도 하지만, 국가가 위기에 직면했을 때 정치지도자가 지니는 "탁월한 리더십의 중요성"을 새삼스럽게 일깨워주었다. 상이한 지도자는 차이가 있는 것이다. 지도자는 역사창조의 기회를 갖지만 모든 지도자가 다 위대한 역사를 창조하는 것은 아니다. "만일 제퍼슨 데이비스(Jefferson

---

　루마(Kwame Nkrumah)는 링컨을 모델 삼아 남미대륙과 아프리카에서 각각 하나의 통일된 거대한 연방공화국의 수립을 모색했으나 모두 비참하게 실패했다. Kevin Gaines, "From Colonization to Anti-colonialism: Lincoln in Africa," in Richard Carwardine and Jay Sexton, eds., *The Global Lincoln* (New York: Oxford University Press, 2011), pp. 259–271.

[148] "비잔틴화"란 중앙집권화의 의미로 여기에선 순전히 "발칸화"의 반대어로 사용됐다.

[149] James McPherson, *The War that Forged a Nation*, p. 172.

Davis)와 에이브러햄 링컨이 서로 상대 쪽의 지위에 있었더라면 남부가 전쟁에서 승리했었을 것이다"[150]라는 링컨 연구가 데이비드 포터(David Potter)의 유명한 언명이 이를 뒷받침한다. 물론 링컨 대통령은 전쟁을 수행하고 승리함으로써 미합중국을 구했다. 그러나 링컨의 처음 조치는 우선 전쟁을 결정하는 것이었다. 그의 전임자인 제임스 뷰캐넌(James Buchanan) 대통령은 각 주들이 합중국에서 이탈할 권리가 없다고 믿었음에도 불구하고, 그의 수사는 개별 주들의 이탈은 헌법상 불법이지만 본인이 그것에 대해 할 수 있는 일은 아무 것도 없다는 것이었다. 물론 그런 입장 천명은 오히려 남부를 격려하는데 기여했을 뿐이었다.[151] 그가 아무 조치도 취하지 않은 것은 사실상 많은 일을 한 셈이었다. 왜냐하면 뷰캐넌 대통령은 남부의 미래 연합국가들(the Confederate States of America)로 하여금 전쟁을 조직하고 준비할 수 있는 시간을 부여했기 때문이다.[152] 대통령으로서

---

[150] Richard E. Beringer, et al., *Why the South Lost the Civil War* (Athens and London: The University of Georgia Press, 1986), p. 4 에서 재인용.

[151] Jean H. Baker, *James Buchanan* (New York: Times Books, 2004), p. 151.

[152] *Ibid.*

그는 미국의 헌법을 "수호하고 보호하며 방어한다"는 대통령 취임선서를 했으며, 그 목적을 위해 총사령관의 권한을 부여받았지만, 뷰캐넌은 그 권한을 적합하게 사용할 사람이 아니었다.

링컨은 달랐다. 그는 미합중국을 구원하는 유일한 방법으로 전쟁을 할 수밖에 없는 때가 도래했음을 잘 인지하고 있었다. 그러나 그는 공개적으로 그렇게 말하기를 주저했다.[153] 그러면서도 노예제도의 확대문제에 대해 어떤 타협도 없다는 것을 아주 분명히 했다. 그리고 그는 남부 측의 선제공격이 있자 단호히 방어적 전쟁을 택했다. 그것은 그의 전임 대통령 뷰캐넌에겐 상상도 할 수 없었던 단호한 정치적 결단이었다. 뷰캐넌과 링컨은 그렇게 서로가 완전히 다른 지도자였던 것이다. 링컨의 탁월한 리더십은 그의 전임자뿐만 아니라 그의 서거 직후에 그를 계승한 후임자들과도 크게 구별된다고 말할 수 있다.

남부출신 부통령이었다가 링컨의 유고로 갑자기 대통령직을 계승한 제17대 앤드류 존슨(Andrew Johnson) 대통령은

---

[153] Walter Berns, *Lincoln at Two Hundred: Why We Still Read the Sixteenth President* (Washington, D.C.: The AEI Press, 2010), p. 6.

남북전쟁 후 미국의 국가적 상처를 봉합해야 할 막중한 과제를 부여받았으나 이를 해결할 기회를 상실했다. 그는 중대한 시기에 필요한 정치적 리더십을 제공하지 못했으며 오히려 미국 역사상 최초로 미의회에 의해 거의 탄핵될 뻔 했다.[154] 링컨의 과업을 완수할 것으로 모든 기대를 모았던 것은 제18대 율리시스 그랜트(Ulysses S. Grant) 대통령이었다. 링컨의 사후 그랜트는 링컨이 지향했던 모든 것을 대변하는 것 같았다. 그는 링컨에 의해 선택된 군사령관으로 남북전쟁을 승리로 이끈 능력을 가진 장군이었으며, 정의롭고 항구적인 평화를 수립할 수 있는 폭넓은 장엄함과 이해력을 갖고 있는 듯했다. 그래서 그는 1868년 남북전쟁 후 실시한 최초의 대통령 선거에서 백악관의 주인이 되었다.

그러나 그의 대통령직은 그랜트와 미국에겐 하나의 비극적 스토리였다.[155] 전시의 군사령관이 아니라 평화시의 대통령에게 요구되는 정치적 능력은 위대한 군인으로서 그가 소유한 능력과 자질이 아니었다. 즉 그가 지닌 위대한 군인으로서의 자질이 대통령인 그에게는 별다른 도움이

---

[154] Annette Gordon-Reed, *Andrew Johnson* (New York: Times Books, 2011), pp. 122–139.
[155] Bruce Catton, *op. cit.,* p. 106.

되지 않았던 것이다. 그는 전혀 정치적 인물이 아니었다.[156] 그는 대통령이 되었지만 대통령직의 성격을 이해하지 못했다. 그는 대통령이란 수동적이어야 한다고 믿었다. 그는 국민들의 뜻에 반하는 어떤 정책도 실시할 의향이 없다고 발표했다. 대신 국민의 뜻이 의회에서 표현된다고 믿었다. 따라서 순전히 행정관료인 대통령은 언제나 국민의 뜻, 즉 의회의 결정을 실행하는데 그쳐야 한다고 말했다.[157] 의심할 여지없이 많은 미국인들이 그랜트의 생각에 동의했다. 그러나 그것은 국가 최고의 공직인 대통령직의 책임에 대한 비극적 오해였다. 당시 국가적으로 요구되는 리더십은 의회에서 올 수 없었다. 그것은 백악관에서 와야 했다. 그러나 그랜트는 대통령이 그런 지도자가 아니라고 진실로 믿었다.[158] 그랜트는 정치지도자로서의 비전을 결여하고 있었다. 대통령으로서 부족했을 뿐만 아니라, 역사적 기회를 방기한 셈이 됐다. 지도자로서 그의 비극은 곧 미국의 비극이었다.[159]

....

[156] *Ibid.*, p. 113.
[157] *Ibid.*, p. 115.
[158] *Ibid.*
[159] 이런 평가와는 정반대로 그랜트 대통령이 링컨의 위대한 유산을 부활시키고 강화하는데 성공했다고 평가하는 입장에 대해서는,

1808년 당선된 제4대 제임스 메디슨(James Madison) 대통령 이후 어느 대통령도 뷰캐넌 대통령보다 더 화려한 공직 경험을 가지고 대통령에 취임한 인물은 없었다. 또한 오늘까지도 뷰캐넌만큼 다양한 공직 경험을 가진 인물은 없다. 그는 1856년 대통령이 되기 전 펜실베니아 주의회 의원, 미연방정부의 하원과 상원의원, 제11대 제임스 폴크(James Polk) 대통령 행정부에서 국무장관, 제7대 앤드류 잭슨(Andrew Jackson) 대통령 행정부에서 주 러시아 공사, 그리고 제14대 프랭클린 피어스(Franklin Pierce) 대통령 행정부에서 주 대영제국 공사를 역임했었다. 요즈음 말로 표현한다면 그는 참으로 잘 준비된 대통령이었다. 그러나 정치지도자의 탁월한 리더십은 뷰캐넌의 매우 인상적인 경력에 입각한 준비성이나 그랜트 같은 뛰어난 전쟁영웅의 경력이 결코 대신해줄 수 있는 것이 아니었다. 정치적 지도력(leadership) 혹은 영도력(statesmanship)은 오랜 행정경험이나 빛나는 전투경험의 단순한 부수현상(epiphenomenon)이 아니라 별도의 영역에 속하는 것으로 보아야 할 것이다. 링컨의 전임자나 후임자들 모두가 링컨의 "정치적 천재성"[160]에는 전혀 미치

Josiah Bunting III, *Ulysses S. Grant* (New York: Times Books, 2004) 참조.

지 못했다.[161] 바로 그런 이유에서 국가의 위기 시에 탁월한 정치적 리더십은 더욱 긴요한 것이다. 남북전쟁의 역사는 그런 리더십의 중요성을 여실히 보여주었다.

III. 세계사적 의미

남북전쟁 당시 미국과 세계정치의 중심지인 유럽과는 대서양을 배로 적어도 3주간 항해해야 접근할 수 있었지만, 남북전쟁은 단순히 대서양 건너 미국 땅에서 벌어진 국지전에 머물지 않았다. 남북전쟁은 약 1세기 전 미국독립전쟁이 그랬던 것처럼 유럽에 지대한 영향을 미쳤다. 따라서 남북전쟁의 세계사적 의미도 중대한 것이었다.

첫째, 남북전쟁은 최초의 현대전, 즉 최초의 총력전(the total war)이었다. 즉 남북전쟁은 그 수행방법에서 나폴레옹전쟁이나 미국독립전쟁보다는 제1차 세계대전에 훨씬 더

[160] Doris Kearns Goodwin, *Team of Rivals: Political Genius of Abraham Lincoln* (New York: Simon & Schuster, 2005), p. xvii.
[161] 링컨의 정치적 리더십과 전쟁수행 리더십에 관한 보다 상세한 저자의 논의를 위해서는, 강성학,『한국의 지정학과 링컨의 리더십: 동아시아의 지정학적 변화와 국가통일의 리더십』(서울: 고려대학교 출판문화원, 2017), 제5장과 제6장을 참조.

가까웠다. 남북전쟁이 세계사적 중요성을 갖는 것도 여기에서 연유한다.[162] 평화협상에서 우위를 점하기 위한 제한적 전쟁이 아니라 적의 섬멸(annihilation)을 전투의 목적으로 하는 현대의 총력전은 그 이전의 전쟁과는 달리 무제한의 절대적 목적을 추구하고 무제한적 수단을 사용함으로써 예상할 수 없는 결과가 따른다는 특징이 있다. 남북전쟁은 "모든 것이 아니면 아무것도"(all or nothing)의 전쟁이었다. 남부는 절대적 독립을 원했고, 북부는 절대적 통일을 원했다. 일단 피를 본 이상 양측이 서로 만나 타협할 중간 지점이 없었다. 전쟁의 목적이 절대화되자 그것은 전쟁을 수행하는 방법에 영향을 주었다. 총력전이 된 것이다. 총력전에선 적의 군대만이 유일한 공격의 목표물이 아니다. 진실로 파괴해야 할 것은 적의 전쟁수행 능력이다. 그러기 위해서는 사용하는 무기에 제한이 없다. 무엇이든 허용된다. 소위 "문명화된 전쟁의 옛 규칙들이" 모두 사라져버렸다. 그야말로 목적이 수단을 정당화하는 상황이 되어버린 것이다. 오늘의 기준에서 본다면 그런 과정이 남북전쟁에서 극단에 이르지는 않았지만 현대 총력전의 기원은 바로 거기에

---

[162] Bruce Catton, *op. cit.*, pp. 14–15.

있었다.[163]

둘째, 링컨의 민주주의는 아메리카를 넘어 전 세계에 민주주의의 상징과 동시에 횃불이 되었다. 근대 민주주의는 영국이 원산지였다. 1215년 마그나카르타(Magna Carta)를 출발점으로 하여 수백 년 동안 온갖 우여곡절을 겪으면서 1688년 명예혁명에 이르러 입헌군주제로 정착했지만 영국의 민주주의는 성문법이 없는 일종의 정치적 삶의 방식(the way of life)으로 정착되었다. 그런 영국인들의 정치적 삶의 방식에서 배양된 미국 식민지 인민들이 독립전쟁에서 승리했을 때, 그들은 영국인들처럼 "역사의 점진적 발전"이 아니라 명백한 성문헌법에 입각한 민주주의의 "새로운 출발"을 택했다. 그러나 그 성문헌법은 미완성에 머물렀다. 이제 남북전쟁에서 북부의 승리가 가져온 수정헌법(제14조와 제15조)을 통해 미국은 비로소 명실상부한 민주주의 헌법질서를 수립하게 된 것이다. 특히 남북전쟁 와중에 1863년 게티스

----

[163] *Ibid.*, pp. 20-21. 일반적으로 근대 전쟁의 여명은 프랑스혁명 전쟁과 나폴레옹 전쟁으로 간주된다. 그러나 그것은 유럽 전쟁의 새로운 시작이 아니라 근대 기술 없이 수행한 마지막 대규모 전쟁으로 볼 수 있다. Michael Broers, "Changes in War: The French Revolutionary and Napoleonic Wars," in Hew Strachan and Sibylle Scheipers eds., *The Changing Character of War* (Oxford: Oxford University Press, 2011), pp. 64–78.

버그 장례식 연설에서 링컨이 제시한 민주주의의 정의, 즉 "인민의(of the people), 인민에 의한(by the people), 인민을 위한(for the people) 정부"라는 민주주의 정의는 그때까지의 수많은 민주주의에 대한 정의를 사실상 압도해버렸다.

그리고 성문헌법에 입각한 미국식의 민주주의가 불문헌법의 영국식 민주주의를 사실상 대치해버렸고, 민주주의를 갈망하는 전 지구인들이 점진적 개선이 아니라 "이론적 계획"(a theoretical plan)에 의해서 민주주의를 수립하는 모델이 되었다. 즉 미국이 민주주의의 어머니인 영국을 대체하여 민주주의의 상징이 된 것이다. 링컨의 승리 소식에 대해 영국의 한 보수당 의원이 말했던 것처럼 그것은 영국의 미국화(Americanization) 과정의 시작이었다. 새로운 민주적 아이디어들이 점차로 구현될 것이었다.[164] 실제로 영국 의회는 미국의 본보기로 인한 2년 간의 토론을 거쳐 마침내 1867년 개혁법안(the Reform Bill)을 채택, 선거권자의 수를 거의 배로 늘렸으며 처음으로 대규모의 영국 노동 계급에게 선거권을 부여했다. 남북전쟁에서 북부가 패했었더라면 이 개혁법안은 수년 동안 지연되었을 것이다.[165] 영국에서

---

[164] Belle Becker Sideman and Lillian Friedman, eds., *Europe Looks at the Civil War* (New York: Orion Press, 1960), p. 282에서 인용.

민주주의의 승리가 미국 내전의 간접적인 결과였다면, 1866년 멕시코에서 베니토 후아레스(Benito Juarez)와 공화주의의 승리는 부분적으로 남북전쟁 종결 직후 미국 대외정책의 직접적인 결과였다.

셋째, 1871년 미국과는 무관하게 구세계 유럽에선 프러시아가 철혈재상 비스마르크의 뛰어난 영도력하에 독일을 통일하고 소위 제2의 독일제국이 수립되었다. 그 결과 유럽은 소위 신제국주의 시대(the Age of New Imperialism)로 진입했다. 유럽에서 1871~1914년 약 40여 년간의 "긴 평화"는 동시에 유럽 밖에서 해외 식민지 경쟁이 치열했던 시기였다. 따라서 미국이 남북전쟁의 결과로 발칸화되었더라면 미국은 유럽 제국들의 치열한 팽창주의적 쟁탈전의 대상으로 전락해 여러 주(국가)들이 주권적 실체를 유지하기 어려웠을지도 모른다. 다시 말해서 아메리카 대륙도 19세기 후반 동일한 수준은 아니었다 할지라도 아시아나 아프리카가 경험했던 비참한 제국주의 경쟁의 객체로서의 역사를 피하기 어려웠을 것이다. 아니면 적어도 남유럽의 발칸

---

165 H. C. Allen, "Civil War, Reconstruction, and Great Britain," in Harold M. Hyman, ed., *Heard Round the World: The Impact Abroad of the Civil War* (New York: Knopf, 1969), pp. 49–83.

반도에 이어 미국도 유럽 제국들의 "화약고" 지위를 면하기 어려웠을 것이다.

넷째, 남북전쟁의 결과 "대륙의 제국"으로서 미국의 지리적 조건은 국제사회에서 매우 유리한 위치에 서게 됐다. 서반구(the Western Hemisphere)에서 미국의 상대적인 압도적 지위는 미국으로 하여금 서반구를 지배하는 패권국(hegemon)이 될 수 있게 해주었을 뿐만 아니라 동반구(the Eastern Hemisphere), 즉 유라시아(Eurasia) 대륙에서 힘의 균형에 영향을 줄 수 있는 여유 자원을 갖게 했다. 그리하여 미국은 일찍이 니콜라스 스파이크만(Nicholas Spykman)이 내다보았던 것처럼, 20세기의 본질적인 지정학적 투쟁에서 양차 세계대전 및 뒤따른 냉전을 통해 자국에 유리한 세력 균형을 형성해갈 수 있었다.[166]

미국인들은 그들의 민주주의와 청교도적 신념 때문만이 아니라 그들이 우연히 살게 된 지리적 조건 때문에 위대한 국민이다.[167] 이런 미증유의 지정학적 위치로 인해서 미국은

---

[166] Nicholas John Spykman, *America's Strategy in World Politics: The United States and the Balance of Power* (New York: Harcourt, Brace and Co., 1942).

[167] Robert D. Kaplan, *op. cit.*, p. 135.

서반구를 지배하고, 또 동반구의 사건들을 결정하는데 영향을 미친다. 지리적 위치의 덕택으로 미국은 유럽에서 중국에 이르는 전 유라시아 대륙에 걸쳐 이해관계를 가진다. 영국의 저명한 지정학자인 할포드 멕킨더(Halford Mackinder)의 말로 표현한다면, 아프리카-유라시아가 "세계 도"(the World-Island)라면 북아메리카가 세계 도에 영향을 미칠 수 있는 위성 대륙들 중에서 가장 큰 대륙이다.[168] 따라서 미국은 세계를 지도할 수밖에 없는 지정학적 운명이며 이것은 지난 250여 년 동안 작동한 지리적 심판이다.[169] 유라시아 대륙에 대한 미국의 지정학적 전략은 21세기에도 계속될 것이며, 특히 중국의 부상과 해군력 증강으로 요동치는 동아시아는 이러한 지정학적 대결의 중심지가 될 것이다.[170]

---

[168] Halford J. Mackinder, *Democratic Ideals and Reality* (New York: Henry Holt and Co., 1919), pp. 45–49.

[169] Robert D. Kaplan, *op, cit.*, pp 138–139.

[170] 동아시아의 지정학적 대결과 그것의 전망에 대해서는, 강성학, 『한국의 지정학과 링컨의 리더십: 동아시아의 지정학적 변화와 국가통일의 리더십』(서울: 고려대학교 출판문화원, 2017), 제1장과 제2장을 참조.

IV. 결론

  19세기 미국의 남북전쟁 시기에 미국은 유럽의 강대국들로부터 결코 강대국으로 인정되지 않았다. 그러나 1945년 제2차 세계대전 종결 이후 미국은 초강대국 지위를 유지해왔다. 이러한 미국의 국가적 위상은 21세기에도 변함없이 계속될 것이다. 미국의 역사가 곧 세계사가 된 것이다. 이러한 관점에서 본다면 앞서 제시한 남북전쟁의 미국사적 의미 역시 세계사적 의미로 격상될 필요가 있으며, 아니 이미 그렇게 격상되었다고 보아야 할 것이다. 그런 점에서 남북전쟁에서 북부의 승리를 가져오는데 결정적인 역할을 수행한 링컨 대통령의 정치적·군사적 리더십도 세계사적으로 평가되어야 마땅할 것이다.

  2009년 2월 9일 미국기업연구소(The American Enterprise Institute)에서 "링컨 200주년: 왜 우리는 아직도 제16대 대통령을 연구하는가"(Lincoln at Two Hundred: Why We Still Read the Sixteenth President)라는 주제하에 에이브러햄 링컨 대통령 탄생 200주년을 기념하는 강연이 개최됐다. 이 자리에서 월터 번즈(Walter Berns) 교수는 (자신의 90회 생일에) "사람은 그가 사귀는 친구들로 알려지듯이, 국가나 민족은 그들이 최고로 칭송하는 자신들의 영웅들에 의해 알려지고 평가될 수 있다"고 말했다.[171] 이 말은 국제사회에서 각 국가들의 이미지를 고려할 때, 특히 비민주주의 국가들의 역사에서 발견되는 지도자의 개인숭배(personality-cult) 현상을 고려할 때 부인하기 어려운 진실이다.

미국은 남북전쟁에서 승리하여 미국을 온전히 구원한 영웅인 "링컨의 나라"(Land of Lincoln)[172]로 오랫동안 알려졌고, 또 링컨은 지금까지도 미국인들에게도 잘 기억되고 있다.[173] 그러나 오늘날 링컨을 비롯한 미국의 옛 영웅들은, 미국의 과거를 탈신화(demythologizing)하는 것을 좋아하고 또 역사학에서 영웅이론들(the great man theories of history)을 거부하고 소위 민중사학에 젖어있는 후세대의 수정주의적 역사학자들에 의해서 왜소해져 버렸다.[174] 오늘날 미국에서

---

[171] Walter Berns, *Lincoln at Two Hundred: Why We Still Read the Sixteenth President* (Washington, D.C.: The AEI Press, 2010), p. 16.

[172] Andrew Ferguson, *op. cit.*

[173] Merrill D. Peterson, *Lincoln in American Memory* (New York: Oxford University Press, 1995).

[174] 링컨의 유산에 대해 변화하는 미국인들의 해석에 관해서는, Barry Schwartz, "Iconography and Collective Memory: Lincoln's Image in the American Mind," *The Sociological Quarterly*, 32 (1991), pp. 301–319; *Abraham Lincoln in the Post-Heroic Era: History and*

매년 그 탄생을 경축하는 유일한 이름은 마틴 루터 킹(Martin Luther King, Jr.)이다. 그러나 킹 목사도 링컨의 위대성을 물론 더 나아가 링컨에 대한 자신의 빚을 인정했었다. 1963년 8월 28일 링컨의 노예해방예비선언 100주년을 기념하는 집회에서 "나에겐 꿈이 있어요"(I have a Dream)라는 그의 가장 위대한 연설이 미국의 수도 워싱턴의 링컨 기념관 계단에서 미국의 흑인노예 해방자인 링컨의 거대한 동상을 배경으로 행해졌던 것도 결코 우연이 아니었다. 월터 번즈의 주장처럼 에이브러햄 링컨 대통령은 여전히 미국인들의 영웅으로 남아 있으며 또 앞으로도 그렇게 남아야 할 것이다. 왜냐하면 링컨은 미국의 자유민주주의 정치와 애국주의는 물론 인간의 위대성에 관해서 사유하는 시금석이기 때문이다.

고대에서 호머(Homer)가 그리스인들의 시인(the poet)이나 창조자(maker)였듯이, 근대에서 링컨은 세상에서 미국인들의 지위와 입장에 관해서, 인간애의 의미에 대해서, 무엇을 생각할지에 관해서 그의 "불멸의 열설문들"을 통해 시인처럼 가르쳤을 뿐만 아니라, 더 나아가 미국인들의 공동생활에

Memory in Late Twentieth-Century America (Chicago: University of Chicago Press, 2008); Merrill D. Peterson, *op. cit.*

대한 최고의 원칙들을 방어·보존하고 또 그 기대에 부응하는데 무엇이 필요한가에 대해 "행동"을 통해 시민적 본보기가 되었다. 이런 측면에서 링컨은 미국인들의 시인이나 창조자였다고 말해도 좋을 것이다.[175] 따라서 링컨은 문학적, 역사적, 그리고 정치철학적으로 미국인들에 의해서 연구되어야 할뿐만 아니라, 무엇보다도, 그들에 의해 영원히 기억되어야 한다. 왜냐하면 프랑스 역사학자 피에르 노라 (Pierre Nora)가 주장했듯이, "역사는 기술하지만 기억은 명령하기"(While history writes, memory dictates) 때문이다.[176] 애국심은 가슴의 문제이지만 동시에 합리적 판단에 의해 형성될 필요가 있다. 바꾸어 말하면 애국심은 도덕적 미덕일 뿐만 아니라 지성적 미덕이다. 온당한 조국애는 단순히 상속되는 어떤 것이 아니라 가르쳐야 하는 것이다.[177] 따라서 미

---

[175] Leon R. Kass, "Introduction," in Walter Berns, *op. cit.*, p. 2; 링컨을 미국의 애국 시인으로 서술한 것으로는 Walter Berns, *Making Patriots* (Chicago: University of Chicago Press, 2001), chapter 5, "Lincoln, Patriotism's Poet", pp. 81–103을 참조.

[176] Pierre Nora, "Between Memory and History: Les Lieux Memoire," *Representations*, No. 26 (Spring 1989), pp. 7–25, in David W. Blight, *Beyond the Battlefield: Race, Memory, & the American Civil War* (Boston: University of Massachusetts Press, 2002), p. 2에서 재인용.

[177] Steven B. Smith, *Political Philosophy* (New Haven: Yale University

국에서 링컨의 위대함에 대한 교육이 멈추는 날, 그리하여 링컨이 더 이상 미국인들의 "집단적 기억"(collective memory)의 대상이 되지 않는 날 미국의 국가적 위대성도 종언을 고할 것이다. ___ 강성학

Press, 2012), p. 254; Walter Berns, *Making Patriots* (Chicago: The University of Chicago Press, 2001), pp. 64–80.

제5장
미국의 링컨 계승자들

"중요한 원칙들은 불변할 수 있고, 또 불변해야만 한다."
— 에이브러햄 링컨, 1865년 4월 11일, 마지막 연설에서

I. 서언

1865년 4월 15일 오전 7시 22분 링컨이 그의 마지막 숨을 거두었을 때 그의 임종을 지키던 에드윈 스탠턴(Edwin Stanton) 전쟁장관이 "이제 그는 시대를 초월하는 인물이 되었다"(Now he belongs to the ages)라고 읊조렸다. 그리고 그의 말은 역사적 진실이 되었다. 링컨의 육신은 죽었지만 그의 업적과 정신 그리고 그의 영혼은 죽지 않았다. 아니 오히려 그는 시간적으로 미국에서 시대를 초월하는 인물이 되었을 뿐만 아니라 동시에 공간적으로도 미 대륙을 초월하여 전 지구적 인물이 되었다. 헤겔(Hegel)식으로 말한다면 에이브

러햄 링컨이야말로 "세계사적 인간"(the World Historical Man)이 되어 인류의 발전에 기여했다. 그는 단지 미국의 국가건설자와 노예 해방자에 머물지 않고, 톨스토이의 말처럼 "세계처럼 관대한 인도주의자"(humanitarian as broad as the world), 요즈음 상용하는 말로 표현한다면, "인권의 선구자"(a forerunner of human rights)가 되었으며, 전 세계적으로 자유와 평등을 구현하는 민주주의의 영원한 상징이 되었다. 니체(Nietzsche)의 언어를 빌린다면 그는 새로운 윤리의 세계를 제시한 일종의 "초인"(superman)이었다. 그러나 그가 꿈꾸던 "법 앞에 모두가 평등한" 세상은, 다시 말해 미국의 노예들이 평등한 인권을 획득하고 향유하는 세상이 구현되는 데에는 거의 1백여 년의 긴 세월이 필요했다. "자유의 새로운 탄생"(New Birth of Freedom)이라는 링컨의 역사적 과업은 그의 갑작스런 서거로 미완성으로 남아 그의 후임자들에게 무거운 역사적 과제가 되었다.

사후에 링컨은 여러 미국 후임 대통령들의 스승이 되었다. 따라서 본 장에서는 그가 추구했던 미완성의 과업과 그의 정신이 미국의 어떤 후임 대통령들에 의해서 어떻게 구현되어 왔는가, 즉 그가 어떻게 기억되고 칭송되고 또 부활되어 왔는가를 조사할 것이다.

II. 링컨 사후 재건(Reconstruction) 과제의 좌초

패배자들을 길로틴(guillotine)이나 처형자의 도끼로 응징했던 유럽의 혁명들이나 내전들과는 달리 링컨의 미국은 내전 후에 어떤 폭력적 보복도 요구하지 않았다.[178] 링컨은 그의 두번째 취임사에서 밝힌 것처럼 자비롭고 평화적인 미국의 재건을 모색했다. 그러나 링컨의 갑작스러운 사망으로 강력한 행정부의 리더십이 사라지자 온건파 공화당원들은 링컨이 요구했던 대로 연방국가에 대한 각 주 유권자의 10%의 충성 서약 외에 별다른 조건 없이 연방국가로 신속히 복귀시킬 수 없었다. 링컨의 사망으로 미국의회 내에서 재건 문제에 대한 소위 힘의 균형이 급진파 공화당원들 쪽으로 기울었기 때문이다.[179] 1868년 미의회에서 비준된 수정헌법 제14조(the Fourteenth Amendment)는 미국헌법을 미국 백인들의 권리들을 정의하는 문건으로부터 이제는 과거 흑인 노예들을 포함하는 모든 인간들에게 그 권리들

---

[178] Louise L. Stevenson, *Lincoln in the Atlantic World* (Cambridge: Cambridge University Press, 2015), p. 31.

[179] Harold Holzer and Norton Garfinkle, *A Just and Generous Nation: Abraham Lincoln and the Fight for American Opportunity* (New York: Basic Books, 2015), p. 164.

을 확대하는 문건으로 바꾸었다. 뿐만 아니라 그것은 주들이 이 권리들을 위반하지 못하게 하는 연방정부의 권한을 확장했다. 그러나 앤드류 존슨(Andrew Johnson) 대통령의 비토권(veto) 행사를 극복하기 위한 과정에서, 링컨 사후 의회 내 다수를 차지한 급진파 공화당원들은 1867년 미국 흑인 남성 시민들에게 투표권을 부여할 뿐만 아니라 수천 명의 과거 남부연합 지도자들의 투표권을 막는 일련의 재건 법안들(Reconstruction Acts of 1867)을 재가결시켰다. 1870년 초에 통과된 수정헌법 제15조(the Fifteenth Amendment)와 함께 재건 법안들은 북부의 공화당원들이 남부로 이주, 새로 동원된 흑인 공동체와 합류하여 남부의 주 입법부들에서 공화당이 다수를 이루도록 했다. 그리하여 백인 공화당원들이 대부분의 선출직 공직들을 장악하는 한편 시간적으로 잠시 동안이나마 흑인들이 모든 수준의 주정부 공직을 차지했고, 극소수의 몇 사람들은 의회에 선출되기도 했다.[180] 그러나 급진파든 온건파든 공화당원들은 남부 백인들의 엄청난 저항에 직면해야 했다. 그럼에도 불구하고 자유를 맛본 옛 노예들의 힘은 연방정부군이 남부에 주둔하는 한

---

[180] *Ibid.*, p. 165.

내전 이전 수준의 남부 부활을 막기에 충분했다.

앤드류 존슨 대통령은 재건 과정을 혼란스럽게 만들었다. 1864년 두 번째 대통령 선거에서 링컨과 공화당원들은 내전의 성공적 결말이라는 결의와 함께 종전 후 남부연합의 주들이 연방국가에게 복귀하는 것을 환영한다는 분명한 메시지를 보내기 위해 북부 메인(Maine)주 출신의 한니발 햄린(Hannibal Hamlin) 당시 부통령을 탈락시키고 앤드류 존슨을 부통령 후보로 지명했었다.[181] 왜냐하면 그가 이탈한 남부 테네시(Tennessee)주 출신으로, 민주당원이었지만 연방정부주의자였기 때문이다. 링컨 사후 대통령직을 계승한 존슨의 계획은 표면적으로는 이탈했던 주들의 신속한 복귀를 향한 링컨의 염원과 일치했다. 그러나 그는 해방된 노예들을 위한 보호나 지원을 위한 어떤 조치도 취하지 않았다. 분노한 의회의 급진적 공화당원들은 존슨 대통령을 탄핵하는 투표로 대응했다. 단 한 표 차이로 그는 탄핵을 면했지만 급진적 공화당원들과 대통령 간 갈등은 1869년 그의 임기가 끝날 때까지 계속되었다. 의회와 대통령 간의 4년에 걸친 갈등으로 야기된 혼란 속에서 이탈했던 주들은

---

[181] Annette Gordon-Reed, *Andrew Johnson* (New York: Times Books, 2011), p. 75.

자기들의 조건에 입각하여 연방에 복귀하려 했다. 남부의 여러 주들은 옛 민주당 지도자들을 의회로 보냈으며 이제 자유인이 된 과거 노예들로부터 그들의 새롭게 선언된 권리와 자유를 박탈하는 흑인단속법들(the black codes)을 채택했다. 예상대로 많은 경우 의회는 남부출신 민주당 의원들을 인정하지 않는 법안을 통과시켰고, 이에 대통령은 해당 입법에 대한 거부권을 행사하는 방식으로 대응했으며, 그러면 의회 내 대다수의 공화당 의원들은 그 법안을 재가결했다. 수도 워싱턴에서의 이같은 정치행위는 평화롭고 생산적인 재건 기간의 구성이라는 측면에 있어 장기적으로 역효과를 발생시켰으며, 이는 링컨의 비전과도 맞지 않는 것이었다. 게다가 1860년대 말까지 남부 주들의 정치적 리더십은 대체로 내전 이전의 엘리트 주민들에게 되돌아갔다. 연방 정부군이 감시하는 동안 남부연합 내 대부분의 백인 지지자들은 자신들의 투표권을 되찾기 위해 연방에 대한 충성서약의 요건을 명목상 수락했다. 그러나 많은 사람들에게 이 서약은 겉치레일 뿐이었다.

남부에서는 다수의 백인 통치가 재확립됐다. 새 남부는 백인 민주당원들을 연방의 상원과 하원에 선출했다. 1872년까지 워싱턴에서 충분한 영향력을 갖게 되자, 그들은

1865년 3월 링컨의 지원하에 의회에 의해서 설치되었고 그 동안 급진적 재건을 주도했던 "자유민 사무소"(the Freemen's Bureau)를 폐지해 버렸다. 남부의 정치적·사회적 통제를 위한 10여 년 간의 투쟁이 1877년 워싱턴에서 결국 종식됐다.[182] 공화당원들은 공화당의 루더포드 헤이즈(Rutherford B. Hayes)를 미국의 제19대 대통령으로 선출하는 것을 민주당원들이 수용하는 대가로 과거 남부연합 주들로부터 모든 연방주둔군들을 철수하는데 합의해버렸다.[183] 연방주둔군 없이는 남부의 정치·경제를 자신들의 영향권 아래 둠으로써 남부의 부활을 노리는 백인우월주의자들을 극복할 힘이 없었다. 재건은 태어나자마자 사망했다. 결국 남부에서 인종적 평등을 수립하려는 북부의 노력은 미완성으로 남고 말았다.

남부의 정치 엘리트들은 남부사회에 대한 그들의 통제력을 유지하기 위한 새로운 수단들을 신속하게 동원하고 채용했다. 비록 수정헌법 제14조와 제15조가 1868년과

---

[182] Harold Holzer and Norton Garfinkle, *op. cit.*, p. 167.
[183] 1876년 대통령 선거와 그에 따른 혼란상황, 그리고 1877년 3월 5일 루더포드 헤이즈가 제19대 대통령으로 취임하고 취한 조치들에 관해서는, Hans L. Trefousse, *Rutherford B. Hayes* (New York: Times Books, 2002), 특히 제4장, 제5장을 참조.

1870년에 각각 채택되어 모든 시민들의 권리가 평등하게 대접받는다고 선포했지만, 이런 권리들은 주정부들에 의해서 신속하게 무효화되거나 도전적인 지방의 현지에서 무시됐다. 과거 남부연합에 속했던 주들에서 전반적으로 백인우월주의자들은 흑인들의 "지위"를 토지에 묶여있는 복종적 계급으로 유지시키기 위해 법 집행기관들의 협력을 구했다. 남부에 중산층 경제를 확대하려 했던 링컨의 희망에도 불구하고 남부경제는 내전 후 수십 년이 지나도록 급격히 변하지 않았다. 과거 노예들은 소작인들로서 예속적 지위에서 벗어날 별다른 기회가 없이 토지에 구속되어 있었다. 그러나 내전 후 수십 년 동안 북부와 서부지역의 정치, 경제, 그리고 사회적 구조에 급진적이고 예상하지 못했던 변화들이 있었다. 말 그대로 한 세대 동안 미국이 압도적으로 농업국가에서 세계의 주도적 산업 강대국으로 성장했던 것이다.

미국 풍경의 전환은 참으로 획기적이었다. 1870년에서 1900년 사이에 철로는 3배 이상으로 늘어났고 강철 생산량은 100배 이상 증가했다. 같은 기간에 전반적 제조업 산출은 4배가 되었으며 경제에서 농업의 비중은 감소했다. 새로운 생산품으로 풍요로워지자 농부들과 제조업자들을 동서남북의 시장으로 똑같이 연계시키는 국가적 통상체제가 출현했다. 전체적으로 1870년과 1890년 사이에 미국의 총 국민생산량은 제조업이 계속 증가하는 비중을 차지하면서 실제로 3배 이상이 되었다. 산업 성장을 위한 노동의 주요 원천은 불어나는 이민자들의 수였다. 1865년과 1890년 사이에 이들은 약 1천 3백만 명에 달했으며 이들은 뉴욕과 북부의 다른 도시들로 몰려들었다. 미국의 경제적 삶은 크고 작은 단위로 조직되기 시작했다. 1850년과 1880년 사이에 회사가 표준적 기업실체가 되었다. 그리고 야심적 기업 거물들이 특정 시장에 대한 독점을 추구하면서 많은 회사들이 보다 큰 기업합병을 이루었다. 존 록펠러(John D. Rokefeller)의 스탠더드 오일 트러스트(the Standard Oil Trust)는 1879년까지 미국 정유산업의 90%를 장악했다. 1904년까지 여러 산업에서 지배적 지위를 장악한 그런 강력한 산업 간 결합은 300개 이상이나 되었다. 엄청난 부가 창출됐다. 그러나 그것은 아주 극소수 기업가들의 손에 집중되었다. 1890년까지 미국인들 중 가장 부유한 1%가 전체 국민소득의 절반을 흡수했으며 국적 부의 반 이상을 통제했다. 이것은 링컨이 상정했던 사회, 즉 노동이 자본보다 더 우월적인 사회가 결코 아니었다. 링컨 사후 30년도 안되어 중산층 사회에 대한 링컨의

"미국의 꿈"(American Dream)은 대부분의 미국인들에게 더 이상 가능하지 않았다.[184]

신(新)산업경제에서 자유시장을 주창하는 사람들은 내전 이전 미국경제를 지배했었던 독립적 "자유 노동"의 공예가들(craftsmen) 이미지를 고수했다. 그들은 노동자들을 새로운 경제적 현실에 의해 제약되지 않는 자유로운 행위자인 것처럼 노동의 판매를 자유롭게 협상하는 것으로 간주했다. 그들에겐 고용주와 피고용인 간의 관계는 단순히 하나의 "계약"일 뿐이며 자유계약에 입각한 사회는 봉건제보다 훨씬 발전된 자유의 절정으로 보였다. 그러나 그들의 주장은 경제의 전 구조가 급격히 변했다는 사실을 인식하지 못했다. 초기의 미 공화국이 임금을 비교적 높게 유지하는 지속적인 노동력의 부족에 의해 특징지어졌다면 탈(脫)내전 시기의 수백만 명에 달하는 이민자들의 유입은 노동력의 과잉을 초래했다. 1880년에서 1900년 사이에 평균 3만 5천명의 미국 노동자들이 매년 산업재해로 사망했고, 또 다른 5천만 명이 상해를 입었다.[185] 소위 자유방임, 즉 자유시장경제라는 당시의 지배적 신경제교리는 경제생활에 대한

---

[184] Harold Holzer and Norton Garfinkle, *op. cit.*, p. 171.
[185] *Ibid.*, p. 174.

정부의 개입을 다름 아닌 자연법(the natural law)에 대한 위반으로 묘사했다. 미국경제는 일취월장했지만 경제생활에 대한 정부의 규제는 전혀 성장하지 못했다. 링컨은 정부가 경제적 향상을 추구하는 모든 미국인들을 적극적으로 도와야 한다고 주장했었다. "모두를 위한 길을 열어주기 위해" 기회의 균등을 진작시키도록 정부가 도와야 한다는 것이다. 그러나 이와는 대조적으로 신경제적 교리는 정부란 어떤 역할도 절대로 해서는 안 된다는 것이었다. 이 주장에 의하면 정부에 의한 조치는 그 무엇도 반생산적이었으며, 특히 세금은 더욱 그랬다.

이러한 자유방임적 사고는 당시 과학적 권위를 내세우면서 유행했던 소위 "사회적 다윈주의"(Social Darwinism) 이론에 의해 더욱 극심해졌다. 즉 경제적 결과는 적자생존을 반영하는 것이었다. 사회적 다윈주의는 진화론 및 자유방임 경제와 결합되어 경제에 대한 정부의 개입을 금지할 뿐만 아니라 가혹한 노동조건과 점증하는 경제적 불평등에 대한 도덕적 정당화를 부여하는 새로운 교리로 발전했다. 북부의 노동계급만이 이 새로운 교리의 목표가 된 것은 아니었다. 해방된 노예들은 물론 다른 모든 흑인들까지 적자생존에서 "부적합"한 것으로 생각되었다. 사회적 다윈주의라는 소위 과학적 개념이 남부에서뿐만 아니라 북부에서도 "부적합한" 흑인들로부터 미국 백인들을 분리시키는 새로운 지배적 패턴으로 흑백분리를 지지하는 토대를 제공했다. 인간의 자연적인 생존경쟁에 대한 어떤 개입도, 특히 정부의 개입은 사회적 다원주의자들의 입장에선 전적으로 반생산적인 것이었다. 국가의 역할은 오직 개인성(individuality)의 옹호, 즉 개인적 권리들의 꼼꼼한 보호와 경제활동에 대한 엄격한 불개입이었다. "생명과 자유 그리고 재산"에 대한 개인의 절대적 권리들에 간섭하지 않는 사회는 살아남아 발전할 것인 반면 그런 권리들에 간섭하는 사회는 결국 사라질 것이었다. 그러한 주장을 하는 사람들에게 이 새로운 경제제도의 가혹성은 실제로는 "위장된 친절"이었다.[186]

사회적 다원주의의 영향하에 민주주의에 대한 정의는 점점 정반대로 나아갔다. 사회적 다원주의자들은 부자와 빈자들 간의 극심한 분열에도 불구하고 점차 불평등을 건전한 민주주의의 징표로 보았다. 자유방임은 그것이 지니는 모순에도 불구하고 일종의 공식 이데올로기처럼 군림했다. 1870~1890년의 시기엔 공화당과 민주당의 정책을 구

---

[186] *Ibid.*, p. 176.

별하기란 쉽지 않았다. 양 정당이 모두 보통 시민들의 이익을 내세웠지만, 두 정당 모두 대부분의 경우 기업의 이익에 부응했다. 내전을 치른 링컨의 목적과 국가의 미래에 대한 그의 희망을 누구보다도 잘 알았던 그랜트(Grant) 대통령은 흑인들의 상황에 일관적인 관심을 기울였지만,[187] 워싱턴의 정치적 소용돌이 속에서는 그조차도 링컨의 유산을 곧바로 잊은 듯했다. 링컨의 사후 거의 반세기가 되는 20세기 초 미국은 "링컨의 민주주의"로부터 점점 더 멀어져 가는 것만 같았다.

III. 링컨의 계승자임을 자처한 후임 대통령들

1. 제26대 시어도어 루즈벨트 (1901.9.14 - 1909.3.4)

20세기 초 링컨의 유산을 계승하겠다고 자처한 미국 대통령은 제26대 시어도어 루즈벨트(Theodore Roosevelt)가 처음이었다. 그는 링컨 사후 40년 후에 링컨의 유산으로 되돌아갔다. 루즈벨트는 1865년 어린 시절 뉴욕의 자기 집 창문에

------

[187] Josiah Bunting III, *Ulysses S. Grant* (New York: Times Books, 2004), p, 146.

서 링컨 대통령의 장례행렬을 지켜봤었다.[188] 후에 그는 기자들에게 대통령용 책상 뒤에 링컨의 초상화를 걸어두고 있다고 자랑스럽게 말하곤 했다. 루즈벨트는 자기가 어려운 문제에 봉착할 때면 그 사진을 올려다보고 링컨이 했을 것이라고 믿는 방식으로 문제를 해결해 나간다고 설명했다.[189] 그는 자주 자신을 링컨에 비유했다.[190] 그는 자신을 의식적으로 링컨 정치철학의 정통적 계승자로서 내세웠다. 루즈벨트는 미국의 부유층보다는 "인민을 위한"(for the people) 정부에 헌신하겠다고 선언했다. 그는 대통령직을 하나의 "위대한 설교단"(bully pulpit)[191]이라고 부른 것으로 유명했다. 그는 링컨처럼 대중에게 직접 호소하려 했다. 그는 자신의 첫 연두교서에서 거대하고 고도로 복잡한 산업발전이 미국인들로 하여금 아주 심각한 사회적 문제에 직면하

---

[188] Louis Auchincloss, *Theodore Roosevelt* (New York: Times Books, 2001), p. 9.
[189] Harold Holzer and Norton Garfinkle, *op. cit.*, p. 181.
[190] H. W. Brands, *T. R.: The Last Romantic* (New York: Basic Books, 1997), p. 441; John Milton Cooper, Jr., *The Warrior and the Priest: Woodrow Wilson and Theodore Roosevelt* (Cambridge: The Belknap Press of Harvard University Press, 1983), p. 81
[191] 여기에서 Bully라는 단어는 "great" 혹은 "wonderful"을 의미하는 것으로 루즈벨트 대통령의 특수한 속어(slang)였다.

게 했다면서 한때 부의 축적과 분배를 규제하는데 충분했던 옛 법률과 관습은 더 이상 충분하지 않다고 강조했다. 국가의 심각한 사회적 문제들을 해결하기 위해 연방정부를 이용하려는 그의 헌신은 1902년 5~6월 14만 5천 명의 석탄 광부들이 파업에 돌입했을 때 시험대에 올랐다. 10월까지 동 사태가 지속되자 한 언론인은 이 파업을 미국 역사상 가장 강력한 산업적 교착상태라고 기술했다. 석탄광산 소유주들은 노동조합과의 협상을 단호히 반대하면서 공화당의 친기업 행정부에 의한 지원을 기대했다.

그러나 루즈벨트는 새로운 종류의 공화당 대통령이었다. 그는 헌법이 어떤 행동을 금지하지 않는다면 대통령은 국가를 위해 필요한 길을 갈 수 있다고 믿었다.[192] 그는 1902년 10월 3일 자신과 그들의 입장차이를 논의하고자 광산 소유주들과 노동조합 지도자들을 모두 워싱턴으로 초대하여 그들의 대립에 개입했다. 남북전쟁 후 수십 년에 걸친 기간 동안, 파업이 발생했을 때 클리브랜드(Cleveland) 대통

---

[192] James MacDonald, "Theodore Roosevelt and the Heirs of Abraham Lincoln," in Robert P. Watson, William D. Pederson, and Frank J. Williams, eds., *Lincoln's Enduring Legacy: Perspectives from Great Thinkers, Great Leaders, and the American Experiment* (Lanham, Maryland: Lexington Books, 2011), p. 52.

령이 임기 중에 폭력을 진압하기 위해 병력을 파견한 경우를 제외하고는 자신의 대통령 직책을 강력한 조정자로서 사용할 생각을 했던 대통령은 없었다.[193] 조합 지도자들은 열성적이었지만 소유주들은 마지못해 동의했다. 루즈벨트는 자신이 일반 대중을 대변한다고 말했다. 그러나 그의 이런 노력은 결실을 맺지 못했고, 겨울이 오자 대중은 온방을 할 수 없었다. 여론의 화살은 소유주들에게 돌아갔다. 대중적 감정의 지원을 업고 루즈벨트는 기업의 지도자 모건(J.P. Morgan)을 불러 그로 하여금 소유주들이 연방정부중재위원회(Federal Government Arbitration Commission)의 결정을 수락하는데 동의함으로써 분쟁의 해결을 설득하도록 했다.[194] 소유주들은 마지못해 동의했다. 중재위원회는 최종적으로 광부들에게 10%의 소급임금인상을 제공함과 동시에 일일노동시간을 10시간에서 9시간으로 줄여줬다. 이는 루즈벨트와 그의 지지자들로 하여금 국민을 위해 정부가 적극적인 조치를 취한다는 링컨의 생각이 20세기의 미국에서도 가능하다는 것을 확인해 준 계기가 됐다.

루즈벨트는 원칙에 있어서는 물론이고 세부적으로도 새

---

[193] *Ibid.*, p. 54.
[194] Harold Holzer and Norton Garfinkle, *op. cit.*, p. 183.

로운 의제를 설정했다.[195] 그는 연방정부로 하여금 각 주들 간 사업을 하는 모든 기업들에 대한 감독과 규제 권한을 장악하게 하고, 이런 목적을 달성하기 위해 "주간통상법"(the Interstate Commerce Act)을 강화하는 수정을 요구했다. 이 과정에서 독점적 방법들로 주와 주 사이의 통상을 추구하는 기업을 규제하기 위해 연방정부의 권한을 사용하고자 했다. 그는 통상과 노동문제들에 대해 관할권을 갖는 통상과 산업의 새 각료 직 창설을 제안했다. 또한 여자와 어린이의 노동 시간을 제한하는 입법을 포함해 정부 노동정책 개혁, 워싱턴(Washington, D.C.)의 공장 관련 법 등을 요구했다.

에이브러햄 링컨처럼 루즈벨트는 자신의 대통령으로서의 언명들, 즉 자신의 "위대한 설교단"에서 행한 "설교"의 위력을 잘 이해했다. 수사학은 그의 정책만큼이나 중요했다. 그의 새로운 비전은 미국에 활기를 돋우는 효과를 냈다. 그의 언명들은 양심의 가책을 느끼는 중산층 계급의 우려 섞인 감정을 반영했으며, 이상주의자들과 십자군들의 울분에 찬 에너지를 분출시켰다. 그리고 이 과정에서 루즈벨트는 연방정부의 역할을 급격히 재정의했고 또 특권적

....

[195] *Ibid.*, p. 183.

권한들을 확장했다.196 오랫동안 잠자던 셔만 반합병법(the Sherman Anti-Trust Act)의 규정들을 이용해 그의 행정부는 1902년 북부증권회사(the Northern Securities Company)에 대한 소송을 시작으로 기업합병회사들에 대한 눈에 띄는 일련의 고소들을 추진했다. 연방 검사들은 뉴저지합병기업 스탠더드 석유회사(the Standard Oil of New Jersey Trust)와 미국합병담배회사(the American Tobacco Company Trust)를 해체하는데 성공했다. 1906년과 1908년 루즈벨트는 최초의 소비자 보호 입법인 순수식품 및 의약법안(the Pure Food and Drug Act)에 서명했다. 또 자연환경의 보호를 목적으로 하는 일련의 법률안을 발의하기도 했다.

1910년 캔자스 오사와토미(Osawatomie) 교외에서 루즈벨트는 재향군인들에게 미국의 역사에 두 개의 커다란 위기가 있었다고 말했다. 첫 번째는 국가가 수립될 때였고, 두 번째는 그것이 링컨에 의해 영구화될 때였다고 지적하면서 다가오는 셋째 위기는 에이브러햄 링컨의 지혜에 의해서만 해결될 수 있을 것이라고 강조했다. 루즈벨트는 노동이 자본보다 우월하다는 링컨의 경제관을 인용하면서 재산권이

---

196 *Ibid.*, p. 184; Lewis L. Gould, *The Presidency of Theodore Roosevelt* (Oxford: Oxford University Press, 2012), pp. 47–53.

란 공공복지의 권리에 비하면 부차적인 것이라고 했다. 그러면서 자기 자신은 1910년의 미국 사회에 링컨의 지혜를 적용하고 있다고 주장했다.[197] 더 나아가 그는 변화하는 사회적·경제적 조건들에 부응하는 사법부, 근로자들에 대한 포괄적 보상, 근로현장에서의 보다 높은 안전 및 위생기준, 선거 전후에 걸친 정치적 선거운동의 비용지출에 대한 공적 감독 그리고 막대한 재산에 대한 누진적 소득세 및 상속세 등을 주장했다. 링컨이 1863년에 처음으로 인민을 위한 정부를 공약했었다면,[198] 루즈벨트는 1910년 링컨의 공약을 한 단계 더 진전시킨 셈이었다. 그는 자신의 접근방법을 "신민족주의"(New Nationalism)라고 불렀다.[199] 1909년 자신의 두 번째 임기 종료 불과 3주 전 루즈벨트 대통령은 켄터키(Kentucky)에 있는 링컨의 통나무집 생가를 방문하러 나섰었다. 퇴임 후에도 그는 자신이 선택했던 공화당의 후임자인 윌리엄 하워드 태프트(William Howard Taft)[200] 대통령을 포함

---

[197] *Ibid.*, p. 185.
[198] *Ibid.*, p. 186.
[199] *Ibid.*
[200] 제27대 태프트 대통령은 재임 중 링컨을 언급한 흔적조차 없다. 예를 들어, Lewis L. Gould, *The William Howard Taft Presidency* (Lawrence: University Press of Kansas, 2009).

해 어느 누구에게도 링컨 탄생 1백주년 행사를 포기하려 하지 않았다. 그만큼 루즈벨트는 링컨주의자임을 자랑스럽게 여겼다. 이 기념연설에서 루즈벨트는 링컨이 그의 재임 기간 여러 경우에서 드러난 대로 20세기의 투쟁을 사실상 예측했다고 주장했다. 그러면서 새로운 갈등은 자기가 번 것보다도 더 많이 소유한 자들과 자기가 소유한 것보다도 더 많이 번 자들 사이에 있다고 말했다. 그리고 자신의 신민족주의란 "정부의 목적이란 인민의 복지"를 의미한다고 강조했다.[201] 요컨대 루즈벨트 대통령에 의해 링컨의 이름으로 적어도 이념적으로는 복지정책이 정부의 목적이 되는 20세기가 시작된 것이다.

2. 제28대 우드로 윌슨 (1913.3.4 - 1921.3.4)

우드로 윌슨(Woodrow Wilson)은 1913년에 미국의 제28대 대통령이 되었다. 민주당 대통령 후보 시절 윌슨은 링컨만이 제공할 수 있는 독특한 영감을 얻기 위해서라고 얘기하면서, 당시 신성시되고 그때까지 공화당의 메카로 여겨졌던 링컨의 고향 일리노이주의 스프링필드(Springfield)로 성

---

[201] James MacDonald, *op. cit.,* p. 57.

지순례를 했었다. 그러나 그는 출생과 성향에서 남부인이었고 남부의 인종적 편견을 견지했다. 대통령으로서 첫 해에 윌슨은 게티스버그 전투 제50주년 기념행사를 주재하면서 북부의 연방과 남부연합의 재향군인들 모두가 함께 찬사와 명예를 받을만하다는 것을 암시하는 게티스버그 연설을 했다. 인종문제에서 그는 자신이 지닌 남부의 유산을 흔들 수 없었다. 그는 1914년 흑인들의 조건에 대해 "새로운 자유의 탄생"을 언급하지 않았으며, 내전에서 연방의 승리가 지니는 중요성에 대한 언급도 하지 않았다.

이같은 남부적 성향에도 불구하고, 윌슨은 대통령직을 시작할 때부터 중산층 경제 및 사회와 관련된 정책을 펼치는데 있어 링컨의 헌신에 의해 인도된 일련의 프로그램에 의지했다. 링컨처럼 윌슨은 소위 "밑에서부터"(from the bottom) 국가문제들을 재상정했다. 링컨을 모델로 인용하면서 그는 자신의 진보적 의제를 사회적 유동성 및 경제적 기회의 평등을 부활시키는 과업에 명시적으로 연계시켰다. 윌슨은 링컨과의 연계를 보다 생생하게 하려고 했다. 그는 1916년 링컨의 통나무집 생가를 미국정부에 대한 기증으로 공식 수용하면서, 링컨이 한 사람의 "전형적" 미국인이지만 유일하게 "위대한" 지도자라고 선언했다.[202] 인민을 위한 사회를 구현하기 위해 연방정부를 활용한 그의 헌신은 링컨을 연상케 했다. 나아가 윌슨의 구체적 정책들은 미국인들의 경제적 조건을 향상시키려는 정부조치의 제안이라는 측면에서 링컨과 루즈벨트를 모두 능가했다.

윌슨 대통령이 첫 임기 중 이룬 입법적 기록은 놀라울 정도였다. 그의 국내 정책은 포괄적 신형(new set)의 정부정책으로 불릴만 했다. 먼저 관세개혁이 있었다. 진보주의자들은 점차 관세법을 소비자들에 대한 사실상의 역진세(regressive tax)로 보게 됐다. 로비스트들에 의해 악명높게 수립된 관세는 해외경쟁으로부터 합병기업들을 보호하고 가격을 높게 유지했으며 자연스레 소비자들이 그 비용을 부담했다. 윌슨 대통령 임기 첫 해 19세기의 관세 레짐(the tariff regime)을 본질적으로 뒤엎고 수백 개의 상품에 대한 관세율을 과감하게 내렸다. 또 링컨이 했던 것처럼 새로운 재정기반을 마련하기 위해 누진적 소득세를 재도입했다. 그 결과 연방정부 재정의 원천이 역진적 소비세에서 누진적 소득세로 전환됐다. 관세 삭감을 통해 대부분 미국인들에게 보다 낮은 소비가로 물품을 제공하고, 중산층 이하에

....
[202] Harold Holzer and Norton Garfinkle, *op. cit.*, p. 191.

전가되어 온 세금부담을 상위소득의 미국인들로 이전시킨 것은 하나의 새로운 기술적 접근방법이자 새로운 세금철학이었다.[203] 윌슨의 이정표적 관세 인하는 한 세대가 넘는 기간을 통틀어 처음 있는 일이었다. 그것은 윌슨에게 거대한 정치적 승리였으며, 이러한 사실은 그의 정치적 적과 동지 모두에게 똑같이 인정받았다.[204]

자신의 첫 임기 동안 윌슨은 다행스럽게도 의회의 상하 양원에서 민주당의 다수를 향유했다. 이에 따라 그는 링컨의 접근방법을 차용해 연방정부의 권한을 인민을 위해 활용할 기회를 가졌다. 의회의 지지를 받아 그는 노동자에 대한 보상 및 어린이 노동법 등과 관련된 법들을 제정했고, 연방거래위원회(Federal Trade Commission)와 연방준비제도이사회(Federal Reserve Board)를 창설했다. 또 "합병파산"(trust-busting)을 가능하게 하는 클레이턴 반합병법(Clayton Anti-Trust Act)의 의회통과를 확보했다. 한 번 개혁의 물꼬가 트이자 본격적 개혁의 추동력은 멈출 수 없었다. 그리고 아이러니컬하게도 링컨의 횃불은 이제 "서민들의 챔피언"(the champion of the

....

[203] *Ibid.*, p. 192.
[204] H. W. Brands, *Woodrow Wilson* (New York: Times Books, 2003), p. 33.

common people)임을 주장해 온, 포괄적인 진보적 의제를 자랑하게 된 윌슨 대통령과 민주당으로 넘어갔다.[205] 자신의 정책을 통해 윌슨은 링컨의 경제적 비전을 부활시켰고, 연설 때마다 미국의 시민들에게 링컨이 자신의 모델임을 분명히 했다.[206] 그러나 링컨이 윌슨의 모델임을 가장 뚜렷하게 부각시켜 준 것은 대외정책 분야였다.

링컨은 자신이 치르는 전쟁을 "인민의, 인민에 의한, 인민을 위한 정부"가 지상에서 사라지는 것을 막기 위한 투쟁으로 간주했다. 윌슨 대통령은 이러한 링컨의 비전을 "세계에 연계시키는 교량"이었다.[207] 즉, 윌슨은 제1차 세계대전에 미국을 참전시키면서 바로 링컨의 비전에 입각한 세계 평화 계획을 수립하고 실천하려 했던 것이다. 그는 처음엔 학자와 대학 교수로서, 그리고 후엔 대학 총장과 정치인으로서 링컨의 유산과 미국의 민주주의가 세계역사에서 갖는 독특한 위치를 감지했다. 링컨은 미국과 심지어 세계의

---

[205] Harold Holzer and Norton Garfinkle, *op. cit.*, p. 192.
[206] *Ibid.*, p. 192.
[207] Mary Elizabeth Stockwell, "Woodrow Wilson and Lincoln's Bridge to the World," in Robert P. Watson, William D. Pederson, and Frank J. Williams, eds., *Lincoln's Enduring Legacy: Perspectives from Great Thinkers, Great Leaders, and the American Experiment* (Lanham, Maryland: Lexington Books, 2011), p. 63.

미래를 대변했다. 제1차 세계대전이 유럽에서 발발하자, 월슨은 자신이 마치 내전 기간 링컨이 처했던 것과 비슷한 상황에 놓여 있다고 생각했다. 링컨이 만일 북부가 전쟁에서 패하면 민주주의가 실패할 것을 두려워했던 것과 마찬가지로, 월슨은 만일 미국이 전쟁에 참가하지 않는다면 세계에 무슨 일이 발생할 것인가를 생각했다. 만일 미국이 행동하지 않는다면 민주주의의 확장을 위한 마지막 최선의 기회가 영원히 상실되지는 않을까 고민했다.[208]

월슨은 자기 앞에 있는 증거들을 주의깊게 계산했다. 한편엔 영국과 프랑스가 있었다. 그들은 민주주의라지만 불완전한 것이었다. 다른 한편엔 철저히 전제적이고 무력에 의해서만 미래를 기약하는 통일된 근대 독일의 부상하는 세력이 있었다. 독일은 유럽 대륙을 먼저 지배하고 나서 세계의 대양들을 지배하려 것이다. 월슨은 만일 독일과 동맹국들이 이 전쟁에서 승리한다면 세계가 어떻게 될 것인가를 자문했다. 대답은 분명했다. 민주주의가 위협받게 될 것이다.[209] 만일 남부가 내전에서 승리했었더라면 미국이 그렇게 되고 말았을 것처럼 인류의 미래는 후퇴하고 세계

---

[208] *Ibid.*, p. 79.
[209] *Ibid.*

는 부서진 평화를 맞이할 것이다. 그렇게 될 경우에 인민의, 인민에 의한, 인민을 위한 정부는 지상에서 사라질 것이다. 윌슨은 결정을 할 준비가 되었다.[210] 미국은 영국과 프랑스의 민주주의를 위해 독일과 그 동맹국들에 대항하여 참전할 것이다. 1917년 4월 2일, 윌슨은 의회에 독일에 대한 선전포고를 요청했다. 그에게 이 전쟁은 민주주의가 안전한 세계가 되도록 수행돼야 하는 것이었다. 2백만 명이 군(軍)에 종사할 것이며, 그렇게 윌슨 자신의 꿈과 링컨의 꿈이 실현될 것이다. 윌슨은 이제 자신을 링컨의 아이디어를 위한 교량으로 간주하게 되었다.[211]

일단 미국이 참전하자 갈등의 성격이 변해버렸다. 영국, 프랑스 및 러시아와 함께 미국은 인민을 대변하지 않는 독재정부들로부터 세계를 벗어나게 하기 위해 연합했다. 왕들과 황제들의 세계가 마침내 유럽의 피로 물든 참호들 속에서 끝나가고 있었다. 미국은 잿더미에서 일어서는 새로운 세계가 인민들이 스스로 통치하도록 허용하고 함께 평화롭게 영원히 살아가도록 확실히 할 것이다. 윌슨은 1918년 의회에 보내는 메시지에서 전쟁의 구체적인 목적들을

----

[210] *Ibid.*
[211] *Ibid.*, p. 80.

제시한 "14개 조항"(the Fourteen Points)에서 이런 자신의 완전한 비전을 표현했다.[212]

　민주주의를 위한 윌슨의 전쟁은 4년이 걸린 링컨의 경우와는 달리 1년만에 끝났다. 전쟁의 우여곡절이 있었지만 윌슨은 링컨으로부터 지속적으로 영감을 받았다. 보통 외국의 고관들이 전쟁에 관해 논의하기 위해 백악관을 방문했을 때, 윌슨 대통령이 처음 꺼내는 화제는 링컨이었다.[213] 그는 링컨의 인품과 이상들에 관해서 말하고, 비천한 환경에서 태어난 사람이 어떻게 그렇게 위대해질 수 있는가 하는 질문을 방문자에게 하곤 했다. 1918년 11월 마침내 승리를 거두고 평화협상을 위해 조지 워싱턴(George Washington)호에 승선했을 때에도 윌슨은 기자들과 종종 링컨에 관해서 말을 나누었다. 링컨처럼 윌슨도 모든 당사자들이 서로를 신속하게 용서하고, 모든 유럽인들을 포괄하는 민주주의적 미래를 창조하는 문제로 넘어가길 원했다. 윌슨은 자신의 14개 조항에서 희망했던 모든 것들을 쟁취하지는 못

---

[212] 윌슨 대통령의 평화 사상에 대한 필자의 보다 상세한 논의를 위해서는, 강성학, 『인간神과 평화의 바벨탑: 국제정치의 원칙과 평화를 위한 세계헌정질서의 모색』(서울: 고려대학교 출판부, 2006)의 제8장, "평화의 神 윌슨의 평화사상", pp. 249-299를 참조.

[213] Mary Elizabeth Stockwell, *op. cit.*, p. 81.

했지만 그 가운데 유럽과 동유럽 전체에 걸쳐 새로운 국가들과 민주정부들을 얻었다. 그는 전쟁 배상금의 아이디어를 싫어했지만 동맹국들이 포기하도록 설득하지는 못했다. 윌슨은 세계의 민주국가들이 형제들처럼 함께 모여 또다시 서로 간에 전쟁으로 나가기보다는 타협을 통해 자신들의 문제들을 해결해 나갈 새로운 제도인 국제연맹(League of Nations)에 모든 희망을 걸었다.[214]

노예해방선포를 위한 지지를 확보하는데 있어서 보여준 링컨의 정치적 천재성은 윌슨의 타협에 대한 고집스런 거부와 베르사유 조약, 그리고 국제연맹을 지지하는 광범위한 연합구축의 실패와 대비될 수 있다.[215] 이 점에서 링컨이 아마도 윌슨보다 훨씬 더 분별력이 있었으며 일종의 정치적 현실주의자로 아니 어쩌면 윌슨식의 이상주의자라기보다는 심지어 마키아벨리언(Machiavellian)이었다고 볼 수도

---

[214] Mary Stockwell, *Woodrow Wilson: The Last Romantic* (New York: Nova Science Publishers, 2008), p. 433. 윌슨 주도하에 국제연맹의 탄생과정에 관한 필자의 보다 상세한 논의를 위해서는, 강성학, 상게서, 제9장, "베르사유 신국제 헌장질서의 수립", pp. 301-339 참조

[215] 윌슨 대통령의 국제연맹 계획에 관한 비극적 실패에 관해서는, 강성학, 상게서, 제10장, "국제연맹의 공헌과 윌슨 대통령의 비극적 교훈", pp. 341-372 참조.

있을 것이다.216 어쨌든 윌슨이 제1차 세계대전에 미국을 참전시키고 민주주의가 안전한 세계를 구축하려 했을 때 그는 링컨의 모델을 따랐다. 독일에 대한 선전포고를 할 때까지의 수개월을 묘사하면서 윌슨은 링컨의 불멸의 언명에 의해 스스로의 생각이 지배되고 있음을 발견했다고 말했다. 그 언명은 다음과 같았다. "옳음이 힘을 만든다(right makes might)는 신념을 가집시다. 그리고 그 신념 속에서 우리가 이해하는 대로 우리의 의무를 담대히 해나갑시다."217

3. 제32대 프랭클린 D. 루즈벨트 (1933.3.4 - 1945.4.12)

제32대 프랭클린 루즈벨트(Franklin Delano Roosevelt) 대통령이 1932년 민주당 대통령후보로 정치무대에 등장했을 때 그는 공화당원 못지않게 보편적으로 수용된 경제적 정통설(economic orthodoxy)에 사로잡혀 있는 것처럼 보였다. 비록

---

216 Mary Elizabeth Stockwell, "Woodrow Wilson and Lincoln's Bridge to the World," in Robert P. Watson, William D. Pederson, and Frank J. Williams, eds., *Lincoln's Enduring Legacy: Perspectives from Great Thinkers, Great Leaders, and the American Experiment* (Lanham, Maryland: Lexington Books, 2011), p. 82.
217 *Ibid.*, p. 83에서 재인용.

당시의 정통적 믿음들을 상당히 공유했지만 루즈벨트는 건설적인 정부조치에 대한 링컨의 아이디어 또한 굳게 믿고 있었다.[218] 그는 두 가지 면에서 20세기 진보주의적 전통의 계승자였다. 하나는 그가 해군 차관보로서 우드로 윌슨의 진보주의적 행정부에서 봉사했다는 점이고, 다른 하나는 그가 시어도어 루즈벨트의 조카딸인 엘리너(Eleanor)와 결혼했다는 점이다. 윌슨 대통령과 루즈벨트 대통령을 관찰하면서 프랭클린 루즈벨트는 정부가 변화의 능동적 도구가 될 수 있다는 링컨의 신념을 내면화했다. 즉 정부가 경제적 삶을 재형성하는데 사용될 수 있으며 경제활동을 위한 새롭고 보다 나은 규칙들을 세울 수 있을 것이라는 점, 그리고 정부가 문제해결을 위한 도구가 될 수 있다는 신념이었다.[219] 루즈벨트는 그 도구를 사용할 완전한 준비가 되어 있었다.

1933년 3월 루즈벨트가 대통령으로 취임할 당시 경제상황은 열악했고 대중들은 절망에 빠져 있었다. 공화당 전임자들이 남겨준 것은 침체된 경제였다. 공화당원들의 자유방임 경제에 대한 오랜 신념과 상대적으로 수동적인 자세

---

[218] Harold Holzer and Norton Garfinkle, *op. cit.*, p. 197.
[219] *Ibid.*, pp. 197–198.

에 대항해 루즈벨트는 대담한 정부조치를 제안했다. 그의 대담한 접근은 루즈벨트 본인의 표현처럼 뭔가를 시도해 보는 것이었으며, "실험"(experiment)이라는 별칭을 얻었다. 최악의 경제적 상황이 도래하는 것을 피해보자는 일념으로 루즈벨트는 민주당 전국전당대회에서 "미국인들을 위한 신계획"(a new deal for the American people)을 약속했었다.[220] 그래서 "뉴딜"(New Deal)은 루즈벨트 행정부의 슬로건이 되었고, 연방정부정책상 혁명과 동의어가 되었다.

루즈벨트의 뉴딜은 번영하는 중산층 사회를 지원하는 정부조치에 대한 것이었으며, 일종의 현대판 링컨의 헌신이었다. 이 같은 차원에서 루즈벨트는 자신의 진보적 정책들을 링컨의 용어로 정의했다. 1934년 9월 30일 루즈벨트는 링컨이 지적한대로 정부의 정당한 목적이란 사람들이 무엇이든 하고자 하지만 그들 각자의 개인적 능력으로 전혀 할 수 없거나 잘 할 수 없는 것들을 사람들의 공동체를 위해 하는 것이라 믿는다고 말했다.[221] 그는 "인민을 위한" 정부와 관련된 링컨의 헌신을 통해, 기업관리자들이 피고

---

[220] Roy Jenkins, *Franklin Delano Roosevelt* (New York: Times Books, 2003), p. 61.

[221] Harold Holzer and Norton Garfinkle, *op. cit.*, p. 198.

용인들에 대한 무제한적 권한을 행사하지 못하도록 정부가 적극적 조치를 시행함으로써 억제할 수 있는 근거를 발견했다. 경제상황을 개선할 수 있는 능동적 조치를 취할 준비가 된 것이다. 시민들의 안녕에 대한 루즈벨트의 헌신은 신체적으로 능력을 갖춘 모든 근로자들에게 직업을 제공할 뉴딜정부의 촉진 프로그램으로 표현되었다.

루즈벨트는 마지막 수단이 아니라 첫 번째 수단으로서 정부를 직접 고용주로 간주했다. 이 같은 맥락에서 민간자원보존단(the Civilian Conservation Corps), 민간근로부(the Civil Works Administration), 공공사업부(the Public Works Administration), 후에 근로개발부(the Works Progress Administration)를 창설했다. 직접 조치를 취하려는 그의 의도는 사업별로 경제성장을 관리하는 국가적 계획을 수행하기 위해서 기업 지도자들과 노동지도자들 그리고 정부관리들을 같은 지붕 밑으로 함께 모으는 국가부흥법안(the National Recovery Act)에 의해 더욱 드러났다. 이런 시도들의 결과 1934년까지 미국은 회복의 길로 접어들었다. 경제가 보다 안정적으로 접어들고 부유층에 대한 대중의 적대감이 완화되자 많은 부유한 미국인들이 루즈벨트에 등을 돌리면서 뉴딜로 대표되는 행동주의적 행정부를 자신들의 경제력과 사회적 지위에 대한 위협으로 규정했다. 그들은 루즈벨트를 "자기가 속한 계급에 대한 배신자"(a traitor to his class)로 봤다. 그들 식의 "계급투쟁"을 통해 부유한 미국인들은 자신들의 상층적 신분과 경제적 이익을 옹호하기 위해 1934년 8월 자유연맹(the Liberty League)을 창설하는 첫 조치를 취했다. 그들의 목적은 세금으로부터 자신들의 소득을 보호하는 것을 넘어, 경제적으로 성공한 미국인들은 자신들의 부와 재능으로 국가와 세상을 위한 공공정책을 관리할 고유한 능력을 부여받은 우월한 인간들이라는 믿음을 진작시키기 위한 것이었다.

자유연맹과 루즈벨트의 뉴딜 간에 벌어진 투쟁은 1936년 선거 초반 수면위로 떠올랐다. 루즈벨트는 링컨이 1861년 12월 3일 의회에 보내는 연두교서에서 "자본을 노동의 위에는 아니더라도 노동과 평등한 지위에 두려는 시도들을"[222] 거부했었던 관점을 바탕으로 자유연맹에 대응하기로 결정했다. 링컨은 "노동이란 자본에 우선하고 자본으로부터 독립적이다. 자본은 노동의 열매에 지나지 않는다. 따라서 자본은 노동이 먼저 존재하지 않으면 결코 존재할 수 없다. 노동이 자본에 우월적이며 훨씬 높은 배려를 받을만

---

[222] *Ibid.,* p. 200.

하다"[223]고 주장한 바 있다. 재선 출마를 위한 민주당의 지명을 수락하면서 루즈벨트는 자유연맹처럼 자본가들이 노동자들보다 우월하다고 주장하는 사람들을 강력하게 비판했다. 75년 전 링컨이 주장했었던 바와 같이 루즈벨트는 일할 권리를 추구하며 살아갈 시민들의 권리가 이윤을 극대화할 기업인들의 기회보다 더 중요하다고 강경하게 주장했다. "계급갈등"이 1936년 선거운동의 중심에 있다는 것을 인식한 루즈벨트는 상층계급의 반대자들이 어쩌면 링컨이 비판했었던 특권적 노예소유주들과 별반 다르지 않은 신(新) "경제적 왕조들"의 "특권적 군주들"이라고 묘사했다. 그는 경제적 상층계급이 두려워하는 것은 권력의 상실이라고 주장했다. 결국 자유연맹과의 첫 전투에서 루즈벨트가 승리했다. 그는 11월 선거에서 압도적 표차로 재선되었다.

루즈벨트는 중간 소득의 가구 수가 증가하는 미래, 즉 중산층 사회에 대한 링컨의 비전이 실현되는 미래를 내다보았다. 정부의 소비 진작은 루즈벨트가 제2차 세계대전 전과 도중에 미국의 군사력 확장에 초점을 맞출 때 더욱

---

[223] *Ibid.*, pp. 200–201에서 재인용.

증가했다. 제2차 세계대전 기간 신체적 능력을 보유한 노동자들에 대한 증가하는 수요는 농촌 흑인 노동자들의 대이동(大移動)을 초래했다. 이들이 시카고, 디트로이트, 그리고 뉴욕 같은 북부 도시들에서 군사관련 제조업 분야의 직종에 종사하게 된 것이다. 남부와 북부에서 인종 간 분리는 여전했지만 흑인 중산층 가구들이 증가하기 시작했다. 동시에 거대한 수의 여성들이 노동력으로 전입되기 시작해 전후 50년 만에 절정을 이루며 여성의 근로지위 측면에서 변화의 초기 단계를 형성했다.

뉴딜의 주요 결과 가운데 하나는 조직화된 노동의 갱생 및 미국 내 모든 산업으로의 조합의 확산이었다. 1935년 국가노동관계법안(the National Labor Relations Act)을 통해 조합 조직 및 조합 선거 실시, 집단적 협상 권리 등을 보호할 권한을 가진 3자로 구성된 정부의 국가노동이사회(National Labor Relations Board, NLRB)를 창설하였다. 1938년에는 공정노동표준법안(the Fair Labor Standards Act)을 통해 최저임금을 결정하는 첫 장치를 마련했고, 주당 노동시간 40시간과 초과노동 임금지불을 의무화했다. 또 16세 이하의 어린이들의 고용을 금지함으로써 어린이노동을 종식시켰다. 완전고용, 실업보험, 사회안전 및 금융시장에 대한 정부 규제 등

뉴딜의 가장 중요한 계획들은 이제 미국 내 경제적 삶의 완전한 일부가 되었다. 오늘날 미국인들은 이를 당연시 하지만 이것이 현대경제에 내재된 위험들을 감소시키는데 얼마나 중요했는지를 이해하지 못했다. 40여 년 이상의 기간 동안 루즈벨트의 뉴딜 프로그램들은 자본주의에 안전한 세계를 만들었고, 또 그 결과 보통의 근로자들과 소비자들에게 안전한 자본주의를 만들었다.

1944년 연두교서에서 루즈벨트는 정부의 수동적 경제정책과 연관된 자유방임주의적 신념을 본질적으로 대체하는 "제2의 권리장전"(the Second Bill of Rights)에 대한 자신의 헌신을 재천명했다. 루즈벨트의 비전은 성공적인 중산층 사회에 대한 꿈을 지원하기 위해 연방정부의 권한을 사용하려는 링컨 헌신의 갱신(renewal)을 이루었다.[224] 루즈벨트가 이런 비전을 실행한 한 가지 방법은 지아이 빌(G.I. Bill)로 보다 더 잘 알려진 1944년의 장병재조정법안(the Servicemen's Readjustment Act)의 채택이었다. 링컨은 1862년 모릴법안(the Morrill Act)에 입각해 무상토지불하 대학들(land-grant colleges)의 설립을 촉진시킨 바 있는데, 이제 루즈벨트는 교육을 통해

---

[224] *Ibid.*, p. 206.

삶에서 자신의 운명을 개선할 수 있도록 미국의 전쟁 재향군인들을 격려하는 비슷한 조치들을 취하고 있었다. 귀향하는 장병들에게 새롭게 발전하는 전후 중산층 경제 속에서 번영할 수 있도록 교육과 훈련의 기회를 제공하는 대규모 연방정부 프로그램과 관련, 미 의회에서 처음으로 만장일치의 투표가 이어졌다. 이 특별법은 상원에서 50 대 0 그리고 하원에서 387 대 0의 표결로 통과됐다. 잠시동안이나마 정부의 적극적 역할이 정파적 문제로 귀결되지 않은 순간이었다. 지아이 빌은 귀향하는 제2차 세계대전의 장병들에게 실업보상, 저당 융자 보증, 교육 장학금 및 사업창업융자 등을 제공하는 것이었다. 이에 따라 귀환장병들은 1946년과 1947년에 실업 지불금으로 약 25억불을 받았다. 1945년에서 1950년까지 연방정부는 대학과 직업훈련을 위해 재향군인들에게 100억불 이상을 제공했다. 1945년에서 1950년까지 관련 사업으로 거의 3백 50억불에 달한 총 지출은 경제를 촉진시켰다. 그러나 지아이 빌이 갖는 장기적 의미는 무엇보다 완전히 새로운 세대의 중산층 미국인들을 구축하기 위해 정부의 보조금을 이용했다는 것이었다.

    지아이 빌은 또한 미국에서 고등교육에 대한 접근을 향상시키고 확대하는 주요한 역할을 했다. 미국의 단과대학들과 종합대학들에게 재향군인들의 수업료 수당의 형태로 수십억불에 달하는 간접적 보조금을 제공함으로써 그 대학들이 기하급수적으로 확장하고, 또 수만 명에 달하는 신입생들의 욕구를 충족시킬 수 있게 함으로써 미국의 고등교육을 강화했다. 루즈벨트의 계획은 링컨의 무상토지불하 대학들이 새롭게 번창할 수 있게 해 주었으며, 미국의 현대 공공 주립대학들을 위한 토대가 되었다. 루즈벨트는 사회구조의 재형성을 위한 연방정부의 자원 사용 과정에서 비관료적 방법을 활용했다. 이에 따라 지아이 빌의 집행비용은 비교적 최소화됐다. 그러나 미국의 현대 중산층 사회를 수립하는데 동 프로그램이 미친 영향은 중앙집중적 계획 혹은 정부의 명령과 통제를 바탕으로 한 관료적 규제를 통해서 달성될 수 있었을지도 모르는 그 어떤 것보다도 확실히 더 크고 더 효과적이었다.[225]

링컨은 대학교육이 미국에서 사회적 유동성을 위한 주요 엔진(engine)이 될 수 있을 것이라고 예상했었다. 농부의 자식들도 대학에 진학함으로써 경제적 성공으로 가는 사다리에 발을 올려놓을 수 있었다. 루즈벨트는 지아이 빌을

---

[225] *Ibid.*, p. 207.

통해 20세기에 이 같은 비전을 실현하기 위한 실질적 현실을 제공하는 길을 찾았다. 1949년과 2009년 사이에 미국 대학에 등록한 학생 수는 2백 40만에서 1천 9백만으로 증가했다. 2009년까지 18세이상 24세 이하 미국 젊은이들의 41% 이상이 대학에 등록했다. 나아가 미국의 대학들은 전 세계의 우수한 학생들 중 상당수를 끌어들이면서 세계의 횃불이 되었다. 타국에서 온 많은 학생들이 졸업 후에도 그들에게 성공적 경력을 위한 거대한 기회를 제공하는 미국에 남아 미국의 경제성장에 기여하고 있다.

지아이 빌은 루즈벨트와 그의 가까운 후임자들이 경제 분야에서 정부의 역할을 야심적으로 재정의한 방안 중 하나에 불과했다. 1945년 의회에 제안된 완전고용법안(Full Employment Act)의 발기인들은 완전고용 확보를 위해 불경기 시기엔 정부가 "보상적 지출"(compensatory spending)을 요구하는 "직업의 권리"를 입법화하려 했다. 고용에 대한 권리는 보상적 지출의 요구와 마찬가지로 그 법안에서 삭제됐지만 타협된 1946년의 고용법안(Employment Act)은 "최대한 고용"(maximum employment)을 촉진시킬 정부의 책임을 규정했다. 동 법안은 또한 대통령으로부터 매년 경제적 보고를 요구했으며 대통령의 경제자문위원회(President's Council of

Economic Advisers)를 설립했다. 확실히 어떤 식으로든 법률이 완전고용을 보장하진 않았지만, 그것은 연방정부의 새로운 역할에 대한 강력한 상징적 천명이었다. 경제분야에 개입할 정부의 의무가 수립되었을 뿐만 아니라 해당 분야에서 정부의 역할은 이제 책임으로 이해되었다. 좋아하든 그렇지 않든 실업률은 이제 대통령들과 그들의 행정부가 그것에 의해 심판 받는 척도(the barometer)가 되어버렸다.[226]

포스트 루즈벨트 시대의 미국경제는 뉴딜 시대 이전의 제한된 정부, 즉 자유방임체제와는 근본적으로 달랐다. 자신의 계획들을 통해서 루즈벨트는 링컨이 제시한 "인민을 위한 정부"의 비전을 한 단계 더 진전시켰다. 링컨은 산업화가 장악하기 이전 미국의 중산층 경제를 보존하기 위해 싸웠다. 그 비전은 내전 후 산업적 붐(boom) 속에서 무너졌었다. 그러나 이제 루즈벨트 행정부가 연방정부의 권한을 사용해 점차 복잡해지고 모험적으로 변해가는 산업 및 탈산업화 경제 속에서 평범한 미국인들을 보호하고 지원할 수 있는 중산층 경제를 창출하고 있었다. 링컨 대통령처럼 루즈벨트 대통령은 여전히 남부의 각 주에서 압도적으로

....
[226] *Ibid.*, p. 208.

많은 수가 살아가고 있는 흑인들을 위한 평등한 기회의 문제에 직면할 수밖에 없었다. 다른 전임 대통령들처럼 루즈벨트는 링컨의 전통을 포용하는데서 오는 정치적 혜택을 분명히 이해했다. 뉴욕 주지사 시절 루즈벨트는 자신의 목적 가운데 하나가 민주당원들이 링컨을 본인들에 속한다고 자처하게 하는 것이라고 한 언론인에게 퉁명스럽게 털어놓았던 것으로 보도됐다.[227] 그는 실제로 그렇게 해 나갔다. 그 결과 루즈벨트는 내전종결 이후 줄곧 바위처럼 단단하게 공화당의 지지층으로 남아있던 흑인들의 투표를 획득하는데 성공적으로 경쟁할 기회를 갖게 되었다.

1936년까지 미국 흑인들의 다수는 루즈벨트의 지지자가 되었으며 그 이후 줄곧 민주당의 지지자였다. 윌슨 대통령처럼 루즈벨트도 켄터키에 있는 링컨의 통나무집 생가로 여행함으로써 시대와 신화 속으로 한 걸음 들어갔다. 곧 민주당의 루즈벨트는 미국인들에게 그 어떤 정치인도 뉴욕출신의 부유한 본인보다 링컨과 더 많은 것을 공유하고 있지 않다는 사실을 확신시켰다. 제2차 세계대전의 여명기까지 대부분 미국인들은 루즈벨트와 링컨이 리더십 측면

---

[227] *Ibid.*, p. 210.

에서 탁월한 연속선을 대변한다고 믿게 됐다. 루즈벨트가 링컨과의 연계를 증폭시킨 마지막 대통령은 아니었다. 루즈벨트 이후 철학과는 관계없이 자칭 그의 계승자들도 루즈벨트와 같은 대성공의 기회를 모색했다.[228]

4. 제36대 린든 존슨 (1963.11.22 - 1969.1.20)

1964년 링컨 탄신 기념일 링컨 기념관 계단에서의 연설에서 린든 존슨(Lyndon B. Johnson) 대통령은 "미국의 약속"(the promise of America)을 언급하며 링컨의 이미지를 사용하기 시작했다. 그는 링컨이 약속했던 "자유의 새로운 탄생"이 적절한 시기에 모든 사람들의 어깨로부터 짐을 내려놓고 모두가 균등한 기회를 얻게 될 것이라는 약속임을 상기시켰다. 그는 계속해서 게티스버그 연설의 용어를 상기하면서, 학교가 없는 어린이들, 선생이 없는 학교, 직업이 없는 사람, 집이 없는 가정이 남아있는 한, 의료보장의 혜택을 받지 못한 병약한 미국인들, 희망이 없이 늙어가는 미국인들이 남아있는 한, 또한 피부색과 관계없이 완전한 인권이 거부된 미국인이 있는 한, 거주지 및 지역과 관계없이 인간의 존엄성이

---

[228] *Ibid.*, p. 211.

거부당한 미국인이 존재하는 한 링컨의 약속은 미국인들이 헌신해야 할 "미완의 과업"(the unfinished work)이라고 지적했다. 그리고 링컨의 말들은 미국인들의 공적 삶을 위한 공동의 언약이 되었다면서 바로 그 일을 해나가자고 존슨 대통령은 미국인들에게 제안했다.[229] 그리고 한 달 후 존슨은 1964년 의회에 보내는 메시지에서 링컨의 약속을 실천하기 위해 빈곤에 대한 국가적 전쟁(the War on Poverty)을 천명하고, 미국인들의 목적은 완전한 승리라고 선언했다. 그러나 의회에서 "경제적 기회법안"(the Economic Opportunity Act)의 채택과 그에 힘입은 빈곤에 대한 전쟁은 존슨에게 훨씬 더 큰 전체 계획의 일부에 지나지 않았다. 존슨에 의하면 빈곤과 가정 파괴의 필연적 상관성, 교육과 고용의 기회, 의료보장 등 문제가 모두 미국 내 인종 및 민권의 문제와 관련되어 있었다. 그리고 이 모든 문제들의 해결을 모색하는데 존슨은 링컨의 본보기를 끌어들였다.

1964년 4월 일단의 민권운동 지도자들에게 연설하면서 존슨 대통령은 1백 년 전에 링컨이 노예들을 쇠사슬로부터

---

[229] Jason R. Jividen, *Claiming Lincoln: Progressivism, Equality, and the Battle for Lincoln's Legacy in Presidential Rhetoric* (Dekalb, Illinois: Northern Illinois University, 2011), p. 136.

해방시켰지만 미국을 편견으로부터 해방시키지는 못했다고 말했다. 1백 년 전 링컨이 해방포고문에 서명했지만, 인종에 관계없는 교육이 이뤄지고 피부색과 무관한 고용이 실현될 때까지 해방은 "선포"일 뿐 "사실"이 아니라는 것이다. 그 후에도 민권에 관한 여러 연설에서 존슨은 법과 이론상의 해방과 실제와 실천상의 해방간의 명시적 구별을 언급하면서 링컨에 의존했다. 한편 존슨의 견해에 의하면 1964년의 민권법안(the Civil Rights Act)은 해방을 현실화 해 나가는 하나의 시도였다.[230] 7월 민권법의 의회통과 전후에 존슨은 링컨의 본보기에 거듭 그리고 이성적으로 호소하면서 동 법안은 미국 사회에서 개인의 성취가 인종이나 종교 혹은 피부색이라는 우연적 특징에 의해서가 아니라 개인적 재능과 능력에 달려있는 것임을 보장할 것이라고 주장했다. 경제적 기회법안과 민권법안의 통과는 케네디(Kennedy) 대통령의 암살에 의해 야기된 복합적 감정에 의해 부분적으로 유발되었지만,[231] 이 법안들을 확보함으로써 존슨은 11월 선거에서 민주당의 압도적 승리와 더불어 자

---

[230] *Ibid.*, p. 139.
[231] Charles Peters, *Lyndon B. Johnson* (New York: Times Books, 2010), p. 80.

신의 민권의제를 국가적 차원에서 추진해 나가고자 했다. 또한 이 같은 정치적 모멘텀(momentum)을 최대한 활용해 남부의 각 주에서 광범위하게 벌어지고 있는 선거권자 등록 차별을 해소할 새로운 투표권 법안의 통과를 추진했다.

1964년 12월 전국 도시 연맹 공동체 행동집회(the National Urban League's Action Assembly)에서의 연설에서, 자신이 가장 존경하는 대통령들 가운데 한 분이 100년 전에 해방선포를 했지만 그 해방은 선포였지 사실이 아니었다고 주장하면서 그것을 사실로 만드는 것이 자신의 목적이며 의무라고 말했을 때, 존슨은 친숙한 링컨의 수사학에 의존했다. 1965년 존슨의 의회에 보낸 투표권에 관한 특별 메시지는 그가 끊임없이 링컨의 이미지와 연계시킨 바로 그 용어인 "미국의 약속"이라는 제목을 달고 있었다. 존슨은 제안된 투표권 법안이 통과된다고 할지라도 해당 입법은 보다 넓은 운동의 일부에 지나지 않기 때문에 투쟁이 끝난 것은 아니라고 주장했다. 그것은 미국적 삶의 완전한 축복을 향유하기 위해 분투하는 전체 미국 흑인들 노력의 일부일 뿐이라는 것이었다. 1964년 빈곤에 대한 전쟁과 민권법안을 위해 주장했던 바와 같이, 존슨은 링컨을 인용해 1백여 년 전에 평등이 약속되었지만 아직도 흑인들은 평등하지 않은 상황에 놓여 있다고 강조했다.

민권과 투표권을 지지하는 존슨 대통령의 주장은 인종차별과 참정권의 문제 이상을 지향했다. 위대한 사회의 용적을 민권 프로그램과 동일시 함으로써 존슨은 시민들이 자신의 목표인 "위대한 사회"(the Great Society)가 약속하는 모든 물질적인 것에 권리를 가지고 있거나 혹은 가져야 한다고 강조했다.[232] 1964년 5월 미시간 대학교(the University of Michigan) 졸업식사에서 존슨은 위대한 사회란 빈곤과 인종적 부정의의 완전한 제거를 요구한다고 선언하면서 위대한 사회의 목적에 대한 자신의 상세한 설명 중 하나를 제시했다. 그러나 이 목적들조차 존슨에겐 오직 시작일 뿐이었다. 빈곤과 인종적 부정의의 제거는 위대한 사회를 위한 기반에 지나지 않았다. 그에 따르면 위대한 사회의 국가란 인간의 신체적 욕구와 통상적 요구들뿐만 아니라 미(美)에 대한 욕망과 공동체에 대한 갈망을 모두 확보하도록 확실히 해야 한다. 도덕적 요구와 정신적 욕구가 국가의 삶 속에서 실현될 수 있도록 모색해야 한다는 것이다. 결국 위대한 사회를 건설한다는 것은 보다 더 풍요로운 마음과

---

[232] Jason R. Jividen, *op. cit.*, p. 144.

정신의 삶을 건설하는 것이다.[233] 요컨대 존슨이 말하는 위대한 사회란 다름아닌 인간 영혼의 만족을 요구하는 것이었다.

존슨 대통령의 위대한 사회는 링컨의 평등에 대한 이해는 물론이고 프랭클린 루즈벨트 대통령에 의해 채택된 경제적 권리마저도 훨씬 넘어서는 것이었다. 왜냐하면 루즈벨트의 공포와 빈곤으로부터 해방된 시민적 권리들은 주로 물질적 안녕이나 경제적 안전의 관점에서 이해되었기 때문이다. 존슨 대통령은 수사학적으로는 링컨의 계승자임을 자처했지만 정책적으로는 스스로를 열정적 뉴딜러(New Dealer)로 보았다. 특히 "위대한 사회"를 창조하기 위한 정부의 적극적 역할을 보다 확실히 하기 위해 존슨은 프랭클린 대통령 이후 그 어느 대통령보다 더 많은 일을 했다고 할 수 있다.[234]

5. 제40대 로널드 레이건 (1981.1.20 - 1989.1.20)

제40대 로널드 레이건(Ronald Reagan) 대통령은 누구보다

---

[233] *Ibid.*, p. 145.
[234] Harold Holzer and Norton Garfinkle, *op. cit.*, p. 216; Charles Peters, *op. cit.*, pp. 78, 157–158.

도 미국 예외주의(American Exceptionalism) 신념의 소유자였다. 즉, 미국은 신의 특별한 은총을 받은 나라라는 것이다. 그는 1952년 미주리주 펄톤(Fulton)에 있는 윌리엄 우즈 칼리지(William Woods College)의 졸업식에서 행한 "아름다운 미국"(America the Beautiful)이라는 제목의 연설을 "우리의 이 땅은 지구상 인간의 마지막 희망이다"라는 말로 끝맺었다. 그런데 이 말은 1862년 링컨이 의회에 보낸 메시지에 있는 구절을 부연한 것으로 레이건은 그 후 자신의 정치활동에서 이 말을 빈번히 사용했다.[235] 그도 역시 링컨의 숭배자처럼 보였다.

그러나 경제문제에 대한 정부의 역할과 관련, 레이건은 과거 링컨의 후계자임을 자임하는 전임 대통령들과는 판이하게 달랐다. 그는 당시 경제적으로 소위 "영국병"을 치유하겠다고 나선 영국의 마거릿 대처(Margaret Thatcher) 수상처럼[236] 이념적으로 미국에서 신보수주의(Neo-Conservatism)의 대변자임을 자임하면서 경제에 관한 한 미국인들의 케

---

[235] Jacob Weisberg, *Ronald Reagan* (New York: Times Books, 2016), pp. 30–31.
[236] Margaret Thatcher, *The Downing Street Years* (New York: HarperCollins, 1993).

인즈(Keynes) 경제학 이론에 기초한 고정관념을 변경시키려는 진실된 노력을 벌였다. 그는 1981년 1월 20일 첫 취임사에서 정부가 팽창을 거듭할수록 미국인들의 삶에 대한 정부의 개입과 침범이 비례해 왔다고 지적했다. 레이건 대통령은 정부가 경제를 관리하려고 해서는 절대로 안되며 효과적인 정부정책이란 기업의 이익추구를 방해하지 않는 것이라는 믿음의 소유자였다. 그는 정부가 경제의 관리자라는 생각을 자유시장이 왕이라는 생각으로 대체하려 했다. 그는 당시까지 소비자의 구매력을 증진시킨다는 수요자 중심(the demand-side)의 경제정책이 심각한 인플레이션만을 낳았고 그 결과 소비자들의 구매력이 오히려 크게 상실되었다고 판단했다. 그리하여 그는 뉴딜정책의 유산들을 폐기하고 싶어했다. 그는 제30대 대통령 캘빈 쿨리지(Calvin Coolidge) 시대의 "작은 정부"(small government)로 돌아가고 싶었다.[237] 그러나 레이건 대통령 역시 "인민의 인민에 의한 인민을 위한 정부"에 기초한 중산층 사회에 대한 링컨의 접근방법을 간단히 거부할 수는 없었다. 링컨은 여전히 우상으로서의 대통령들 가운데 한 분이며, 미국에서 가장 존

---

[237] David Greenberg, *Calvin Coolidge* (New York: Times Books, 2006), p. 158.

경 받고, 또 그의 유산이 지속되고 있었기 때문이다.

그리하여 레이건은 링컨을 제쳐놓기보다는 자기의 편으로 끌어들였으며, 자신의 경제적 접근법이 링컨으로부터 직접 나왔다고 주장했다. 1992년 공화당 전국전당대회에서 레이건은 전직 대통령으로서 자신의 경제정책이 링컨의 가르침과 일치했다고 강조했다. 그러면서 수 세대 전 링컨에 의해 웅변적으로 천명되었다는 일단의 원칙들을 대의원들에게 제시했다. 제40대 미국 대통령이 제16대 대통령의 가장 지속적인 좌우명이라고 묘사된 것을 인용했다.

"당신들은 강자들을 약화시킴으로써 약자들을 강화시킬 수 없다.

당신들은 임금 지불자들을 끌어내림으로써 임금 소득자들을 도울 수 없다.

당신들은 부자들을 파괴함으로써 빈자들을 도울 수 없다.

당신들은 그들이 스스로 할 수 있고 또 해야만 하는 것을 그들을 위해 대신해 줌으로써 사람들을 영원히 도울 수 없다."[238]

레이건의 이 연설이 공화당 전당대회장을 환희로 들뜨게 했음은 전혀 놀라울 것이 없었다. 링컨이 미국 보수주의적 경제철학의 아버지였다는 이 주장으로 공화당은 정치적 이익을 얻었다. 이 좌우명이 실제로 링컨의 것이었느냐에 대한 논의[239]는 차치하더라도 링컨에 대한 레이건의 이런 헌사는 그가 퇴임 후까지도 재임 시의 경제정책을 다름 아닌 링컨의 이름으로 정당화시키고 싶어했다는 사실이 주목할 만한 일이라 하겠다.

6. 제42대 빌 클린턴 (1993.1.20 - 2001.1.20)

1993년 민주당이 백악관을 장악했을 때 빌 클린턴(Bill Clinton) 대통령은 경제정책에 대해 중도주의적 접근을 주장했다. 그는 시장의 중심적 역할과 경제성장에 대한 투자의 중요성을 강조한 레이건에 직접적으로 도전하지 않았다. 또한 그는 재정적 책임의 중요성, 특히 연방정부의 예산에 균형을 이루는 노력으로 정부지출을 감소함으로써 재정적

---

[238] Harold Holzer and Norton Garfinkle, *op. cit.*, p. 244 에서 재인용. 이 구절의 원전은 1916년 브록클린(Brooklyn) 출신의 어떤 목사가 쓴 *Lincoln on Private Property*라는 제목의 팸플릿(pamphlet)에서 나온 것이라고 한다.

[239] *Ibid.*, pp. 224–225.

책임 측면에서도 레이건의 기조를 거부하지 않았다. 그러나 많은 전임자들처럼 클린턴 역시 본인이 에이브러햄 링컨의 족적을 따르길 희망하고 있다는 것을 분명히 했다.[240] 클린턴은 백악관 집무실 책상 뒤에 언제나 눈에 잘 보이는 링컨의 흉상을 뒀다. 그가 텔레비전으로 방송되는 백악관 연설을 할 때마다 링컨의 흉상이 돋보였다. 그리고 보다 큰 링컨의 흉상이 백악관 정원으로 가는 보도를 지배했다. 백악관 대통령 집무실에 그가 첫 번째로 설치한 것도 링컨의 사진이었다. 그리고 퇴임 후 계속된 수많은 연설에서도 링컨에 대한 칭송을 계속했다.

재임 중 클린턴 대통령은 레이건의 주장과는 판이하게 경제 분야에 있어서 정부가 중대한 역할을 갖는다고 주장했다. 그리고 중산층 사회를 지원하는 정부의 적극적 조치에 대한 링컨과 루즈벨트의 비전을 부활시키기 위해 직접적인 조치를 취했다. 부부가 모두 일하는 가정이 압도적으로 늘어나면서, 새로운 현실인식을 바탕으로 클린턴은 1993년 경제에 보다 완전히 참여하는 여성들을 위한 길을 터주는 "가정과 의료휴가 법안"(the Family and Medical Leave

---

[240] *Ibid.*, p. 228.

Act)을 필두로 입법활동에 착수했다. 그는 "인적 자본"(human capital)의 성장을 촉진할 교육과 훈련을 위한 연방정부의 지출을 지지했다. 또한 보다 깨끗한 물과 공기 그리고 안전한 식품을 제공할 규제들을 강화했다. 그리고 부유층에 대한 감세가 국가의 경제성장을 증진시킬 것이라는 레이건의 주장도 거부했다. 그는 두 개의 새로 높은 36%와 39.6%의 최저 소득세율 추가를 위해 직접 나섰다. 최고소득 과세 대상자들이 지불하는 최저 소득세율이 올라간 뒤 미국은 대통령으로서 클린턴의 최대 업적이라고 간주될 급속한 경제성장을 경험했다. 그의 세제개혁은 수십 년 만에 연방정부의 적자를 처음으로 해소했으며 정부의 사회복지 프로그램들을 지원할 연방정부의 재정상 잉여를 낳았다.[241]

클린턴은 자신의 성공을 국가를 위한 링컨의 노력의 관점에서 설명했다. 그는 오늘날 발생한 것은 연방주의자들과 그 이후 연방정부를 위한 링컨의 전투를 시작으로 하는 200여 년 간의 투쟁을 반영하는 것으로, 현대의 공화당원들은 링컨의 유산을 배신했다면서 모든 인민들의 경제적

[241] *Ibid.*, p. 229.

조건들을 향상시키기 위한 적극적 정책에 대한 헌신에 근거해 자신이야말로 링컨의 정통 계승자라고 자처했다.[242] 1993년 클린턴 행정부의 최저 소득세율 증가에 따른 폭발적 경제성장은 법인들과 부유층에 대한 감세에 초점을 맞춘 공화당의 공급주도 경제에 조종을 울리는 것 같았다. 클린턴 재임 중 경제는 호황을 누렸다. 그리하여 마침내 1999년 3월 29일 월요일에 다우존스 산업평균지수(the Dow Jones Industrial Average)가 처음으로 10,000 선을 넘어 폐장되는 기록을 세우기도 했다.[243] 그리고 8년 간에 걸친 클린턴 집권기는 다행히도 불경기가 시작되기 전 끝났다. 그러나 클린턴 집권기의 경제적 성공은 정치적인 면에서 짧은 생애를 누렸다. 조지 부시(George W. Bush) 대통령은 2001년 백악관 입성 후 경제가 불경기로 빠져드는 조짐을 보이자 레이건의 공화당 경제철학을 저돌적으로 제의하고 공급주도(supply-side) 경제의 아이디어에 근거해 세제법의 주요 재구성을 추진했다. 그는 기업가를 경제성장의 진정한 엔진 즉 활기찬 경제의 열쇠로 거듭 인용했다. 또한 "중산층 사회"

---

[242] *Ibid.*, p. 230.
[243] Michael Tomasky, *Bill Clinton* (New York: Times Books, 2017), p. 129.

의 구축을 지향했던 링컨의 계승자임을 자처하는 대통령들과는 달리 거듭해서 "소유권 사회"(ownership society)에 관해서 말했다.[244]

7. 제44대 버락 오바마 (2009.1.20 - 2017.1.20)

2007년 2월 10일 링컨 탄생 기념일 이틀 전, 버락 오바마(Barack Obama)는 일리노이주의 스프링필드(Springfield)에서 미국 대통령직 공식 도전 의사를 밝혔다. 이 때 그는 링컨이 한 때 분열된 집이 함께 설 것을 촉구했고, 그에 따른 공동의 희망과 꿈이 여전히 살아있는 옛 주 의사당 건물 앞에 서 있었다. 오바마의 선언 목적은 미국의 과거 세대들처럼 일어서라는 소명에 부응하고, 그가 이따금 "미국의 약속"(the promise of America)이라고 부르는 것을 실현하기 위함이었다.[245] 그는 국가 수립으로까지 거슬러 올라가는 미국인들의 불굴의 신념이란 불가능한 시련에 직면하더라도 그 약속을 지키는 것이라고 제안했다. 그리고 이것이 에이브러햄 링컨이 이해했던 것이라고 주장했다.

오바마의 상승하는 인기와 때를 맞추어 우연하게도

---

[244] Harold Holzer and Norton Garfinkle, *op. cit.*, pp. 231–232.
[245] Jason R. Jividen, *op. cit.*, p. 154.

2005년에 역사학자 도리스 컨스 굿윈(Doris Kearns Goodwin)의 걸작품으로 널리 인정된 『경쟁자들의 팀: 링컨의 정치적 천재성』(*Team of Rivals: The Political Genius of Abraham Lincoln*)이 출판됐다.[246] 오바마는 이 책을 열정적으로 찬양했고, 또 각료 선택에 있어 경쟁자인 힐러리 클린턴(Hillary Clinton)을 포함한 보좌관들에 대한 자신의 잠재적 선택을 링컨의 그것과 비교했다. 뉴스 미디어에서 오바마의 지성과 기질에 대한 굿윈의 빈번한 칭찬도 점증하는 오바마와 링컨 간의 비교를 부추기는데 기여했다. 오바마는 자신의 선거운동 주제들을 제시하면서 링컨의 과업에 버금가는 보다 더 큰 기회의 평등을 제공할 수 있는 경제구조를 재수립하는 것을 포함해 많은 개혁안을 내세웠다. 그러나 그는 무엇보다도 조지 부시 대통령의 인기 없는 전쟁 정책에 대항하여, 특히 이라크전을 종식시키겠다고 약속함으로써 대통령 선거에서 이길 수 있었다.

당선 후 오바마는 취임 축하행사 주제로 "자유의 새로운 탄생"(A New Birth of Freedom)을 선택했다. 제44대 대통령으로 당선되자 오바마는 워싱턴으로 가는 링컨의 기차 일정표를

---

[246] Doris Kearns Goodwin, *Team of Rivals: The Political Genius of Abraham Lincoln* (New York: Simon and Schuster, 2005).

따랐으며, 자신의 취임식 날 점심으로 링컨이 먹었던 음식을 먹었고, 링컨이 취임식에서 사용했었던 성경책을 사용하여 취임선서를 했다. 그리고 링컨의 이미지를 정치적 수사학에 담기 위해 그는 거듭해서 자신을 링컨과 동일시했다. 또 잘 알려진 것처럼 미국 내전에 이르기까지의 링컨의 경험을 자기 자신의 "투쟁"에 비견했다.[247] 과거 정치인들처럼 오바마도 연설이나 글, 인터뷰 등에서 링컨이 자신을 지도하고 영감을 주는 변함없는 원천이라고 자주 주장했다. 그는 링컨이 자유 노동과 기회의 평등을 위한 광범위한 지원의 일부로서 국내 공공시설의 향상과 과학 및 기술적 혁신을 포용했음을 올바르게 인식했다. 그리고 그는 링컨과 같이 연방정부의 자원과 권한으로 활기찬 시장의 자유를 대신하는 것이 아니라 오히려 촉진할 수 있다고 생각했다.

오바마에게 링컨의 정치는 시장자유와 국가경제의 정부규제라는 두 가지 사상적 가닥들 사이에서의 일종의 타협으로 이해되었다. 그는 억압적인 정부주도 경제와 혼란스럽고 가혹한 자본주의 사이의 선택이 아니라, 다이나믹한

---

[247] Barack Obama, *The Audacity of Hope: Thoughts on Reclaiming the American Dream* (New York: Broadway Paperbacks, 2006), pp. 123–124.

자유시장으로 나아가 경제적 안전과 기업가적 혁신을 확산시키고 유동성을 높이는 혼합적 정책을 선호했다. 그에 겐 효과를 발휘하는 것이 중요했다. 그런 점에서 오바마는 링컨 및 프랭클린 루즈벨트와 연계된다. 오바마에겐 링컨이 처음 뉴딜의 실용주의적 자유주의의 원칙들을 상정했고, 루즈벨트가 처음 그것들을 실천한 것으로 보였다.[248] 이런 측면에서 오바마는 링컨의 정치사상을 진보주의 및 근대 자유주의의 원칙들과 동일시했다. 즉 오마바의 정치적 견해는 프랭클린 루즈벨트와 그의 전임자였던 우드로 윌슨의 정치사상에 훨씬 더 가깝다고 볼 수 있다.

그러나 취임 후 3년 간 워싱턴에서의 극심한 당파적 투쟁을 경험한 오바마는 2012년 재선을 위한 선거운동에서 보다 새로운 것에 초점을 뒀다. 그는 2011년 12월 11일 스스로 선택한 장소인 캔자스주의 오사와토미(Osawatomie)[249]

---

[248] Thomas L. Krannawitter, *Vindicating Lincoln: Defining the Politics of Our Greatest President* (Lanham, Maryland: Rowman and Littlefield, 2008), p. 293.

[249] 오사와토미는 1856년 존 브라운(John Brown)의 공습이 있었던 곳으로 많은 사람들은 이것을 미국 내전의 첫 전투라고 기술했다. 그리고 1910년 시어도어 루즈벨트가 대통령직을 다시 획득하려 그의 진보당(The Progressive Party) 선거운동을 시작하기 위해 선택했던 곳이다.

에서 재선을 위한 선거운동을 개시했다. 그러면서 모든 미국 시민들에게 정부주도의 의료보호(medical care)를 확대한 것을 자신의 주요업적으로 내세우며 그것이 "인민을 위한 정부"라는 링컨의 전통임을 자임했다.[250] 이곳에서 오바마는 링컨이 재산권이란 공공복지의 권리에 비해 부차적인 것이라는 아이디어의 아버지였다고 강조하면서 21세기의 문제들을 다루는데 있어서 국가 주도의 측면에서 링컨의 지혜에 의존하고 있다고 말했다. 그는 이윤을 획득하는 자들이 아니라 생산자들을 위한 정부를 처음 주창한 것이 링컨이었다고 지적했다. 오바마는 수개월 후인 2012년 6월 14일에 행한 연설에서 우리 스스로 잘 할 수 없는 것은 정부를 통해 함께 해야만 한다는 링컨의 신념을 공유하고 있다고 직설적으로 말했다.[251]

2013년 1월 21일 두 번째 취임사에서 오바마 대통령은 정부에 대한 링컨의 유명한 말을 인용했다. "정부의 정당한 목표는 사람들이 할 필요가 있지만 각자가 별도로 그리고 개인적 능력만으로는 스스로 할 수 없거나 잘 할 수 없는 것들을 사람들의 공동체를 위해서 하는 것이다." 미국은 취

---

[250] Harold Holzer and Norton Garfinkle, *op. cit.*, p. 242.
[251] *Ibid.*, pp. 242–243.

약한 사람들을 보살펴야 하고, 또 사람들을 삶에서 직면할 수 있는 최악의 위험과 불행으로부터 보호해야 하는 위대한 국가가 되어야 한다는 링컨의 비전을 오바마는 되돌아 보았다. 또한 미국의 번영은 부상하는 중산층의 넓은 어깨 위에 달려있다는 믿음을 밝혔다.[252] 그러나 일반 대중은 2014년 중간 선거에서 오바마에게 등을 돌렸다. 유권자들은 상원과 하원의 공화당 후보자들에게 철저한 승리를 안겨 주었다. 그 결과 연방정부에 의해서 주관되는 적극적 경제 프로그램 실천을 위한 의회 내 다수의 지지를 얻을 기회가 별로 없게 되었다. 더구나 2016년 11월 대통령 선거에서 공화당의 도널드 트럼프(Donald Trump)가 승리하는 순간 민주당 출신 오바마 대통령에 대한 정책적 계승의 희망은 사라져 버렸다.

IV. 결론

미국의 제16대 대통령 에이브러헴 링컨은 그의 용기와 리더십, 평정심과 동정심, 그리고 내전 기간 내내 국가를

---

[252] *Ibid.*, p. 245.

이끈 그의 능력으로 항상 기억된다. 미국인들의 기억 속에서 그의 역할은 측정할 수 없을 정도다. 그렇기 때문에 애국심과 헌신에 관하여 미국의 학자들과 언론인들 그리고 정치지도자들 사이에서 수행된 거듭된 조사에서 미국의 대통령들 가운데 가장 존경받는 대통령의 지위를 조지 워싱턴(George Washington), 프랭클린 루즈벨트와 더불어 공유하고 있다.[253] 일반 대중들 역시 재직 중 보여준 상기 대통령들의 리더십과 미래 세대를 위한 그들의 유산을 기린다. 많은 미국인들이 지도자들에게 별로 믿음을 갖지 못하는 오늘날 그들이 현재와 미래의 대통령들에게 기대하는 모\델로서 링컨 대통령의 리더십을 여전히 그리워한다는 것은 그리 놀라운 일이 아닐 것이다.

링컨은 "인민을 위한" 정부의 현실을 구축하는데 성공했을 뿐만 아니라 동시에 미국의 꿈(American Dream)이라는 아이디어를 진흥시켰다. 그리고 양자의 결합이 링컨의 독특한 유산에 대한 끊임없는 칭송의 토대이다. 링컨은 미국 민주주의의 미래가 무엇보다도 번영하는 중산층에 달려있

----

[253] James Taranto and Leonard Leo. eds., *Presidential Leadership: Rating the Best and Worst in the White House* (New York: A Wall Street Journal Book, 2004).

다는 것을 이해했다. 정치적 관점에서 크고 활기찬 중산층의 존재는 정치적 안정에도 중대했다. 중산층이 유산자와 무산자 간의 오랜 투쟁을 완화하는 완충지대로 작동하기 때문이다. 민주사회로 살아남기 위해 미국은 공유된 가치에 의해 결속된 공동체이어야만 한다. 경제적인 관점에서도 중산층과 노동계층의 소비가 미국에서 경제활동 및 성장의 주된 엔진이 될 것이다.

뿐만 아니라 링컨은 대중들이 미국은 공정성이라는 도덕적 원칙 위에서 작동한다고 믿어야 할 필요가 있다는 것도 이해했다. 자신들의 정부가 모든 시민들에게 공정하고, 또 부유하다고 해서 정부정책 및 사회자원의 분배 측면에서 커다란 통제력을 행사하는 사람들에게 절망적으로 경도되지 않는 정책을 추구한다고 보아야 한다는 것이다. 링컨의 정치적 천재성은 미국인들 삶의 경제적 현실과 국가의 도덕적 및 정치적 원칙들 사이의 관련성을 꿰뚫어 보는 능력에 있었다.[254] "생명, 자유 그리고 행복의 추구"라는 양도불가의 권리를 명시한 독립선언서는 각 개인의 조건을 향상시킬 기회를 제공하는 데 진력한 링컨에게는 본질과도 같

---

[254] Harold Holzer and Norton Garfinkle, *op. cit.*, p. 257.

았다. 링컨은 모든 미국인들이 열심히 일함으로써 안락한 중산층을 구축할 기회를 갖게 될 것이라는 꿈을 제공했다. 링컨과 그의 계승자들은 지속적인 중산층 사회의 창출이라는 미국적 아이디어를 구현하기 위해 연방정부의 자원을 이용했다. 중산층에 대한 링컨의 비전, 특히 프랭클린 루즈벨트의 적극적 정부가 취한 경제적 프로그램들이 제2차 세계대전 이래 수십 년 동안 미국 번영의 토대를 제공했다. 그리고 같은 비전이 21세기에도 미국인들의 번영을 위한 토대를 제공할 것이라고 믿는 미국의 정치지도자들은 미국 사회가 직면하고 있는 도전들을 해소하기 위해 정부를 효과적으로 사용하는 링컨의 전통을 회복하려 할 것이다.

그러나 링컨의 평등 추구는 오늘날 진보적 정치인들이 종종 신봉하는 급진적 평등주의(egalitarianism)와는 그 원칙과 실천에 있어서 판이하게 달랐다. 노예제도에 반대하고 자유노동의 개념을 옹호했던 링컨은 법의 테두리 아래 자신의 이익을 추구하는데 있어 다양하고 불가피하게 불평등한 재능을 발휘할 개인들의 평등한 자유를 확보하려고 모색했었고, 그 모색의 과정에서 개인들 간의 결과나 성과의 불평등을 예상했었다.[255] 링컨은 평등의 추구가, 모든 인간들이 자연적으로 평등하며 양도불가의 권리들을 부여받는다는 전제에 기인하는, 제한정부의 헌정주의에 의해서 온건해질 수 있을 것으로 이해했다. 나아가 링컨은 이러한 평등 추구가 정치적 실천의 환경에 대한 분별 있는 이해에 의해서 완화될 것으로 전망했다.

그러나 19세기 말과 20세기 초 진보주의적 시대(the Progressive Era)를 시작으로 20세기 뉴딜시대(the New Deal Era) 그리고 1960년대 위대한 사회시대(the Great Society Era)를 거쳐 21세기에 이른 오늘날까지 정치가들은 현대의 균등주의와 그에 입각한 정책제안들을 표출하고 또 정당화하기 위해 평등에 관한 링컨의 수사학에 의지해 왔다. 특히 미국의 대통령들과 대통령 후보들이 그 과정에서 링컨의 이미지에 수사학적으로 호소하여 평등에 대한 링컨의 이해를 오용하고 왜곡했다.[256] 그 결과 평등에 대한 링컨의 이해가 당시의 헌정주의(constitutionalism)에 입각했다는 사실로부터는 물론이고, 링컨이 소중하게 간직했던 18세기 미국 국부들의 자연권(the natural rights) 사상으로부터도 유리되어 당시에는 누구에게나 생소했던 19세기 헤겔식(Hegelian)의 진보주의적인 역사관의 관점에서 재해석되게 되었다. 헤겔에게

---

[255] Jason R. Jividen, *op. cit.*, p. 4.
[256] *Ibid.*, p. 5.

근대국가란 역사의 신이 창조한 이성의 결정체로서 윤리적 공동체이다. 그는 자유주의적 개인주의를 거부하고 집단주의를 주창함으로써 국가를 일종의 플라톤의 수호자로 옹호했다. 그리하여 자유 민주주의의 "제한 정부"를 진보주의적 "무제한 정부"로 전환시켰다.[257] 그러나 링컨의 국가(nation)에 대한 개념은 루소의 일반의지(Rousseauian General Will)가 아니라, 인종과 종교와 성(性)을 초월하는 공화정의 중심적인 정치적 이미지로 승화하는 명제들에 근거했다.[258] 미국의 진보주의자들에 의한 링컨의 수사학적 이용

---

[257] *Ibid.* 링컨이 미 연방국가를 단순한 "법적 공동체"를 넘어 하나의 "윤리적 공동체"로 인식했던 것은 분명하다. 그러나 그가 "윤리적 대통령"이었다고 해서 그의 국가관이 반드시 헤겔식의 윤리적 공동체일 필요는 없다. 윤리적 대통령으로서의 링컨에 대해서는, Donggill Kim, *Abraham Lincoln: An Oriental Interpretation* (Seoul: Jungwoo-sa, 1983) 참조. 왜냐하면 이러한 윤리적 공동체 사상은 플라톤 이래 서구사회의 오랜 전통 정치사상에 속하기 때문이다. 헤겔의 자유주의적 자연권 사상에 대한 비판적 견해와 그의 윤리적 공동체 및 국가에 대한 견해를 위해서는, Steven B. Smith, *Hegel's Critique of Liberalism: Rights in Context* (Chicago: University of Chicago Press, 1989); Shlomo Avineri, *Hegel's Theory of the Modern State* (New York: Cambridge University Press, 1972) 참조.

[258] Allen C. Guelzo, *Abraham Lincoln: Redeemer President* (Grand Rapids, Michigan: William B. Eerdmans Publishing Co., 1999), p. 458.

혹은 오용은 링컨을 어떻게 이해할 것인가를 넘어 미국사회에서 "평등"을 어떻게 이해할 것인가에 대해 심대한 영향을 미치고 있다고 할 것이다.[259] 앞으로도 평등에 대한 링컨의 이해는 학문의 세계에서 계속 논란의 대상이 될 뿐만 아니라 실제 정치지도자들은 링컨의 유산을 서로 다르게 주장할 것이다. 그럼에도 불구하고 링컨의 유산이 미국의 정치 사회에서 계속 기억되고, 민주당이든 공화당이든 양당의 정치지도자들에 의해 앞으로도 오랫동안 이용되거나 혹은 오용됨으로써 링컨이 미국에서 "죽어도 사는 사람"으로 계속 남을 것이라는 사실만큼은 분명해 보인다.

___ 강성학

---

[259] 헤겔에 의하면 자유와 평등을 위한 역사적 투쟁은 1806년 나폴레옹의 예나(Jena)전투에서 이미 끝났다. 헤겔주의자인 알렉산더 코제프(Alexander Kojeve)에 의하면 1950년대에 미국과 서유럽에서 역사는 종식되었다. Alexander Kojeve, *Introduction to the Reading of Hegel* (New York: Basic Books, 1969). 프랜시스 후쿠야마(Francis Fukuyama)에 따르면 1989년 냉전종식과 함께 인간의 자유와 평등을 위한 투쟁은 미국의 승리로 종식되었다. Francis Fukuyama, *The End of History and the Last Man* (New York: The Free Press, 1992). 역사의 종말에 대한 필자의 상세한 논의를 위해서는, 강성학, 『카멜레온과 시지프스: 변천하는 국제질서와 한국의 안보』(서울: 나남출판, 1995), 제1장 "역사의 종말과 포스트모던 국제정치: 20세기 말 지성적 위기의 철학적 배경"을 참조.

제6장
링컨의 글로벌 유산

"만일 민주주의가 하나의 세속적 종교라면,
링컨은 모세나 마호메트이다."
– 제임스 C. 흄스(James C. Humes)

I. 서언

미국 내전의 결과는 1865년 그리고 항구적으로 미국은 물론 범세계적으로 공화주의(Republicanism)의 운명을 결정하는 것이었다. 만일 링컨의 연방정부가 승리한다면 미합중국이 생존할 뿐만 아니라 세계는 다른 나라들이 모방할 수 있는 공화주의 정부의 모델을 지탱할 것이다. 왜냐하면 링컨이 1862년 미 의회에 보낸 연례 메시지에서 말했던 것처럼, 미국은 당시 공화국으로서 "지구상의 마지막 최선의 희망"(the last best hope of earth)이었기 때문이다. 링컨은 1850년대와 1860년대의 미국은 인류 역사에 예외적인 위치를 차지하고 있고, 또한 공화주의의 발전을 책임지고 있다고 생각했었다.

링컨의 암살소식은 배로 대서양을 건너는데 12일이 걸렸다. 영국으로부터 그 소식을 전하는 전문은 유럽의 수도와 유럽대륙에 있는 미국 공사관과 영사관으로 퍼져나갔다. 세상 사람들에게 링컨은 공화주의와 미합중국의 실현을 의미했다. 4년 후 에이브러햄 링컨은 지구적 영웅의 지위에 올랐다. 그리고 링컨의 대통령직 49개월은 그에게 명성을 가져다 주었고, 외국인들이 1860년에 그에 대해 가졌던 첫인상을 완전히 뒤집었다. 이제 세상 사람들은 미국과 살해당한 미국의 링컨 대통령을 공화국 정부와 공화주의의 화신으로 간주했다.[260] 그리하여 링컨과 미국은 공화주의의 부상에 있어 범세계적 드라마의 주인공이 되었다.

---

[260] Louise L. Stevenson, *Lincoln in the Atlantic World* (Cambridge: Cambridge University Press, 2015), p. 17.

II. 유럽에서

1. 독일

카를 마르크스(Karl Marx)는 1864년 11월 링컨이 재선되었을 때 국제노동자협회(the International Workingmen's Association)의 이름으로 호의와 지지를 표했다. 1865년 1월 국제노동자협회는 그에 대한 공식 답장을 받았다.[261] 마르크스에겐 그렇게 거대한 혁명이 그렇게 빠르게 수행된 적은 없었다. 그는 미국의 혁명이 전 세계에 고도로 유익한 영향을 미칠 것이라고 생각했다. 그리고 마르크스는 링컨의 답장을 받았다는 사실 하나만으로도 유럽에서 급진적 민주주의의 명분에 대한 미국의 승인을 확보한 것이라고 생각했었다.[262] 따라서 링컨의 암살 소식이 전해졌을 때, 마르크스

---

[261] "Mr. Lincoln and the International Working Men's Association," *The Times*, February 6, 1865. 이것은 Eugenio F. Biagini, "The Principle of Humanity: Lincoln in Germany and Italy, 1859-1865," in Richard Carwardine and Jay Sexton, eds., *The Global Lincoln* (New York: Oxford University Press, 2011), p. 93 의 각주 75에서 재인용.

[262] Eugenio F. Biagini, "The Principle of Humanity: Lincoln in Germany and Italy, 1859-1865," in Richard Carwardine and Jay Sexton, eds., *The Global Lincoln* (New York: Oxford University Press, 2011), p. 86.

는 그의 죽음으로 야기된 인민들의 반응을 고려한다면 링컨은 심지어 죽어서도 유럽의 군주들에게 민주주의를 위한 일격을 가했다면서 유럽에서는 유감스럽게도 지금까지 누구도 그런 명예를 갖지 못했다고 주장했다.263 마르크스는 유럽에서의 민주주의적 반동을 진실로 기대했지만 곧 실망했다. 왜냐하면 독일에서 기존의 정치권이 미래에 대해 두려워한 증거가 별로 없었기 때문이다. 그러나 당시 프러시아의 의회의원들은 미국인들에게 보낼 "애도문"(an address of sympathy)을 표결에 부쳤고, 보수주의자들을 제외한 모든 정당들이 이것을 승인했다. 당시 프러시아의 비스마르크 재상 역시 외교단과 함께 도로시아 키르케(Dorothea Kirche)에 마련된 추도식에 참석했다.

1913년 링컨 탄생일에 에이브러햄 링컨협회(the Abraham Lincoln Association)의 초청으로 미국주재 독일 대사인 폰 번스토르프(von Bernstorff) 백작이 일리노이주 입법부의 상하 합동회의와 스프링필드에 있는 주군본부(State Armory)에 초대된 손님들 앞에서 "독일이 보는 링컨"(Lincoln as Germany Regards Him)이라는 제목으로 축사를 했다. 그는 미국의 내

---

263 *Ibid.*, p. 86.

전기간 동안 독일계 미국인들의 기여와 1860년 링컨을 위한 어쩌면 결정적이었던 투표를 찬양하는 헌사적 언급을 했을 뿐만 아니라 링컨을 피와 철로 자신의 민족적 목적을 추구했던 비스마르크와 다르지 않은 통일과 자유를 위해 싸울 의지를 가진 국가지도자인 강력한 통일주의자(unifier)로 묘사했다. 그리고 링컨의 개인적 특징들을 강조했다.[264] 그는 또 링컨을 독일계 미국인들이 끌렸던 영웅으로 묘사했다. 전쟁과 국가건설을 거듭해서 연계시키고 또 전쟁을 민족국가의 창조를 위한 필수조건으로 정당화하면서, 링컨이 상징이 되는 미국과 독일 간 공동의 발전을 강조했다.[265]

1918년 사회민주당의 필립 샤이데만(Philipp Scheidemann)이 독일 공화국(바이마르 공화국)을 선포했을 때 그는 링컨의 게티스버그 연설을 다소 변형해 "모두가 인민을 위해 그리고 인민에 의해"라는 문구를 사용했다. 샤이데만은 프리드리히 에버트(Friedrich Ebert) 대통령 하에서 바이마르 공화국의 제2대 재상이 되었으며 후에 1925년 미국에서 순회강연

---

[264] Jörg Nagler, "National Unity and Liberty Lincoln's Image and Reception in Germany, 1971-1989," in Richard Carwardine and Jay Sexton, eds., *Ibid.*, p. 243.

[265] *Ibid.*, p. 243.

을 다닐 때 스프링필드에 있는 링컨의 묘지를 방문했다. 1930년 에밀 루드비히(Emil Ludwig)에 의해 600여 쪽에 달하는 링컨의 전기가 독일과 미국에서 동시에 출간되자, 그 해의 링컨 생일 며칠 후 뉴욕 타임즈(*New York Times*)는 링컨에 대한 독일의 이미지를 비춰주는 "새로운 링컨: 세계적 인물"(A New Lincoln: A World Figure)이라는 제목으로 루드비히가 쓴 3쪽의 에세이를 실었다. 여기서 루드비히는 링컨과 독일인들에게 거의 신화적 인물이 된 오토 폰 비스마르크(Otto von Bismarck) 재상 간의 상쾌한 비교를 제시했다.[266]

제2차 세계대전 종결 직후 서독의 정치인들이나 일반 대중에 의한 링컨의 언급은 찾아보기 힘들었다. 그러나 동서냉전이 시작되자 자유가 동서냉전에서 중심적 용어가 되었다. 미국인들이 자신들의 영웅적 인물들을 되돌아 보았을 때 링컨이 세계에 자유의 원칙을 대변할 이상적 인물로 보였다. 대소 봉쇄정책은 군사적이고 경제적인 동원을 넘어 소련 팽창주의에 대항하는 도덕적·정신적 동원을 포함했다. 이런 역사적 단계에서 링컨은 "하나의 중요한 정치적 수출품목"이 되었다.[267] 그리고 공산주의에 대항하는 것은

---

[266] *Ibid.*, p. 246.
[267] *Ibid.*, p. 248.

특히 소련공산진영에 맞서 최전선에 있는 서독에 대단히 중요했다. 그래서 미국정보국(the United States Information Agency)과 미국의 소리(the Voice of America) 라디오 방송은 공산주의와의 싸움에서 위대한 해방자 링컨의 말을 확산시키기 위해 강좌, 영화, 책 선물 그리고 공식적 행사 등을 위한 노력에 집중했다. 미국정보국에 의해 서독의 주요 도시들에 설립된 소위 미국의 집들(American Houses)은 문화적 프로그램들을 통해 독일인들의 재교육 센터로 활용됐다. 미국의 여러 위대한 대통령들이 미국의 집 프로그램의 표지에 등장했지만, 가장 많이 등장한 인물은 링컨이었다. 8권의 전기와 링컨의 종교에 관한 1권의 책을 포함해 1947년과 1958년 사이에 총 37권의 링컨 관련 책들이 서독에서 출판되었다. 바이마르 공화국 시대에 출판되었던 몇 권의 링컨 전기가 재발행됐고 어떤 경우엔 "민주주의의 창조력"이라는 부제가 추가되었다. 이런 저런 방식으로 링컨의 삶이 독일인들의 민주적 재교육을 위해 사용됐다.[268] 분단된 독일의 서독인들에게 링컨은 미국의 역사적 핵심 인물이 되었다.

---

[268] *Ibid.*; Ralph Willett, *Americanization of Germany, 1945-1949* (New York: Routledge, 1989), p. 55.

제2차 세계대전 후 서독에서 링컨의 중심적 장려자(promoter)는 빌리 브란트(Willy Brandt)였다.[269] 과거 나치스에 의해 박해받고 노르웨이와 스웨덴에 망명했던 그는 1957년부터 1966년까지 분단된 베를린의 시장으로 그리고 1969년부터 1974년까지 서독의 수상으로 봉직했다. "분단된 집은 설 수 없다"는 링컨의 유명한 언명이 분단된 독일에 관한 그의 정책에서 핵심적 중심사상이었다. 자서전에서 브란트는 젊은 시절부터 링컨이 얼마나 강력하게 자신의 역사관을 형성했는가를 강조했다.[270] 냉전의 와중에 브란트는 스스로 잘 알고 있었듯이 미국외교정책과 선전을 위해 중요한 인물이 되었다. 1950년대에 미국을 순방했을 때 그는 이미 유명인사였다. 미국에 머물 당시 브란트는 미국연구소(the Research Institute of America)로부터 링컨의 청동흉상을 받았다. 1959년 브란트는 스프링필드에서 열린 에이브러햄 링컨협회의 기념식 행사에 기조연설자(the key commemoration speech)로 초청받았다. 상술했다시피 46년 전 번스토르프 독일 대사가 링컨 연설을 했던 바로 그 장소였다.

---

[269] *Ibid.*, p. 249.
[270] Willy Brandt, *Begegnungen und Einsichten* (Hamburg: Hoffmann und Campe, 1976), p. 80. *Ibid.*, p. 257의 각주 50번에서 재인용.

그러나 두 번의 세계대전 후에 환경은 매우 달랐다. 브란트 뒤엔 "분단된 집은 설 수 없다"고 말하는 큰 표제가 붙어 있었다.

브란트는 자신과 독일을 위한 링컨의 유산에서 주요 개념과 전환점에 집중했다. 연설의 처음 부분에서 그는 분단된 독일 민족에 있어 국가 통일을 달성한 링컨이 얼마나 중요한 인물인지 얘기했다. 그리고 나서 독일 사회민주주의의 관점에서 링컨이 견지한 인식을 언급했다. 즉 링컨이 노동자의 친구요 지지자였다는 것이다. 그는 청중에게 링컨은 자유노동을 민주주의의 보루라고 불렀으며, 특별히 빈곤 탈출을 위해 애써 나아간 사람들을 신뢰할 가치가 있다고 간주했음을 지적했다. 그리고 이런 공정성의 정신과 기회균등에 대한 신념의 정신은 대양의 다른 쪽에서도 통용돼 왔다고 말했다. 그리고 링컨 유산의 세 번째 측면은 제2차 세계대전 후 링컨에 대한 새로운 미국적 해석을 반영했다. 즉 그는 링컨을 도덕적 지도자로서, 자유를 위한 국제적 투쟁의 전도자로서, 그리고 인권을 위한 선구자로 묘사했다. 그가 링컨의 첫 취임사로부터 "기억의 심금"(chords of memory)을 간접적으로 언급했을 때 링컨의 연설문들에 대한 브란트의 친숙함은 분명해졌다. 그는 노련하게도 링컨의 유산을 통해 국가적 문제를 세계적 냉전의 맥락으로 승화시킴으로써 미래 독일의 발전과 연계시켰다. 브란트의 연설은 링컨의 게티스버그 연설을 분단된 독일 특히 베를린의 상황에 연계함으로써 절정을 이루었다.[271] 브란트의 언어는 미국의 역사에 대한 깊은 지식 특히 링컨 유산의 다양한 측면들에 대한 심오한 지식을 반영했다. 일주일 후 타임지(*Time*)는 "베를린의 링컨 전문가"라는 표제 하에 그리고 행사 주관자가 링컨의 경우와 마찬가지로 브란트가 자유를 위한 투사라고 말한 것을 인용하면서 스프링필드의 행사에 관해 보도했다.[272] 스프링필드에서 행한 브란트의 연설은 독일 사민당에 있어 지속적 중요성을 갖게 됐다. 1960년 10월 브란트가 사민당 수상 후보로 지명되기 직전 널리 배포된 사민당의 홍보지들은 스프링필드에서 "분단된 집"이라는 표제 앞에 브란트가 서있는 장면을 담고 있었다.[273]

---

[271] Jörg Nagler, "National Unity and Liberty Lincoln's Image and Reception in Germany, 1971-1989," in Richard Carwardine and Jay Sexton, eds., *op. cit.*, p. 251.

[272] *Ibid.*, p. 251.

[273] Gaines Post, *Memoirs of a Cold War Son* (Iowa city: University of Iowa Press, 2000), p. 136.

브란트의 국제적 명성은 1970년대에 그의 동방정책(Ostpolitik)으로 부상했고, 그는 자신의 우상인 링컨과 비슷하게 상상력과 가리스마적 특징들과 연관됐다. 스프링필드에서 행한 기조연설에서부터 1989년 독일통일 과정에 이르기까지 브란트는 계속해서 링컨을 언급했다. 언론은 그가 외무장관과 수상으로서 자신의 사무실에 링컨의 흉상을 전시했다고 지적했다. 브란트와 후임 헬무트 슈미트(Helmut Schmidt) 수상은 의회, 인터뷰, 그리고 동서 양 독일의 순회 연설 등에서 링컨을 인용했다.[274] 링컨에 대한 브란트의 흔한 언급은 독일에서 자신의 정치적 이미지를 뒷받침하고 또 특히 교육받은 독일인들 사이에서 자신의 인기를 높이려는 의식적 전략의 일부였다. 그러나 이것은 그가 오직 정치적 목적을 위해서 링컨의 유산을 이용했다는 것을 의미하지는 않는다. 링컨의 유산은 미국의 선전가들에 의해서 사용되었지만 동시에 독일인들도 자신들의 정치적 목적을 추구하기 위해서 그것을 적극적으로 이용했다. 독일통일을 앞둔 수개월 동안 브란트는 동독을 방문하고, 대중 앞에서 "분단된 집은 스스로 설 수 없다"는 링컨의

---

[274] Jörg Nagler, *op. cit.*, p. 252.

말을 재차 빈번하게 인용했다. 이제 그는 사회민주주의자들이 했던 것처럼 노동자의 권리보다는 국가통일에 보다 더 링컨을 연계시켰다. 독일이 일단 통일되자 브란트는 옛 베를린 장벽과 다르지 않은 정신적 분열(mental split)이 전 독일에 여전히 만연하고, 링컨의 언명이 새로운 낯선 상황에도 여전히 적용될 수 있다는 것을 깨달았다.[275]

민족 통일국가의 수립에 늦은 독일은 항상 미국의 내전에 깊은 관심을 보였다. 독일제국은 전쟁을 통해서 달성되었다. 대서양 횡단의 맥락에서 통일과 국가건설을 그런 과정은 링컨에 대한 독일의 칭송을 심화했다. 1870~1871년 독일제국의 수립에서부터 1989~1990년 독일의 재통일에 이르기까지 국가 통일을 이룬 지도자로서 링컨의 이미지는 중요한 사회 및 정치적 역할을 수행했다. 그러나 동시에 노동자의 권리를 옹호한 자수성가한 평등주의자로서 또 전형적인 민주주의자로서 링컨의 이미지는 독일에서 특히 노동계 지도자들과 사회주의자들 및 사회민주주의자들에게 강력한 호소력을 가졌다. 링컨에 대한 독일인들의 강력한 관심은 지금까지 미국 밖의 어느 나라에서보다도 많은

---

[275] *Ibid.*, p. 253.

수의 링컨 전기들을 발간하는 형태로 나타났다. 독일 역사가들과 언론인들 그리고 정치인들은 링컨 대통령의 총체적 삶에 관한 38권에 달하는 전기를 내놓았다.[276] 그리고 미국인들이 쓴 상당한 수의 표준적 전기들도 출판됐다. 대부분의 전기들은 바이마르 공화국과 전후 서독의 시대에 나왔지만 링컨 탄생 200주년이 되는 21세기 초에도 3권의 새로운 전기들이 나왔다.[277] 이러한 사실은 독일 독자층을 여전히 흥미롭게 하는 미국의 제16대 에이브러햄 링컨 대통령의 지속적인 매력과 힘을 입증해 준다고 하겠다.

2. 이탈리아

내전으로 빠져들어가는 미국의 위기는 이탈리아의 민족 통일을 위한 전쟁의 시기와 겹쳤다. 따라서 이탈리아인들은 미국의 위기에 별다른 관심을 보이지 않았다. 오히려

---

[276] *Ibid.*, p. 253. 독일에서 2011년 현재 90권에 달하는 링컨의 전기들 중에서 39권은 번역서이다. 링컨에 관한 외국어 전기들의 현황에 관해서는, p. 302 참조.

[277] Ronald D. Gerste, *Abraham Lincoln: Begründer des Modernen Amerika* (Regenburg: Pustet, 2008); George Schild, *Abraham Lincoln: Eine Politische Biographie* (Paderborn: Schoningh, 2009); Jörg Nagler, *Abraham Lincoln: Amerikas Großer Präsident* (Darmstadt: Verlag C.H. Beck, 2009).

이 시기 미국에선 이탈리아 통일전쟁의 과정에서 전설적 인물이 된 가리발디(Garibaldi) 장군이 아주 유명했다. 가리발디의 업적은 미국인들에게 자신들의 독립투쟁 시절을 상기시켰고, 애국적이고 영웅적 장군인 조지 워싱턴(George Washington)을 부활시켰다. 가리발디는 미국으로부터 상당한 물질적 원조도 받았다. 미국은 1860년 4월 이탈리아의 새 통일국가가 공식적으로 선포도 되기 전에 이탈리아 왕국(the Kingdom of Italy)를 승인한 최초의 정부였다. 이탈리아 통일왕국의 카부르(Cavour) 정부에 대한 미국의 외교적 투자는 기대에 상응하는 보답을 받았다. 1861년 4월 3일 위리엄 스워드(William Seward) 미 국무장관은 조지 퍼킨스 마쉬(George Perkins Marsh)를 투린(Turin)에 주재할 미국의 전권공사로 임명한다고 발표했다. 그는 이탈리아를 좋아하는 인물이었다.

미국에 내전이 발발하자 이탈리아 언론 대부분이 북부의 편을 들었다. 그러나 1865년 3월 모종의 투린 지역 신문들이 한동안 연방정부에 악의적이고 악랄한 적대감을 보인 것을 두고 가리발디 장군은 연방정부를 감히 공격하는 신문들은 사자가 죽었다고 믿고 그 사자를 발로 차는 우화 속의 당나귀들 같다고 말하면서 이제 그들은 그가 장엄하게 다시 일어서는 것을 보게 될 것이며 그들은 말을 바꿀 것이라고 말했다. 그는 덧붙여 예수의 이름처럼 링컨의 이름은 인류의 역사에서 영광스런 시대의 출발을 상징하며, 자신의 가족 안에 그 위대한 해방자의 이름을 자랑스럽게 영구화하고 싶다고 말했다. 그리고 가리발디는 자신의 딸이 막 사내 아이를 출산하자 그에게 "링컨"이라는 이름을 붙여주었다.[278]

이탈리아의 열정적 공화주의자였던 마치니(Mazzini)는 링컨 암살이 지니는 선전 잠재력(propaganda potential)을 깨닫고 링컨을 전제주의에 대항해 공화주의적 자유를 위해 살다간 챔피언으로 찬양하기 시작했다.[279] 그는 링컨이 살았더라면 멕시코의 막시밀리안(Maximilian) 황제에 대항하여 미국 군대를 파병했을 것이라고 썼다. 그는 또한 과거 남부연합 주들에서 흑인의 투표권과 토지 재분배의 절대적 지지자였다. 이런 정신으로 그는 1866년 점증하는 사회주의자들의 국제노동자협회(the International Workingmen's Association)에

---

[278] Eugenio F. Biagini, "The Principle of Humanity: Lincoln in Germany and Italy, 1859-1865," in Richard Carwardine and Jay Sexton, eds., *The Global Lincoln* (New York: Oxford University Press, 2011), p. 79.

[279] *Ibid.,* p. 87.

대한 대항 세력으로 세계공화주의 동맹(the Universal Republican Alliance)을 창설했다. 이어 링컨이 미국에서 흑인들에게 했던 것처럼 유럽에서 백인들의 도덕적·지적·경제적 해방을 링컨과 연계했다. 독일에서 마르크스에게처럼 이탈리아에선 마치니에게 링컨은 경제적 자유와 기업가의 자유에 입각한 사회의 "적극적 자유" 및 "사회적 권리"의 예언자일 뿐만 아니라, 재산은 노동에 근거해야 하고 경제가 독점의 형태로 전락해서는 안 된다는 원칙과 보통 사람들을 위한 기회에 헌신적인 인물이었다.[280]

가리발디 장군도 비슷한 생각을 지니고 있었지만 마치니만큼 공화주의에 열정적이지는 않았다. 그는 미국과 영국이 미래에 특별한 관계로서 동반자가 되어 공화주의적 혁명보다는 자유를 위해 함께 나아갈 것으로 생각했다. 흥미롭게도 마치니가 그들의 역사적 행진에서 이탈리아의 우월성과 세계인민들을 이끌 특별한 소명이라는 가정 위에 서 있었다면 가리발디는 그런 주도권은 결국 미래의 영미간 동맹에 속할 것이라 인정할 준비가 되어 있었다.[281] 가리발디 장군은 그의 동시대 사람들이 어느 정도 알고 있

---

[280] *Ibid.*, p. 88.
[281] *Ibid.*

었듯이 링컨에 대해 진실한 동료의식과 감정을 가질 수 있었다. 링컨처럼 자신의 한계를 알았으며 민주주의와 국제주의가 성취할 수 있는 것에 대해서 온건하고 현실적인 기대를 갖고 있었다. 그러나 이탈리아인들의 링컨과 미국에 대한 태도 역시 다른 모든 것처럼 세월에 따라 변하기 시작했다.

3. 프랑스

미국 내전 기간 프랑스엔 링컨의 칭송자들이 많았지만 당시 프랑스의 황제 나폴레옹 3세는 결코 그들 가운데 속하지 않았다. 루이 나폴레옹(Louis Napoleon)은 내전 기간 및 내전 후에도 링컨이 지닌 이미지와 싸웠다. 왜냐하면 나폴레옹의 비판자들에겐 링컨이 영웅이었기 때문이다. 나폴레옹 3세의 정적들은 비교적 안전하게 검열 없이 간접적으로 황제를 비판하고 링컨을 찬양할 수 있었다. 바꿔 말하면 당시에 나폴레옹을 권좌에서 몰아내려는 운동에서 링컨은 간접적으로 일종의 촉매제로서 작용했다.[282] 링컨의 명성이

----

[282] Michael Vorenberg, "Liberté, Égalité, and Lincoln: French Readings of an American President," in Richard Carwardine and Jay Sexton, eds., *The Global Lincoln* (New York: Oxford University Press, 2011), p. 95.

나폴레옹의 정적들에게 일종의 탄약을 제공한다는 측면에서는 그 역할이 작았고, 또 파리에 거주하는 지식인들에게 한정되었지만, 후에 링컨을 위대한 시민으로, 즉 프랑스에서 약화되고 있었던 "자유, 평등, 박애"의 정신에 충실한 인간으로 내세우는 찬가와 팸플릿들을 작성할 신문들을 장악하는 것은 바로 이 지식인들이었다. 이것은 하나의 아이러니가 아닐 수 없었다. 왜냐하면 링컨이 프랑스인들에 의해 위대한 시민으로 칭송되었지만, 그는 프랑스인이 아니라 뚜렷하게 미국인의 형식으로 시민이었기 때문이다. 그럼에도 불구하고 프랑스인들 사이에서 그의 이미지는 1860년대 후반 좌익적 사상을 정당화하고 전파하는데 도움을 주었다. 프랑스의 급진적 사상을 채택하지 않고도, 프랑스 황제에게 손가락 하나 들이대지 않고도 링컨은 프랑스의 제2제국을 종식시키는데 도움을 주었다.[283]

한편으로 링컨과 미국의 내전이 군주제에 반대하는 나폴레옹 황제의 정적들을 단결시켰다면, 그것은 다른 한편으로 프랑스에서 민주주의의 적들을 단결시켰다. 나폴레옹 3세와 그의 지지자들이 이끄는 프랑스제국 정부는 미국의

---

[283] *Ibid.*, p. 95.

내전 중에 북부보다는 남부에 더 동정적이었다. 나폴레옹 3세는 프랑스군 장교들이 전쟁 상황을 관찰하기 위한 미 북부로의 방문을 금지했다. 그는 자신의 군대 지휘관들이 미국의 장관에 마음을 빼앗긴다면 프랑스 군대가 심히 약화될 것임을 염려했다.[284] 프랑스의 많은 위정자들은 남부를 지원하는 것이 외교적으로 이익이라고 생각했다. 그들은 영국이 남부보다는 북부를 지원하는 참전을 할 것으로 내다보고 그러면 영국군이 미국으로 분산될 것이고 그러면 영국의 힘이 약화될 것으로 생각했다. 영국의 불행이 곧 프랑스에게 좋은 것이었다. 더구나 1862년 나폴레옹 3세가 멕시코를 침공하여 프랑스가 지원하는 정부를 그곳에 수립하려는 계획을 내놓았을 때 제국의 지지자들은 남부연합에 더욱 동정적으로 기울었다. 왜냐하면 약화된 미국은

....

[284] David H. Pinkney, "France and the Civil War," in Harold Hyman, ed., *Heard Round the World: The Impact Abroad of the Civil War* (New York: Alfred A. Knopf, 1968), pp. 97–106. 나폴레옹 3세와는 달리 프로이센의 비스마르크 재상은 자국의 장교들을 미국 내전의 관찰을 위해 파견했다. 그리고 새로운 무기의 역할을 깨닫고 프로이센 군대를 무장시켰다. 그 결과 프로이센은 1870년 보불전쟁에서 전격적으로 승리를 거둘 수 있었다. 보불전쟁에 관해서는, Michael Howard, *The Franco-Prussian War: The German Invasion of France 1870-1871*, 2nd ed. (London: Routledge, 2001; originally 1961)을 참조.

먼로 독트린(Monroe Doctrine)을 지탱할 수 없을 것이며 프랑스의 개입을 저지할 수 없을 것으로 생각되었기 때문이다. 그리고 미국 남부의 엘리트들과 프랑스 정부 간 우호적 관계는 남부연합이 미합중국보다 남쪽 이웃 국가로서 프랑스 지배하의 멕시코에 대해 더 우호적으로 나오는데 도움을 줄 것으로 생각되었다.[285]

그러나 프랑스인들이 미국의 남부를 지지한 주된 이유는 경제적인 것에 기인했다.[286] 프랑스 섬유 산업의 90% 이상이 미국 남부에서 왔으며, 미국은 프랑스의 비단과 포도주를 포함해 프랑스 상품의 중대한 시장이었다. 남부 항구들에 대한 링컨의 봉쇄, 프랑스와 영국으로 하여금 남부와 동맹을 맺게 하려는 조치의 일환으로 남부연합의 제퍼슨 데이비스(Jefferson Davis)의 목화 수출금지 등으로 인해 프랑스의

---

[285] 나폴레옹 3세의 멕시코 계획과 남부연합의 반응에 대해서는, Michele Cunningham, *Mexico and the Foreign Policy of Napoleon III* (New York: Palgrave 2001); Alfred Jackson Hanna and Kathryn Abbey Hanna, *Napoleon III and Mexico: American Triumph over Monarchy* (Chapel Hill: University of North Carolina Press, 1971), pp. 61–68; Howard Jones, *Blue and Gray Diplomacy: A History of Union and Confederate Foreign Relations* (Chapel Hill: University of North Carolina Press 2010), pp. 276–320 참조.

[286] Michael Vorenberg, *op. cit.*, p. 96.

경제는 절름발이가 되었으며, 이로 인해 많은 손해를 입은 시골과 작은 마을의 사람들은 링컨을 탓했다. 내전이 종식된 후 프랑스 입법부의 자유주의자 집단이 북부의 승리를 축하하는 결의안을 제안했을 때 195명이 반대하고 찬성한 인원은 24명에 불과했다.

나폴레옹은 1862년 초까지 스페인과 영국의 반대를 무릅쓰고 멕시코에 개입했다. 남부는 나폴레옹의 침공이 남부 측에 병력을 빌려주게 되길 희망했던 반면 북부의 신문들은 그 개입에 분노했다. 그들은 한결같이 나폴레옹이 먼로 독트린으로 잘 알려진 불개입의 원칙을 위반했다고 주장했다. 나폴레옹의 멕시코 침공에 대한 미국의 비난은 프랑스에서는 제대로 수용되지 않았다. 링컨이 예비적 해방선언을 하자 나폴레옹은 미국 내전을 중재할 가능성을 러시아와 영국에 타진하기 시작했다. 양국이 모두 나폴레옹의 계획을 거부했지만 나폴레옹은 그대로 밀고 나가면서 이를 스워드 미국 국무장관에게 제안했다. 스워드는 친절하고 외교적으로 그 제안을 거절했다.[287] 링컨의 예비적 해방선언은 멕시코에 대한 나폴레옹의 개입을 가속화했다.

----

[287] *Ibid.*, p. 99.

프랑스의 자유주의자들과 공화주의자들로부터 연방정부의 명분에 대한 지지를 끌어낸 것은 링컨의 노예해방선언이 아니라 그의 암살이었다.[288]

링컨의 죽음은 나폴레옹의 반대자들에게 자신들의 불만을 공개적으로 표현할 예상치 못한 기회를 제공했다. 나폴레옹 비판자들의 펜을 통해 민주주의적 감정이 링컨을 애도하는 메시지의 형식으로 표출됐다. 빅토르 휴고(Victor Hugo)와 다른 출판인들은 링컨의 미망인인 메리 링컨에게 줄 모종의 선물을 만들기 위한 모금운동을 시작했다. 그들은 4만 명의 기부자들로부터 모금하여 "만일 프랑스가 미 공화국이 향유하는 자유를 누렸다면 수천이 아니라 수백만 명이 칭송자들로 계산됐을 것"이라고 새겨진 청동 상패를 제조했다.[289] 링컨의 죽음이 그렇게 비극적으로 그리고 세상을 진동시키는 조건으로 이뤄진 것이 아니었더라면, 프랑스의 자유주의자들과 공화주의자들은 1860년대 말에 황제에 대항해 출연한 강력한 세력으로 구체화되지 않았을 것이다. 어쩌면 링컨은 적어도 그의 사후 1870-1871년의 파리코뮌(the Paris Commune)으로 나아가는 사건들을 작동

---

[288] *Ibid.*, pp. 100–101.
[289] *Ibid.*, p. 101.

시키는데 기여했다. 물론 이런 가능성이 너무 과장돼서는 안될 것이다. 그러나 보불전쟁에서 나폴레옹의 패배가 여론을 황제에게 등을 돌리게 하는데 있어서 가장 큰 역할을 했음은 의심할 여지가 없다. 또 해방선언에서 암살의 후유증에 이르는 짧은 기간 동안 링컨은 파리에서 황제의 반대 집단들에게 하나의 강력한 상징이었다.[290] 그러나 일단 파리코뮌 운동이 시작되자 프랑스 대중의 시야에서 링컨의 이미지는 빠르게 사라졌다.

1870년대에 링컨의 이미지는 프랑스의 보다 급진적 세력들 사이에서 잊혀졌다. 왜 그랬을까? 여기에는 다음과 같은 3가지의 이유를 유추할 수 있다. 첫째, 프랑스 좌파 지식인들은 프랑스 자유주의와는 대조적으로 미국의 자유주의가 보편적이고 초역사적인 "자유, 평등, 박애"라는 개념이 아니라 역사적으로 구체적인 경제에 기초한 권리라는 보다 협소한 토대에 기초하고 있다는 그들의 의식을 떨쳐버릴 수가 없었다. 안정적 헌정질서의 챔피언으로 잘 알려진 링컨은 여전히 프랑스 혁명이라는 폭풍의 시기를 황금시대로 간주하는 프랑스 시민들에겐 상대적으로 빈약한 상

---

[290] *Ibid.*, p. 102.

징이 될 수밖에 없었다.[291]

둘째로, 군주주의자뿐만 아니라 프랑스 제3공화국의 티에르(Thiers) 대통령이 주도하는 프랑스 자유주의자들의 눈에 파리코뮌이 폭동의 성격을 띠기 시작하자 반란자들의 적으로서 링컨의 명성은 그가 지닌 다른 이미지들과 함께 빛을 잃게 되었다. 일단 코뮌이 파리를 장악하자 티에르는 링컨이 남부 분리주의자들을 진압했던 것처럼 군대를 소집하여 급진주의자들을 진압했다. 그 결과 코뮌 지지자들에게 링컨과 미국은 독재체제를 의미하게 된 것이다. 그리하여 온건한 반혁명가로서 링컨의 이미지가 프랑스 내 반공산주의 자유주의자들의 이익에 기여했을지는 모르지만, 코뮌이 몰락한 뒤에도 오랫동안 프랑스 지식인들 사이에서 강력한 세력군으로 남아있던 보다 급진적 프랑스 공화주의자들에겐 그것이 별로 소중하지 않았다.[292]

링컨이 프랑스 지식인들의 상상력 속에서 제대로 자리

---

[291] Michael Vorenberg, *Final Freedom: The Civil War, the Abolition of Slavery, and the Thirteenth Amendment* (Cambridge: Cambridge University Press, 2001), p. 57.

[292] Michael Vorenberg, "Liberté, Égalité, and Lincoln: French Readings of an American President," in Richard Carwardine and Jay Sexton, eds., *The Global Lincoln* (New York: Oxford University Press, 2011), p. 103.

잡지 못한 셋째 이유는 이들과 링컨이 시민권(citizenship)에 관해 생각하는 방식의 근본적 차이와 관련되었다. 프랑스 공화주의자들은 링컨의 "보편적 시민권"(universal citizenship)의 원칙에 대한 그들의 믿음을 공유하지 않는다는 것을 깨달았다. 그들은 특히 미국의 흑인들과 관련된 링컨의 "시민"에 대한 개념이 프랑스 혁명의 "시민"(citoyen)과 매우 다르다는 것을 알았다. 링컨은 해방선언에서 흑인들의 군복무를 승인하고 이후에도 여러 경우에 적어도 병사로서 그들의 능력을 칭찬했다. 그러나 그는 흑인 병사들을 묘사하는데 시민이라는 용어를 사용한 적이 없었다. 프랑스의 평등주의(egalitarianism)가 링컨에 아주 작은 영향을 주었다면 아마도 링컨이 프랑스의 민주화 운동에 훨씬 더 큰 영향을 주었을 것이다. 그러나 결국 일반적 파리 지식인들의 급진주의와 특히 1871년 파리코뮌의 수립은 미국인들이 관용할 수 있는 것을 넘어섰다. 프랑스인들은 그것을 알았다.[293] 그들에게 1865년에 우상적 시민이었던 링컨은 1871년에 와선 미국의 전체적인 이미지와 같이 보편적 시민권의 빈약한 상징이 되어 버렸다.

---

[293] *Ibid.*, p. 104.

4. 스페인

지난 150여 년에 걸쳐 많은 스페인 사람들이 링컨을 자기 자신들의 정치적 그리고 사회적 이상의 화신으로 간주하면서 링컨의 삶과 업적 속에서 영감을 발견했다.[294] 정치적·문화적 가치관이 현저하게 다른 스페인인들에게 링컨 대통령의 유용성이 하나의 상징으로 인지됐다는 것은 놀라운 일이다. 링컨에 대한 그들의 칭송은 보다 일반적으로 미국에 대한 스페인인들의 태도를 반영했다. 스페인과 미국 관계는 서반구에서의 경쟁과 종교적 편견 그리고 정치적으로 판이한 전통으로 인해 종종 긴장을 겪었다. 그러나 동시에 계급, 종교, 지역 및 이념적 노선에 따른 스페인 사회의 균열들이 근대성과 민주주의 및 발전의 표상으로서의 미국에 대해 여러 종류의 반응을 낳게 했다. 링컨이 민주주의적 가치를 구현하는 상징으로 이해되었던 만큼이나 정치적 상징으로서 그의 요동치는 정치적 운명이 이런 균열을 반영했다. 더구나 링컨을 영웅이나 덕스런 인물로 간주하는 스페인인들은 자신들의 사회가 결여하고 있는 특

---

[294] Carolyn P. Boyd, "A Man for All Seasons: Lincoln in Spain," in Richard Carwardine and Jay Sexton, eds., *The Global Lincoln* (New York: Oxford University Press, 2011), p. 189.

성들을 링컨에 투영하는 경향을 보였다. 따라서 그들이 링컨에게 여러 가지로 부여하는 복수의 정체성(identities)은 링컨 자체에 관해서라기보다는 자신들의 국가를 위한 근심과 가치 및 희망에 관해서 많은 것을 말하고 있는 것으로 이해할 수 있다.[295]

19세기 링컨에 대한 칭송은 스페인에서 군주제를 민주화하고 또 근대화려고 하는 반군주제 세력의 정치문화였다. 링컨을 칭송하는 스페인 개혁가들 사이에는 1845년에 수립된 스페인의 자유주의적 헌법하에서 민권 및 정치적 권리들의 제한과 스페인의 카리브 제국(the Caribbean empire)하에 아프리카 후손 노동자들의 노예화 간 밀접한 연계를 인식한 노예제도 폐지론자들이 있었다. 1860년대까지 스페인은 자국의 식민지에서 노예제도를 허용한 유일한 유럽국가였다. 따라서 그들은 스페인의 각성이 필요하다고 믿었다. 성직자들은 기독교 법률의 실현을 요구하면서 그렇지 않을 경우 노예제도가 스페인을 죽일 것이라고 주장했다. 따라서 노예제도 폐지론자들은 1860년 링컨의 대통령 당선과 다음해 초 남북전쟁의 발발을 미 공화국이 마침

---

[295] *Ibid.*, p. 189.

내 자국의 국가수립 원칙들에 충실할 것이라는 징표로 해석했다. 오랫동안 미 공화국이 노예제도의 질병을 앓고 있는 한 공화주의가 군주제에 비해 도덕적으로 우수한 제도라고 주장하기는 어려운 것이었다. 스페인의 진보주의자들은 링컨의 반노예제도가 이같은 딜레마를 해소하기 위한 노력의 일환이고 따라서 미국의 공화주의가 세계의 모든 인민들에게 모델을 제공하고 있다고 주창하는 것이 정당하게 되었다고 느꼈다.[296] 특히 노예해방이 선포되자 그들은 링컨의 리더십 역량에 신뢰감을 갖게 됐다. 그리하여 스페인 노예폐지협회(the Spanish Abolitionist Society)가 노예폐지 선포 직후에 창설되고 동 협회는 신속하게 700명에 달하는 회원들을 확보했다. 그런 와중에 링컨이 암살되자 링컨은 그들에게 자유의 원칙을 위한 순교자로 인식되었다. 링컨은 흑인들에 대한 제2의 그리스도로서뿐만 아니라 미 공화국, 나아가 전 인류의 구원자로 추모되었다. 노예제도 폐지론자들은 그러나 미국에서 노예제도의 폐지가 쿠바(Cuba)와 푸에르토리코(Puerto Rico)에서 곧바로 비슷한 결과를 가져오지 못하자 실망했다. 이후 1868년 9월 자유주의적

---

[296] *Ibid.*, p. 190.

후안 프림(Juan Prim)장군이 이끄는 군사 쿠데타가 부르봉 군주제(the Bourbon monarchy)를 종식시켰다. 이사벨 여왕 2세(Queen Isabel II)의 망명 이후 진보주의, 급진주의 그리고 민주주의 연합세력이 권력을 잡자 그들의 희망이 다시 샘솟았다. 그리고 스페인 역사에서 혁명적 섹세니엄(the Revolutionary Sexennium)이라고 알려진 다음 6년 동안 노예제도 폐지운동이 벌어졌는데 이때 미국과 링컨은 항상 판단기준이 되었다. 그들은 자유가 스페인 제국의 모든 시민들에게 보장되어야만 쿠바에서 발생했던 분리주의 반란을 패배시킬 수 있을 것이라는 그들의 주장을 뒷받침하기 위해 링컨의 "분단된 집" 연설을 인용했다. 고통받는 인류를 위한 "불멸의 링컨"(immortal Lincoln)의 희생에 대한 비유들이 종종 명시적으로 메시아적 용어의 형태로 사용됐으며, 폐지론자들의 수사학 및 시의 주제가 되었다.[297]

스페인에선 즉시 해방을 원하는 사람들과 점진적 접근 방법을 옹호하는 사람들 모두가 링컨의 견해에서 자신들의 입장에 대한 지지 요소를 발견할 수 있었다. 결과적으로 링컨의 이름은 서로 대립적 주장에 권위와 도덕성을 부여

---

[297] *Ibid.*, p. 193.

하기 위해 자주 인용되었다. 비록 노예의 수가 비교적 적었던 푸에르토리코에선 1873년에 해방이 마침내 입법화되었음에도 불구하고, 쿠바에서는 인종갈등에 대한 두려움과 설탕산업의 높은 이윤이 1866년까지 그것의 완전한 폐지를 지연시켰다. 그리하여 위대한 해방자로서 링컨의 기억은 그의 사망 후 20여 년 동안 폐지론자들의 중요한 무기로 남았었다.

민주혁명의 영웅으로서 링컨의 신화도 1866~1874년의 혁명적 섹세니엄의 열정적 부화기 속에서 비슷하게 육성되었는데, 그 시기는 새로운 민주헌법의 채택과 1873년 새 보이 왕가(the House of Savoy) 아마데오(Amadeo)왕 1세의 즉위와 퇴위 및 스페인공화국 선포, 쿠바의 분리주의자들과 국제주의자들의 반란들, 그리고 1874년 부르봉 군주제의 부활로 절정을 이룬 두 번의 군사 쿠데타를 포함하는 정치적·사회적 불안정의 시기였다. 이런 혼란들을 겪는 기간 내내 스페인의 진보주의자들은 가능한 넓은 의미에서 자유의 승리를 상징했던 링컨에 대한 그들의 칭송을 유지했다.[298] 중산층 좌익의 이념 속에서 링컨은 민주주의를 번영시킨

---

[298] *Ibid.*

도덕적이고 자아 실현적인 시민을 상징했다. 일반적으로 진보주의자들이 링컨에게서 발견하고 싶어했던 특성들은 그들이 자신들의 사회 속에서 인식한 결함들과는 정반대의 이미지를 제공했다. 링컨은 스페인 군주제의 허식과 방탕 및 무책임성과 극적으로 대비되는 검소한 미덕들을 소유한 통치자였다. 공화주의 담론에서 링컨의 삶은 민주주의의 보람, 공화주의, 양심과 표현의 자유 그리고 정치적·사회적 평등의 본보기가 되었다. 요컨대 링컨은 1868년 혁명가들이 이사벨 여왕의 군주제에 결핍되어 있었던, 그리하여 그들이 창조하고 싶어하는 새로운 스페인의 비전에 활기를 주는 정치적 가치들을 대변했다.[299] 에밀리오 카스텔라르(Emilio Castelar)와 라파엘 마리아 데 라브라(Rafael Maria de Labra)같은 저명한 링컨의 전기 작가들에게 링컨은 민주공화정이 제공하는 도덕적 우월성의 화신이었다. 그래서 그들은 링컨을 자유의 순교자, 위대한 공화국의 순교자, 무욕과 금욕 그리고 정의의 종합이라는 아이디어의 순교자라고 불렀다.[300]

그러나 1898년 스페인과 미국간의 전쟁(the Spanish-American

---

[299] *Ibid.,* p. 194.
[300] *Ibid.,* p. 199.

War)에서 쿠바와 푸에르토리코의 상실로 절정을 이룬 미국과의 긴장이 고조되면서 미 공화국에 대한 많은 칭송자들도 환멸을 느꼈다. 라브라와 카스텔라도 링컨과 미국 창설자들의 가치를 배반한 것으로 간주한 미 제국주의를 공개적으로 비난했다. 게다가 20세기 초 스페인에서 사회주의 운동의 극적인 팽창이 있었고 그 운동의 지도자들은 중산층 공화주의자들에게 매우 인기 있었던 개량주의적 개인주의를 거부했다. 진보주의자들은 이제 외국의 모델보다는 자국민의 영웅들에게 관심을 돌렸다. 1931년 신세대 진보주의 개혁자들이 정권을 잡은 제2공화국의 선포 이후에도 링컨이나 19세기의 국제적 민주주의 영웅들에 대한 담론은 발견되지 않았다.[301]

링컨의 전기가 다시 등장한 것은 1950년대와 1960년대가 되어서였다. 이 때 링컨을 내세운 자들은 보수주의적 현상유지를 비판했던 19세기의 민주주의자들과는 대조적으로 우익에서 발견되었다. 유럽 및 미국과의 관계정상화를 모색하고 또 자본주의적인 경제적 근대화를 추진하던

---

[301] Carolyn P. Boyd, *Historia Patria: Politics, History and National Identity in Spain 1875-1975* (Princeton: Princeton University Press, 1997).

프랑코(Franco) 정권이 자수성가하고 미국 내전의 지도자였던 링컨의 여러 자서전과 어린이들을 위한 링컨의 위인전 발행을 승인했다. 프랑코 정권은 단순성과 종교적 신념, 가정과 국가에 대한 충성 그리고 학습애와 같은 링컨의 도덕적 덕목들이 스페인인들을 근면하고 정치적으로 조용한 생산자와 소비자들로 전환시키려는 정권의 운동을 강화해 줄 것으로 판단한 것 같다. 뿐만 아니라 1930년대에 스페인을 분열시킨 지역적·헌정적 갈등과 묵시적 유사성을 제공하는 국가적 통일에 대한 링컨의 "분할된 집"의 연설과 헌신이 매혹적이었다. 이와는 대조적으로 1975년 프랑코의 사망과 그에 따른 민주주의로의 이양 후 스페인 학교의 전기들과 대중적 번역서들은 민주적 미덕의 본보기로서 링컨에 대한 새로운 관심을 반영했다.[302] 스페인 우익은 프랑코주의 정권의 범죄와 불의에 대한 진정한 책임을 요구하는 좌익의 점증하는 압력에 대처하기 위해 링컨을 이용하기도 했다. 2002년에 처음 발행되고 2009년에 개정판을 낸 링컨의 전기 작가이자 우익 언론인인 세사르 비달(Cesar Vidal)은 프랑코 정권하에서 탄압당했던 희생자들을 위한

----
[302] Carolyn P. Boyd, *op. cit.*, pp. 200–201.

소급적 정의를 추구하는 사람들을 암시적으로 반박하면서, 복수의 필요성 앞에 국가적 화해를 두고자 했던 링컨의 여망을 찬양했다.303 이처럼 역사적으로 다양한 정치적 세력들에 의한 다양한 링컨의 찬양과 활용의 예들을 고려할 때, 스페인에서 링컨은 일종의 "사계절의 사나이"(a man for all seasons)였다고 해도 결코 과언이 아닐 것이다.

5. 영국

미국의 제16대 대통령으로 선출된 링컨은 영국인들에게 거의 알려져 있지 않았다. 영국인들이 그가 추구하는 반노예제도와 국가통일의 목적을 항상 미국적 맥락에서 이해한 것도 아니었다. 타국 내의 갈등을 보는 어느 사람들이나 마찬가지로 영국인들은 미국의 남북 간 내전을 자국의 정치적 이익과 자신들의 기존 이념적 입장의 관점에서 보았다. 더 나아가 당시 영국인들은 특히 링컨이 내전의 중심적 문제들 중 많은 것들에 관해서, 특히 노예제도에 관해서 말이 적었기 때문에 링컨을 오해했다.304 1860년대의 많은

---

303 *Ibid.*, p. 210.
304 Lawrence Goldman, "'A Total Misconception': Lincoln, The Civil War, and The British, 1860-1865," in Richard Carwardine and

사람들과 그 이후 역사가들은 당시 귀족과 정치적 보수주의자들은 남부연합의 편을 들었던 반면 노동계급과 급진적 자유주의 동조자들, 지도자들은 북부의 편을 들었다는 폭넓은 견해를 취했다. 바꾸어 말해 영국인들의 반응은 사회적 지위와 계급의식에 의해 주로 결정됐다.[305] 그리하여 링컨은 그의 선출시 그리고 재임 기간 영국에서 과소평가 되었다.

링컨의 미합중국을 지지하는 많은 영국인들도 노예제도의 헌법적 보호 또는 노예제도를 공격하기 위해 링컨이 최고사령관의 권한 내에서만 수행해야 하는 조건을 이해하지 못했거나 알았어도 그것들을 의식적으로 무시했다. 링컨은 노예제도를 공격할 헌법상의 수단을 갖지 못했기 때문에 "군사적 필요성"(military necessity)의 교리를 자유를 위한 토대로 만들 수밖에 없었다. 노예해방의 도덕적 정당성이 들어설 자리는 없었다. 그러나 링컨이 겪은 우여곡절이나 정책 결정의 신중한 이유들은 잘 이해되지 않았다.[306] 왜냐

Jay Sexton, eds., *The Global Lincoln* (New York: Oxford University Press, 2011), p. 107.
[305] *Ibid.*
[306] *Ibid.*, pp. 113–114.

하면 영국인들은 3주간의 항해만큼이나 멀리 떨어져 있는 미국의 사태에 관해서 본질적으로 잘못 알았고 또 무지했기 때문이다. 그리하여 그들은 불완전한 정보 및 남북 간 경합과 링컨 자체에 대한 잘못된 이해에 입각해서 자신들의 입장을 취했던 것이다.[307]

링컨 사후 영국인들의 상상 속에서 링컨의 이미지는 영국인들이 갖는 미국에 대한 이미지와 정치적 조건에 따라 변했다. 미국은 지난 2세기 이상의 기간에 걸쳐 정치적·사회적 상상 속에 큰 비중을 차지했다. 링컨의 이미지는 그러한 형태로 상상된 미국의 친숙한 성분들을 반영했고 또 동시에 강화됐다.[308] 서부개척과 연계된 미국의 이미지는 링컨의 초라한 탄생과 그의 장작패기, 그의 신체적 힘과 민속적 지혜 그리고 그의 공식 교육의 결핍에 관한 이야기들로 구성됐다. 기회의 땅으로서 미국의 이미지는 링컨의 출세로 구현되었던 반면, 민주주의가 덜 부패하고 재정적으로 덜 낭비적인 정부라는 약속은 "정직한 에이브"(Honest Abe)라는

---

[307] *Ibid.*, p. 115.
[308] Adam I. P. Smith, "'The Stuff Our Dreams are Made Of': Lincoln in The English Imagination," in Richard Carwardine and Jay Sexton, eds., *The Global Lincoln* (New York: Oxford University Press, 2011), p. 124.

링컨의 명성으로 나타났다. 보다 일반적인 미국에 대한 영국인들의 이미지처럼 링컨은 외국인이면서도 친숙하지만 그래도 이국적인 "우리들 가운데 한 사람"으로 구성되었다. 이것은 1941년에 영국의 정보부(the Ministry of Information)가 내놓은 험프리 제닝스(Humphrey Jennings) 감독의 〈전투를 위한 말들〉(*Words for Battle*)에서 가장 잘 볼 수 있는데, 여기서 링컨은 미국의 상징이며 또한 영국 대의명분의 대변인이었다.

영국인과 미국인들이 근본적으로 하나의 민족이라는, 오랜 시간 동안 걸쳐 형성된 인식을 이해해야만 링컨이 어떻게 특히 20세기 전반기에 포용되었는지를 설명하는데 도움이 될 것이다. 1919년 맨체스터 가디언(*Manchester Guardian*)지가 표현했듯이, 그는 "영어를 사용하는 모든 사람들에게 구속력과 중대성을 갖고 있었다."[309] 이것은 20세기 미국에 대한 영국인들의 이미지를 형성시킨 가장 영향력 있는 사람들 가운데 한 사람의 견해이기도 했다. 그 사람은 다름 아닌 바로 윈스턴 처칠(Winston Churchill)이었다. 처칠의 저서 『영어를 말하는 사람들의 역사』(*History of the English Speaking Peoples*)는 미국의 내전에 엄청난 양의 공간을

---

[309] *Manchester Guardian*, September 16, 1919 (*Ibid.*, p. 134에서 재인용).

할애했다.[310] 처칠의 어머니는 미국 태생으로 그녀가 어린 이었을 때 링컨의 장례식 행렬이 자기의 집 앞을 지나가는 것을 목격했다고 전해진다. 그리고 링컨이라는 인물은 세상에 대한 처칠의 개념형성에 상당히 크게 영향을 미쳤던 것으로 보인다. 처칠의 어린 시절 기억 가운데 하나는 〈펀치〉(Punch)지에서 링컨 무덤의 차가운 대리석 위에 대영제국을 상징하는 여인상(Britannia)이 울면서 헌화하는, 아주 강력한 인상을 주는 시사 풍자화(cartoon)의 우연한 발견이었다.[311]

링컨의 이미지는 그의 생존 시기 미국에서처럼 영국에서 당파성과 밀접하게 연관됐다. 당시 기득권층을 대변했던 런던 타임지(Times)는 링컨을 무시하는 비판자들 중 하나였으며, 자유주의자들과 급진주의자들에게 링컨은 19세기 위대한 명망가들 가운데 한 사람이었다. 영국에서 어쩌면 가장 대표적인 링컨의 옹호자였던 존 브라이트(John Bright)는 "만일 남부연합이 승리한다면 유럽의 민주주의엔 재갈이

---

[310] Winston Churchill, *History of the English-Speaking Peoples: The Great Democracies* (London: Cassel, 1956).
[311] Martin Gilbert, *Churchill and America* (New York: Simon and Schuster, 2008), pp. 4, 9.

물리고 영원히 침묵에 빠질 것"이라고 경고했다.³¹² 1920년대 최초의 노동당 수상인 램지 맥도널드(Ramsay MacDonald)는 링컨의 그림자가 노동당을 대변하는 자신들과 어떻게든 연계되어야 한다고 여전히 말할 수 있었으며, 1960년대 해롤드 윌슨(Harold Wilson) 수상 역시 링컨을 자신의 연설에서 상기할만한 유용한 인물로 인식했다.³¹³

19세기 말 자유주의자들과 보수주의자들은 다같이 링컨에게서 어떤 대가를 지불하더라도 정부를 보전하자는 인상적 결의를 발견했다. 당시 아일랜드의 자치(Irish Home Rule) 요구를 저지하려는 영국의 정치인들은 링컨을 카부르(Cavour)와 비스마르크(Bismarck)에 종종 비교하기도 했다. 이 새로운 영국의 링컨 애호가들은 링컨의 유산이란 자유와 법은 하나이며 분리될 수 없는 것임을 보여주었다고 주장했다. 사회주의의 부상에 직면한 그들에게 필요한 링컨의 이미지는 수작업 노동자로 삶을 시작했지만 계급의 언어를 몰랐던 정치가였다. 영국에서 링컨의 우상화(the cult of Lincoln)에 가장 기여한 것은 극작가 조지 버나드 쇼(George Bernard Shaw)가 지적했던 것처럼 1916년 옥스포드에서 교육

---

³¹² Adam I. P. Smith, *op. cit.,* p. 125에서 재인용.
³¹³ *Ibid.,* p. 126.

받은 귀족 찬우드 경(Lord Charnwood)에 의해 발행된 링컨의 전기였다.[314] 평생 링컨의 칭송자이었던 찬우드 경은 미국의 제16대 대통령이 당시 전쟁을 당해 정신적 정박지가 필요한 영국 대중들의 욕구를 달래준다고 믿었다. 어떤 의미에서 찬우드 경의 링컨은 그의 사망 이후 수십 년 동안 그를 열정적으로 찬양했던 급진주의자들과 노동계급 지도자들에게 즉각적으로 인정받았던 것이다. 이리하여 링컨은 본질적으로 민주주의의 영웅으로 남았다.[315]

제1차 세계대전 종결 이후 영국의 맨체스터(Manchester)에서 당시 언론과 기성 정치인들에게 거의 전적으로 무시된 동상 제막식이 있었는데, 조지 버나드 쇼는 이 링컨의 동상이 성인(a saint)의 이미지이자 링컨 영혼의 거울을 대변한다고 말했었다.[316] 그러나 다음 해인 1920년 7월 의회광장(Parliament Square)에서 열린 링컨 동상의 제막식엔 데이비드 로이드 조지(David Lloyd George) 수상과 수많은 명사들이 참

---

[314] Godfrey Rathbone Benson (1st Baron Charnwood), *Abraham Lincoln* (London: Constable, 1916). 찬우드 경의 전기가 영국인에 의해 발행된 최초의 본격적인 전기는 아니었다. 1907년에 헨리 빈스(Henry Bryan Binns)가 *Abraham Lincoln* (London: Everyman Library)을 출간했었다.

[315] Adam I. P. Smith, *op. cit.*, pp. 129–130.

[316] *Ibid.*, p. 132.

석했다. 당시 연설자들 중 한 사람이었던 브라이스 경(Lord Bryce)은 단상에서 미국 대사를 바라보며 "그는 당신들의 것인 만큼이나 우리의 것입니다"라고 선언함으로써 뜨거운 호응을 이끌어냈다.[317] 이 제막식에 참석했던 많은 사람들은 의심할 여지없이 당시 공연 중이었던 존 드링크워터(John Drinkwater)의 엄청난 흥행을 거둔 연극 "에이브러햄 링컨"을 관람했다. 찬우드 경이 쓴 링컨 전기가 흥행했더라도, 보다 많은 사람들이 드링크워터의 연극을 관람했을 가능성이 크다는 점에서, 어쩌면 이 연극이야말로 20세기 전반기 영-미의 링컨을 특징짓는 가장 효과적인 선전으로 간주될 수 있을 것이다.[318]

1939년 제2차 세계대전이 발발하자 링컨은 영국 사회에서 다시 필요하게 된 것처럼 보였다. 전쟁이 막 시작되었을 때 헨리 폰다(Henry Fonda)가 주연하는 존 포드(John Ford) 감독의 영화 "젊은 날의 링컨"(*Young Mr. Lincoln*)이 개막되었다. 전쟁 기간 중 영국의 BBC는 적어도 서로 다른 3편의 링컨을

----

[317] *Ibid.*, p. 130에서 재인용. 이 말은 거의 40년 후인 1959년 빌리 브란트 서베를린 시장이 다시 함으로써 유명하게 되었다. 앞서 논한 독일 부분을 참조.
[318] *Ibid.*, p. 131.

다루는 드라마를 제작했으며, 1944년의 링컨 탄생일엔 야심찬 프로그램을 방영했는데 그것은 일리노이 스프링필드에서 행한 미국 부통령 헨리 월리스(Henry A. Wallace)의 링컨 기념일 연설과 웨스트민스터 대성당(Westminster Abbey)의 대주교가 행한 링컨의 유산에 관한 설교 그리고 의회광장의 링컨 동상 옆에서 젊은 보수당 의원이었던 퀸틴 호그(Quintin Hogg)가 링컨과 민주주의 및 자유의 명분에 관해 나눈 대담을 모두 함께 묶은 것이었다. 1940년엔 드링크워터의 연극이 웨스트엔드(West End)에서 재개되어 전쟁이 끝날 때까지 독일의 기습공격 기간 내내 그치지 않고 공연되었다.[319]

1960년대 초 미국 남북전쟁 100주년을 맞아 드링크워터의 연극 재개를 포함해 링컨에 대한 관심이 일시적으로 급등하고, 또 케네디 대통령 암살 여파로 인해 링컨과 관련된 기사들이 쏟아져 나왔지만 전후의 시기에 링컨은 영국의 공적 삶에서 그가 한 때 차지했던 가시적 위치로부터 서서히 사라졌다. 영국인들의 상상력을 대규모로 장악했던 링컨의 힘이 사라졌다는 것은 링컨이 한 때 수행했던 기능을 다른 인물이 수행하고 있기 때문인 것으로 볼 수 있다. 링컨을

....

[319] *Ibid.*, p. 132.

처음 기념했던 급진적 정치문화가 영국에서 사라져 버린 지도 오래 되었지만 링컨이 수행했던 역할, 즉 영웅 정치가로서의 그의 역할이 어떤 의미에선 윈스턴 처칠(Winston Churchill)에 의해 계승된 것이다.[320] 링컨처럼 처칠은 전후 시기의 영국에서 결연함과 민주주의 정신의 화신이 되었다. 그렇다고 링컨이 영국인들에게 완전히 잊혀진 것은 아니었다. 1985년 2월 20일 당시 마거릿 대처(Margaret Thatcher) 영국 수상은 미 합동의회에서 행한 연설에서 미국의 제16대 링컨 대통령의 두 번째 취임사 중 유명한 마지막 문단을 인용하면서 영-미 양국이 링컨의 비전을 공유하며 함께 전진할 것을 호소하면서 연설을 맺었다. 이제 영국인들과 미국인들에게, 윈스턴 처칠(Winston Churchill)의 용어를[321] 빌려 표현한다면, 링컨은 "영어를 말하는 사람들"에게 마침내 특별한 공통의 역사적 영웅이 되었음을 의미하게 되었다고 말할 수 있을 것이다.

----

[320] *Ibid.*, p. 134.
[321] 대처 수상이 윈스턴 처칠을 숭배했음은 잘 아려진 사실이다. 대처 수상은 하원의원시절부터 처칠의 초상화를 자신의 사무실에 걸어두었다. Margaret Thatcher, *The Downing Street Years* (New York: HarperCollins, 1993), p. 23.

6. 웨일즈와 아일랜드

 웨일즈(Wales)인들은 링컨 시대 훨씬 이전부터 미국의 자유주의적 아이디어와 밀접한 관련이 있었지만 그곳에서도 링컨의 명성은 당연히 미국 내전의 산물로 인한 것이었다. 웨일즈인들은 노예제도의 종식을 위한 링컨의 헌신이 가지는 효과를 처음에는 확신하지 못했지만 해방선포 후에 링컨의 위상은 확실해졌다. 링컨은 웨일즈인들의 단순한 영웅이 아니었다. 링컨의 생모 낸시 행크스(Nancy Hanks)를 통해 그는 실제로 웨일즈인으로 여겨졌다. 링컨의 부인 메리 토드 링컨(Mary Todd Lincoln) 여사 역시 웨일즈의 후손이라는 주장도 있었지만 확인된 증거는 없으며 족보학자들에 의해서도 수락되지 않았다.[322] 링컨의 명성은 내전이 진행되면서 구축되었다. 웨일즈인들도 결국은 영국인들이어서 처음엔 파머스톤(Palmerston) 영국수상의 정책에 어느 정도 공감했었다. 그러나 전환점은 1863년 초 노예해방 선포였다. 그때부터 거의 모든 정치적 그리고 종교적 지도자들에게 미합중국의 명분은 의문의 여지없는 도덕적 순수성을 갖게 되었다.[323] 링컨에 대한 초기의 주저함은 모두 사

---

[322] William E. Barton, *The Lineage of Abraham Lincoln* (New York: Bobbs-Merill, 1929) 참조.

라졌다. 1864년 링컨의 재선은 웨일즈의 언론과 설교단상에서 자유의 이상을 위한 일격으로 보편적으로 환영받았다. 이제 링컨은 웨일즈 개혁 운동들이 찬양하는 민주주의 원칙을 구현하는 것으로 보였다. 그리고 전쟁 후 링컨의 "순교"는 강력한 감정적 충격을 주었다. 그들에게 링컨의 죽음은 제2의 십자가에 못박힘으로 간주됐다. 링컨에 대한 우상화가 웨일즈인들 속에서 서서히 진행됐다.[324]

지금까지 웨일즈인들 가운데 가장 중요한 링컨 전문가는 데이비드 로이드 조지(David Lloyd George)였다. 링컨이 1914년 이전 급진적 민주주의자로서의 로이드 조지에게 영향을 미쳤다면, 제1차 세계대전 당시 자유당 지도자로서 그리고 1916년 12월 전쟁 중 영국 수상이 되었을 때 링컨은 그에게 보다 강력한 영향을 끼쳤다. 그는 링컨을 위대한 영국의 우상으로 선포했으며 링컨의 위대성을 드러내는 여러 측면들을 그의 대화와 연설에 등장시켰다.[325] 링컨에

---

[323] Kenneth O. Morgan, *"Kentucky's 'Cottage-Bred Man': Abraham Lincoln and Wales,"* in Richard Carwardine and Jay Sexton, eds., *The Global Lincoln* (New York: Oxford University Press, 2011), p. 143.
[324] *Ibid.*, p. 145.
[325] *Ibid.*, p. 147.

대한 로이드 조지의 애정은 그의 수상직이 끝났을 때 절정에 달했다. 그는 1923년 10월 링컨에 관해 연설하기 위해 일리노이주 스프링필드까지 여행했으며 게티스버그와 리치몬드까지 방문했다. 웨일즈에서 링컨의 명성은 1868년 선거이래 영국을 지배했던 자유주의자들 사이에서 진실로 우상에 가까웠다. 그러나 1918년 노동당에서 점차 강력해진 웨일즈의 노동계급은 결코 동일한 열정을 공유하지 않았다. 그들은 링컨을 마르크스가 그랬던 것처럼 일종의 노동계급의 영웅으로 간주하는 초기 독일 사회민주주의자들의 견해에 동조하지 않았다. 영국 내의 다른 곳에서와 마찬가지로 웨일즈의 좌익은 점차 미국을 민주주의의 마지막 최선의 희망으로 보지 않고 자본주의의 요체로 인식했다. 그리하여 1920년대부터 웨일즈의 정치 및 사회적 삶에서 노동당의 지배는 중앙 무대로부터 링컨의 후퇴를 목격했다.[326] 그럼에도 불구하고 1860년대부터 근대 웨일즈의 정치는 내용과 스타일 면에서 영국의 것과 달랐다. 따라서 여느 세계의 자유시민들처럼 웨일즈인들에겐 링컨에 대한 자신들만의 독특한 조망이 있었다.

---

[326] *Ibid.*, p. 152.

아일랜드(Ireland)에서도 링컨의 암살은 비상한 슬픔을 자아냈다. 이곳에서 링컨의 사후 이미지는 여러 가지 형태로 존재했던 당시 영국의 헌정조직에 의해서 정의된 맥락 속에서 이루어졌다. 링컨의 전쟁 목적이 미합중국의 통합을 보전하기 위한 것이었다면 아일랜드는 통합된 영국의 일부였다. 그리하여 영국과 아일랜드의 통합을 유지하지 위해서 싸울 준비가 되어 있는 사람들이 있는 반면에 그것을 파괴하려는 노력에 자신의 생명을 포기한 사람들도 있었다. 아일랜드의 통합주의자들은 아일랜드 민족주의자들이 독립은 물론이고 지역자치의 권리마저 부인하면서 연합왕국(the United Kingdom)을 보존하려는 노력으로 링컨을 인용했다.[327] 그러나 이와는 대조적으로 아일랜드의 민족주의자들은 신교의 얼스터(Protestant Ulster) 지역이 분리할 권한을 갖지 못하게 될 자유 통일 아일랜드에 대한 자신들의 믿음을 정당화하기 위해서 링컨에 의존했다.[328] 대부분의 민족주의자들은 통합을 인위적이고 강압에 의한 것으로 간주했다. 지배적인

---

[327] Kevin Kenny, "'Freedom and Unity': Lincoln in Irish Political Discourse," in Richard Carwardine and Jay Sexton, eds., *The Global Lincoln* (New York: Oxford University Press, 2011), p. 157.
[328] *Ibid.*, p. 157.

온건파들은 영국 군주 하에서 그리고 대영제국 내에서 입법적 자치, 즉 자치정부(Home Rule)를 요구했다. 급진적 공화주의파 소수는 필요하다면 무력을 통해서라도 완전히 통일된 아일랜드 공화국을 원했다. 영국정부의 관리들과 통합주의자들로부터 온건한 민족주의자들과 강경한 공화주의자들에 이르기까지 "아일랜드 문제"(Irish Question)의 모든 당사자들이 일관성보다는 유용성이 정치적으로 효과적인 역사적 기억의 검증서임을 과시하면서 기회가 있을 때마다 링컨을 이용했다.[329] 영국(the United Kingdom)과 미국(the United States of America)의 비유는 1886년 영국의 윌리엄 글래드스톤(William Gladstone) 수상이 아일랜드의 자치정부(the Irish Home Rule)에 대한 지지를 선언했을 때 거세게 등장했다.[330] 그 이후에도 아일랜드 문제 그리고 후의 북아일랜드(the Northern Island) 문제가 재발하고 정치적 논쟁이 이루어질 때 링컨의 이름은 당면 문제의 성격에 따라 공화주의자나 민주주의자 아니면 통합주의자 등 여러 가지 형태로 빈번하게 등장했다.[331]

---

[329] *Ibid.*, p. 158.
[330] Roy Jenkins, *Gladstone: A Biography* (New York: Random House, 2002), pp. 547–555.

III. 라틴 아메리카에서

링컨의 이름은 세계의 어느 곳에서보다 라틴 아메리카에서 훨씬 더 강력하게 울려 퍼졌다.[332] 라틴 아메리카인들에겐 순교로 해석된 링컨의 암살은 특히 쿠바, 아르헨티나 그리고 칠레에서 공적 애도의 표현을 일으켰다. 링컨은 19세기 후반 라틴 아메리카에서 우상적 인물이 되었으며 지금까지도 그렇다. 대부분의 라틴 아메리카 도시들엔 "링컨 거리"(Lincoln street)가 있고, 아르헨티나와 쿠바엔 링컨의 이름을 가진 마을들이 있다. 아르헨티나의 정치인 도밍고 사르미엔토(Domingo Sarmiento)가 1865년 5-6월 워싱턴에 머무는 동안 편집해 발행한 링컨의 전기(*Vida de Abraham Lincoln*)가 수십 년 동안 라틴 아메리카 독자들에게 링컨에 관한 주된 원천이었다.[333] 이 전기는 여러 차례 재발행되면서 라틴 아

---

[331] Kevin Kenny, *op. cit.*, p. 170.
[332] Nicola Miller, "'That Great and Gentle Soul': Images of Lincoln in Latin America," in Richard Carwardine and Jay Sexton, eds., *The Global Lincoln* (New York: Oxford University Press, 2011), p. 206.
[333] 서둘러 발행된 이 전기에서 사르미엔토는 서문과 결론의 일부 그리고 라틴 아메리카 독자들을 위한 몇 문단의 해석만을 직접 썼을 뿐이고, 책의 나머지 모든 부분은 그의 비서이며 바르톨로메 미트레(Bartolome Mitre) 대통령(1862-1868)의 아들인 바르톨리토 미트레

메리카 지식인들의 서재를 차지하며 교육받은 자들 사이에 널리 보급되었다.[334] 당시 라틴 아메리카에선 군주제에 대항하여 공화주의를 방어하는 것, 환언하면, 구(舊)세계에 대항하여 신세계의 가치를 방어하는 것이 시대적 사명으로 떠올랐다. 전 지역에 걸쳐 자유주의적 국가 건설자들에게 링컨을 그렇게 칭송하지 않을 수 없게 했던 것은 심지어 전쟁의 와중에도 공화주의적 이상을 방어할 민간인들의 힘을 지탱해가는 그의 능력이었다.[335]

쿠바의 시인이며 언론인이자 독립운동가인 호세 마르티(Jose' Marti)는 사르미엔토와는 달리 링컨의 이미지를 부패하지 않은 "자연인"(a Natural Man)으로 재정립했다. 1895년 발진된 제2의 쿠바독립전쟁의 지도자로서 마르티는 링컨을 신념을 위해 기꺼이 싸우는 인물로 찬양했다. 주권을 위한

(Bartolito Mitre)에 의해 두 권의 밝히지 않은 미국의 전기들을 번역한 것이었다. 후에 이 두 권의 원전은 Frank Crosby, *Life of Abraham Lincoln, Sixteenth President of the United States* (Philadelphia: John E. Potter, 1865)와 당시에 익명으로 발행된 David B. Williamson, *Illustrated Life, Services, Martyrdom, and Funeral of Abraham Lincoln* (Philadelphia: T.B. Peterson & Brothers, 1865)으로 밝혀졌다.

[334] Nicola Miller, *op. cit.*, p. 207.
[335] *Ibid.*, p. 210.

쿠바의 투쟁은 노예제도의 정치와 밀접한 관련을 맺게 되었다. 미국의 내전은 노예제도에 대한 자유의 승리로 해석되었다. 마르티는 라틴 아메리카인들로 하여금 자신들의 역사와 문화를 도외시하게 만드는 유럽식의 대학들을 비난했다. 그에게는 링컨이 자율학습자로서, 링컨의 지혜가 공식 교육이 아니라 경험에서 비롯된 것이라는 점이 중요했다.

링컨의 자율학습주의에 대한 관심은 20세기에 접어들어서도 라틴 아메리카에서 계속 확산됐다. 링컨의 자연인으로서의 이미지는 커다란 영향력을 가진 우루과이(Uruguay)의 문화이론가 호세 엔리크 로도(Jose' Enrique Rodo)가 이어받았고, 그는 적어도 30여 년 간 라틴 아메리카와 미국의 차이에 대한 논쟁의 기본 내용을 수립했다. 마르티에게처럼 로도에게도 링컨은 경험으로부터 지혜를 얻는 사람이었다. 이 우루과이 이상주의자의 주된 염려는 라틴 아메리카 사회가 미국과 같이 부정적인 물질주의적 가치로 지배되지 않도록 하는 것이었다.[336] 로도가 이끄는 실증주의와 물질주의에 대항하는 라틴 아메리카의 반작용은 1898년 스페

---

[336] *Ibid.*, pp. 211–212.

인과 미국 간의 전쟁 후 그 지역에서 미국 개입주의가 부상하면서 더욱 복잡한 양상을 띠게 됐다. 1903년 파나마 공화국(the Republic of Panama) 건국에 미국이 개입하자 콜롬비아(Colombia)의 지식인 카를로스 알베르토 토레(Carlos Alberto Torre)는 미국 정부가 세계를 야만주의로 되돌아가게 했다면서 콜롬비아인들은 지협(the isthmus)을 잃었지만 미국은 명예를 잃었다며 다음과 같이 개탄했다. "오 링컨이여! 오늘이야말로 당신이 진정으로 암살당한 날입니다."[337]

1920년대에 와선 라틴 아메리카의 사실상 거의 모든 지도자들이 미국의 먼로 독트린(the Monroe Doctrine)을 미 제국주의의 도구로 간주하게 되었다. 이에 따라 링컨은 그의 모든 후임자들에 의해서 불명예스럽고 천박하게 되었다고 여겨졌으며, 또 미국 국부들(the Founding Fathers)이 제시한 이상들의 마지막 옹호자로 널리 인식되었다. 일반적으로 라틴 아메리카에서 링컨에 대한 논쟁은 그다지 많지 않았다. 이곳에서 링컨은 구체적으로 미국적 가치의 상징으로서보다는 남북 아메리카 대륙의 위대한 인물 가운데 한 사람으로 간주되었고, 통상적으로 근대 공화주의에 대한 전(全)서

---

[337] *Ibid.*, p. 213.

반구의 포괄적인 헌신을 대변한다고 하겠다.[338]

IV. 아프리카에서

아프리카의 선교 교육자들에 의해 알게 된 링컨의 이미지나 유산은 젊은 아프리카인들에게 그들의 자유와 식민 해방을 위한 염원의 상징으로 다가갔다. 아프리카인들은 1880년대 중엽에서부터 1960년대까지 유럽의 식민주의에 대항하는 하나의 자원으로 링컨을 받아들였다. 그들에게는 링컨이 노예제도의 종식을 주재했다는 사실이 매우 중요했다. 아프리카인들의 마음 속에서 링컨의 이미지는 독립 혁명 시대의 미국 국부들을 거의 대치하는 것이었다. 아프리카에서 링컨은 가장 잘 적용되는 우상임을 입증했다.[339] 식민지의 굴욕 속에서 특히 20세기 중엽에 성인이 된 민족주의자 세대의 젊은 아프리카인들에게 링컨의 이미지는 독립과 문화적 정체성 및 도덕적 권위를 위한 투쟁 과정에

---

[338] *Ibid.*, p. 218.
[339] Kevin Gaines, "From Colonization to Anti-colonialism: Lincoln In Africa," in Richard Carwardine and Jay Sexton, eds., *The Global Lincoln* (New York: Oxford University Press, 2011), p. 261.

서의 중요한 자원이었다.

어린 시절 감리교회 신자였고 영국의 식민지 교육을 받았던 남아프리카의 넬슨 만델라(Nelson Mandela)는 에이브러햄 링컨이 자신의 리더십 모델이라고 말하면서, 1940년대 초 해방운동의 요체였던 포트 헤어 대학교(the University of Fort Hare)의 학생이었을 때 링컨의 생애를 다룬 연극에서 자기가 링컨의 암살범인 존 윌키스 부스(John Wilkes Booth) 역을 맡았던 것을 회고했다.[340] 같은 1940년대 케냐(Kenya)에서 기쿠유(Gikuyu) 대학생들은 영국 식민지 교육에 저항하는 커리큘럼의 일부로 링컨의 노예해방 선포문을 암송해야 했다. 이 과제를 통해 모든 학생들은 해방자인 동시에 총사령관의 역할을 해볼 기회를 가졌다. 그런 순간에 케냐의 학생들과 교사들은 억압돼 온 자신들의 반식민주의 염원을 목소리로 내면서 링컨의 선언을 저항의 순간으로 간주했다.[341]

1930년대에 링컨 대학교(the Lincoln University)의 노력을 통해 거룩한 해방자의 이름이 해방을 염원하는 서아프리카인

---

[340] Richard Stengel, *Mandela's Way: Fifteen Lessons on Life, Love, and Courage* (New York: Crown Publishers, 2010), p. 83.
[341] Kevin Gaines, *op, cit.*, pp. 263–264.

들의 교육 및 훈련과 연계되었으며, 그들 중 몇 사람은 독립 후 아프리카 국가들의 지도자가 되었다. 나이지리아(Nigeria) 대통령 은남디 아지키웨(Nnamdi Azikiwe)와 가나(Ghana)의 수상 크와메 은크루마(Kwame Nkrumah)가 링컨 대학교의 가장 탁월한 졸업생들이었다. 링컨 대학교에서 은쿠르마와 아지키웨는 미국의 흑인학생기구와 활동했고 그 학교의 노예완전폐지주의적 대중문화에 익숙했으며 의심할 여지없이 에이브러햄 링컨에 대한 미 흑인들의 뒤섞인 감정을 잘 알고 있었다.[342] 줄리어스 니에레레(Julius Nyerere) 탕가니카(Tanganyika) 수상은 아프리카 토착민, 남아시아인 및 아랍인들을 포함시킬 탕가니카 국가의 시민권을 위한 자유주의적이고 비인종적 관념에 바탕한 선거운동의 영감을 링컨에게서 찾았다. 모든 인간이 평등하게 태어났다는 링컨의 헌신 속에서 전례를 발견한 것이다. 런던에 있는 가나의 고등판무관이었던 크웨시 아르마(Kwesi Armah)는 미소 간 냉전에서 가나의 중립을 옹호하기 위해 링컨의 어록에 크게 의존했다. 초강대국들이 핵 재앙을 피해야 한다는 아르마의 호소에 링컨이 인용되었다. 게티스버그 연설문을 인용하면서 아르마는 가나가 자

[342] *Ibid.*, p. 264.

유의 새로운 탄생을 맞이하게 될 것이며 단지 미국적 민주주의의 실험이 아니라 지구상 생명의 생존이 달려있다고 주장했다. 그리고 그는 "분단된 세계는 스스로 설 수 없다"는 링컨의 말을 원용했다. 링컨을 인용하는데 있어서 아르마는 그의 상관인 은크루마의 본보기를 따랐다.

당시 은크루마는 링컨의 이미지 및 기억과 가장 깊이 연관된 아프리카의 지도자였다. 교육을 위해 미국을 선택한 그는 나이지리아의 아지키웨처럼 영국에서 고위 학위를 추구했던 당시 친영(親英) 아프리카인들과는 길을 달리했다. 은크루마는 영국에서의 교육이 그의 반식민주의 열정을 꺾을지 모른다는 아지키웨의 충고를 가슴 깊이 새기고, 1935년부터 10여년 동안 미국에 거주하면서 펜실베니아 대학교에서 석사학위를 취득했다. 수년 후 신생국 가나의 수상으로서 미국에 돌아왔을 때 은크루마는 미 흑인 군중의 열렬한 환영을 받았다. 식민주의의 강력한 비판자로서 그는 아프리카 대륙의 완전한 해방이 없이는 가나의 독립 또한 의미가 없다고 주장했다.[343] 그는 1958년 미국 방문

---

[343] Kevin Gaines, *American Africans in Ghana: Black Expatriates in the Civil Rights Era* (Chapel Hill: University of North Carolina press, 2006).

중 링컨 기념관을 방문해 헌화했고 거대한 링컨의 동상 앞에서 여러 장의 사진을 찍었다. 미국정부의 요청에 따라 은크루마의 링컨 기념관 방문은 1959년 링컨의 탄생 150주년을 기념하는 가나의 우표 발행으로 축하되었다. 링컨 암살 100년을 맞은 1965년에도 가나는 4종류의 기념 우표들을 발행했다.[344]

은크루마에게 미합중국은 아프리카의 통일을 향한 그의 비전의 모델을 제공했다. 은크루마는 1963년 『아프리카는 통일해야 한다』(*Africa Must Unite*)라는 책을 발행했는데, 그 시기가 우연히도 에티오피아(Ethiopia)에서 개최된 아프리카 통일기구(the Organization of African Unity)의 창설 모임과 일치하였다. 그리고 이 책은 아프리카와 서방 세계에서 은크루마의 아프리카 대륙 통일정부 모색을 위한 이념적 중심체가 됐다. 그에게 링컨은 근대 미합중국의 진정한 창설자였으며 거대한 산업력의 건축가였다. 그는 링컨의 최종적 해방의 포용이야말로 완전한 자유가 아프리카 통일을 위해 필수적이라는 범아프리카(Pan-Africa)의 입장을 정당화한다

---

[344] Kevin Gaines, "From Colonization to Anti-colonialism: Lincoln In Africa," in Richard Carwardine and Jay Sexton, eds., *The Global Lincoln* (New York: Oxford University Press, 2011), p. 266.

고 주장했다. 나아가 그는 미국의 지속과 미국의 산업팽창 간 직접적인 관계를 강조했다. 그러나 아프리카 통일의 미덕과 필요성에 대한 은크루마의 주장은 충분한 수의 동료 아프리카 국가들의 원수들을 설득하기에는 역부족이었다. 미국과 서방세계에 점차로 대결적 입장을 취했던 은크루마 정부는 결국 1966년 해외 체류 중 군사 쿠테타에 의해서 전복되었다. 망명지에서도 그는 아프리카 해방의 주도적 대변자로 남았다. 그러나 그 후 그의 정치적 글에서 링컨에 관한 이야기는 어느 곳에서도 발견되지 않았다.[345] 이후 링컨에게서 자신의 정치적 의제를 위한 본보기를 추구한 다른 아프리카의 지도자들은 보이지 않았다.

아프리카의 지도자들 사이에서 링컨의 순간은 덧없었다. 1992년 27년 간의 감옥생활에서 풀려난 넬슨 만델라(Nelson Mandela)만이 링컨에 버금가는 희생과 화해의 보편적 상징이 되었다. 그리고 국가적 화해의 에이전트(agent)로서 링컨이 있었다. 탈인종분리주(post-apartheid)의 남아프리카(South Africa)에서 비슷한 역할을 한데 대해 데스몬드 투투(Desmond Tutu) 주교가 2008년 일리노이 스프링필드에서 링컨대통령

---

[345] *Ibid.*, p. 268.

도서관 및 박물관의 링컨 리더십상(Lincoln Leadership Prize)을 수상했다. 비슷하게 엘렌 존슨 설리프(Ellen Johnson Sirleaf) 라이베리아(Liberia) 대통령이 30여 년에 걸친 내란 후 민주주의로의 이양을 위한 과정에서 영감을 준 링컨을 자유의 옹호자로 칭송했다. 링컨에 대한 찬양으로 잘 알려진 오바마(Barack Obama) 대통령과 함께 아프리카인들 사이에서 링컨에 대한 관심이 부활할 가능성이 있었지만, 아프리카인들은 대체로 오늘날 자신들이 직면한 문제들과 도전에 링컨은 무관하다고 보는 것 같다.[346]

V. 아시아에서

1. 인도

영국 식민지 통치하에서 인도의 엘리트들이 미국보다는 영국의 학술과 정치에 더 친숙했던 것은 전혀 놀라운 일이 아니었으며, 미국의 작가들이 인도에 알려졌다고 볼 만한 근거 역시 별로 없다. 1901년에 가서야 최초의 인도 학생들이 미국 땅을 밟았다. 주로 민족주의적 입장을 대변하는

------

[346] *Ibid.*, p. 270.

기구인 인도국가의회(the Indian National Congress)의 상당수 회원들이 영국에서 법률 공부를 했던 사람들이었다. 1885년 인도국가의회의 창설을 주도했던 인도의 초기 민족주의자들의 글들은 에드먼드 버크(Edmund Burke), 데이비드 흄(David Hume), 존 스튜어트 밀(John Stuart Mill), 제러미 벤담(Jeremy Bentham)과 같은 영국의 철학자들과 사상가들이 쓴 작품과의 익숙함 그리고 심지어 영국 내 지성적 삶의 형세와의 친밀함까지 보여준다.[347]

법률자격증을 획득하기 위해 1880년대 이너 템플(the Inner Temple)에 왔던 모한다스 간디(Mohandas Gandhi)는 아마도 그간 인도, 특히 벵갈(Bengal)의 지성적 엘리트를 특징지었던 친(親)영국주의로부터 벗어난 자기 세대의 첫 인물이었다. 정확하게 간디가 어떻게 링컨에 관해 알게 되었는지 알려져 있지는 않지만 그가 링컨을 "지난 세기의 가장 위대하고 고결한 인물"이라고 인정하게 된 배경은 아주 분명하다.[348]

---

[347] Vinay Lal, "Defining a Legacy: Lincoln in the National Imaginary of India," in Richard Carwardine and Jay Sexton, eds., *The Global Lincoln* (New York: Oxford University Press, 2011), pp. 175–176.

[348] M.K. Gandhi, "Abraham Lincoln," in *The Collective Works of Mahatma Gandhi*, 100 vols. (New Delhi: Publication Division, Ministry of Information and Broadcasting, Government of India, 1969-), Vol. 4. p. 393. *Ibid.*, p. 186에서 재인용.

1893년 변호사로서 남아프리카에 도착한 간디는 그가 자신의 교육과 자격증, 의상 취향 등에 관계없이 다른 인도인들과 함께 단지 하나의 "일꾼"으로 일괄취급당한다는 사실을 체험했다. 때가 되자 그는 당시 남아프리카의 인도인들이 직면한 사악한 차별을 종식시키려는 투쟁을 수행하게 되었다. 이와 관련, 1903년 남아프리카 내 인도인 공동체의 불만과 감정을 강력하게 제시할 출판의 필요성을 염두에 두고 ≪인도의 의견≫(*Indian Opinion*)이라는 새 신문을 창간했다.[349] 그리고 인종차별에 대한 투쟁이 강화되면서 간디는 그가 생각하기에 모방할 가치가 있는 삶을 살았던 인물들의 본보기를 제공함으로써 투쟁 참가자들의 결의를 강화하려고 노력했다. 삶의 이 단계에서 간디는 전기가 위대해지고자 하는 젊은 사람들을 위한 것일뿐만 아니라 도덕적 행동을 위한 적합한 모델을 찾아낼 수 있는, 보다 즉각적이고 긴급한 과업을 위해 도움이 될 것으로 보았다. 그리하여 1095년 그는 ≪인도의 의견≫ 지면에 수 주 간에 걸쳐 소크라테스, 마치니, 고르키(Gorky), 톨스토이, 조지 워싱턴, 소로(Thoreau) 그리고 링컨에 관한 짧은 전기들을 썼다.[350]

---

[349] Vinay Lal, *op., cit.*, p. 176.
[350] 링컨에 관한 간디의 간략한 전기는 1905년 8월 26일자 *Indian*

링컨을 "세상만큼이나 넓은 인도주의자"로 서술한 톨스토이의 유명한 칭송은 잘 알려져 있었다. 따라서 간디는 톨스토이를 통해서 링컨을 알게 되었을 개연성이 있다. 간디는 톨스토이와 서신을 교환한 1909년 훨씬 이전부터 톨스토이의 글들에 분명히 익숙했지만, 톨스토이가 링컨을 "작은 그리스도"(Christ in miniature)로 숭배한다는 것을 간디가 언제부터 알게 되었는지를 알아내기는 쉽지 않다. 링컨에 관한 간디의 간단한 전기는 자수성가한 사람으로서의 링컨, 모든 노예들을 노예제도의 잔혹성이라는 굴레로부터 해방시킨 링컨의 용기, 그리고 대통령으로서의 겸허함 등에 관한 것이었다. 간디가 자신의 평가에서 링컨을 계급제도 없는 근대사회에서 성취될 수 있는 최고의 본보기로 간주한 것은 아니었다. 다만 그는 링컨의 순교 및 링컨이 전 세계를 자신이 태어난 땅으로 간주했다는 두 주제를 상기하며 글을 맺었다. 간디는 링컨이 타인의 고통을 종식하기 위해 자신을 희생한 것이라고 믿었다. 이후 간디의 글에서 몇 차례 드물게 링컨이 재등장했지만, 그의 마지막 20여 년의 생애에서 링컨에 대한 언급은 없었다.[351] 그럼에도 불

---

*Opinion*에 실렸다.
[351] Vinay Lal, *op., cit.*, p. 177.

구하고 인도인들은 간디와 링컨이라는 두 위대한 인물들의 긴밀한 연계성을 재인식하고 인도에 미친 링컨의 유산을 기념하기 위해 링컨 탄생 200주년이 되는 2009년 12월 "국경 없는 에이브러햄 링컨"(Abraham Lincoln without Borders)이라는 주제 하에 대규모 국제학술회의를 개최하여 그 결과물을 2010년 출간했다.[352]

2. 일본

1868년 명치유신 이후 일본에서 서양으로부터 배우고 또 서양을 따라잡으려는 국가적 운동의 일환으로 많은 영어 서적들이 대중을 위해 번역되고 편집되었다. 1890년 12월 도쿄에서 카이세키 마츠무라(Kaiseki Matsumura)에 의해 링컨에 관한 첫 전기가 등장했다.[353] 그의 링컨 전기는 도덕

---

[352] Jyotirmaya Tripathy, Sura P. Rath and William D. Pederson, eds., *Abraham Lincoln Without Borders: Lincoln's Legacy Outside the United States* (Delhi, India: Pencraft International, 2010). 인도에서 재발견될 수 있는 다양한 링컨의 유산에 관해서는 특히 제2장, Piyush Raval, "Lincoln's Legacy in India"를 참조.

[353] De-min Tao, "'A Standard of Our Thought and Action': Lincoln's Reception in East Asia," in Richard Carwardine and Jay Sexton, eds., *The Global Lincoln* (New York: Oxford University Press, 2011), p. 225; Kaiseki Matsumura, *Biography of Lincoln* [in Japanese] (Tokyo: Maruzen Shosha Shoten, 1890).

적 발전을 강조한 교육의 산물이었다. 그 책은 링컨을 가난한 자들을 위한 훌륭한 스승뿐만 아니라 일본의 정치인들을 위한 모델로 기술하면서 기만 없는 정직성과 역경에 직면하여 굴하지 않는 링컨의 결연함을 강조했다. 마츠무라의 선구적 자서전은 의심할 여지없이 수많은 그의 동시대인들과 후세대들을 고무시켰다. 링컨에 관한 이야기는 1903년 초등학교 상급학년 학생들을 위한 도덕 교과서에 실리면서 더욱 널리 퍼졌다. 그 교과서에 실린 유일한 외국인이었던 링컨은 공부와 동정심과 개인적 자유를 포함하여 인내, 용기, 가족애 그리고 애국심과 같은 교훈을 내세웠다. 노예해방이 교과서에 등장하지만 일본의 학생들에게 소개된 링컨은 이웃집의 책을 손상시킨 것을 보상하기 위해 3일간 일해 준 젊은 청년, 가게의 고객에게 몇 푼의 잔돈을 돌려주기 위해 1마일을 걸은 젊은이, 그리고 진흙탕에 빠져 몸부림치는 돼지를 구한 개척자였다.[354]

20세기 초 일본에서 발행된 링컨의 전기들은 유명한 학자이며 외교관인 이나조 니토베(Inazo Nitobe)의 덕택이었다. 그는 1900년에 외국의 독자들에게 사무라이 정신과 일본

---

[354] *Ibid.*, p. 226.

의 문화를 소개한 영어로 출판된 유명한 책『무사도: 일본의 영혼』(*Bushido: The Soul of Japan*)의 저자이기도 했다. 1912년에 나온 오손 사쿠라이(Oson Sakurai)의『링컨 이야기들』(*Tales of Lincoln*)의 후기에서 니토베는 사쿠라이와 함께 자기가 여러 장을 집필했다고 고백했다. 니토베는 1909년 링컨 탄생 1백주년 기념 일환으로 그 프로젝트를 시작했으나 자신이 완성하기엔 너무 바빴던 관계로 그것을 사쿠라이에게 넘겨주고 완성하게 했다. 후기에서 그는 링컨을 "위인들 중 가장 친절한 사람이고 또 친절한 사람들 중 가장 위대한 인간"이라며 열정적으로 평가했다.[355] 그리하여 그는 독자들에게 링컨의 인품에 관한 강력한 인상을 남겼다. 니토베는 말년에 야이치 아키야마(Yaichi Akiyama)의『위인 링컨』(*The Great Man Lincoln*) 추천사를 쓰기도 했었다.[356]

니토베 사망 후 20세기 초 일본의 사회개혁가이며 국제적 설교자였던 토요히코 카가와(Toyohiko Kagawa)는 링컨과 관련된 역사적 장소들을 순례하면서 링컨의 위대성은 학

---

[355] Oson Sakurai, *Tales of Lincoln* [in Japanese] (Tokyo: Teibi Press, 1912), preface and pp. 424–426. *Ibid.*, p. 239에서 재인용.

[356] Yaichi Akiyama, *The Great Man Lincoln* [in Japanese] (Tokyo: Kyo-bun-kan, 1933).

습에 대한 그의 사랑에 있었다고 주장했다. 워싱턴 D.C.에서 링컨 기념관을 방문한 후 카가와는 미국인들이 조지 워싱턴보다 링컨을 기억하는 한 미국의 정신은 영원히 지속될 것이고 영원히 번창할 것이라고 말하면서, 링컨은 미국 유산의 아버지이며 영원한 인류의 스승이라고 논평했다.[357] 1936년 2월 스프링필드에서 대규모 군중들을 만났을 때 카가와는 그들에게 일본의 천황이 역사상 가장 위대한 인물은 링컨이라고 언급한 바 있다며, 천황마저도 자기가 에이브러햄 링컨보다는 열등하다는 사실을 인지하고 링컨은 미국에만 속하지 않고 전 세계에 속한다고 말했음을 전했다.[358] 실제로 일본의 히로히토(Hirohito) 천황은 그가 십대일 때 자신의 서재에 그가 찬양했던 세 사람, 즉 나폴레옹과 링컨 그리고 다윈(Darwin)의 흉상을 진열했었다.[359] 제2차 세계대전 이전에 일본에서 조장된 링컨의 이미지는 주로 개인의 부지런함과 근면을 고무하는 성공한

---

[357] Toyohiko Kagawa, "Making the World as My Home," in *The Complete Works of Kagawa Toyohiko* [in Japanese] (Tokyo: Kirisuto Shinbunsha, 1963), Vol. 23, p. 417. De-min Tao, *op. cit.*, p. 239에서 재인용.

[358] De-min Tao, *Ibid.*, p. 229에서 재인용.

[359] Herbert P. Bix, *Hirohito and the Making of Modern Japan* (New York: HarperCollins, 2000), p. 60.

사람의 이야기였다. 게티스버그 연설을 칭송할 때조차도 니토베는 "인민의, 인민에 의한, 인민을 위한"이라는 유명한 구절을 언급하지 않았다. 이것은 1890년까지만 해도 일본의 집권세력이 독일식 권위주의 국가를 선호했기 때문이다. 1889년 2월 메이지 헌법과 1890년 10월 "교육에 관한 제국칙령"(*Imperial Rescript on Education*)의 선포는 각각 천황을 살아있는 신으로 격상시키고 천황에 대한 충성과 헌신을 강조했다. 그리하여 민주주의는 점차 일본사회에서 일종의 금기어가 되었다.

링컨의 새로운 모습, 어쩌면 진정한 링컨의 모습이 등장한 것은 제2차 세계대전에서 일본이 패망한 뒤였다고 할 수 있다. 연합국 점령당국이 일본에서 일련의 민주화 정책들을 실시하기 시작한 이후 링컨 유산의 특히 민주적 측면들이 일본의 출판물에서 당연한 관심을 받기 시작했다.[360] 일단 종전의 금기가 제거되자 일본에서 수십 년 간 경시되었던 링컨의 민주주의적 원칙들이 새로운 링컨의 전기들에서 중심적 무대를 차지하게 됐다. 저명한 전기 작가인 켄 사와다(Ken Sawada)는 "인민에 의한 정부"라는 구절을 링컨

---

[360] De-min Tao, *op. cit.*, p. 230.

생애에 대한 책의 속표지 제목으로 사용했으며,361 저명한 지질학자인 우사오 쓰지타(Usao Tsujita)는 자신의 『링컨』이라는 책에서 일본이 민주국가로 재출발하려면 링컨을 새롭게 보고 연구해야 한다고 지적했다. 그는 링컨 같은 많은 사람들을 배출하지 않는 한 일본은 문명국가가 될 수 없을 것이라고까지 말했다.362 뿐만 아니라 타케오 오노(Takeo Ono)는 『링컨: 민주주의의 화신』을 책 제목으로 사용했고,363 토시히코 사토(Toshihiko Sato)의 책 제목은 『민주주의의 아버지: 링컨』이었다.364 이처럼 민주주의에 직결된 링컨이 전후 일본 학교 교과서의 주제가 되었으며, 그와 더불어 일본의 민주주의도 정착되어 갔다.

3. 중국

19세기 말 중국(청 왕조)에서 링컨의 등장은 영어를 읽을

---

361 Ken Sawada, *A Biography of Lincoln* [in Japanese] (Tokyo: Chobunkaku, 1946).
362 Usao Tsujita, *Lincoln* [in Japanese] (Tokyo: Daigado, 1949).
363 Takeo Ono, *Lincoln: The Embodiment of Democracy* [in Japanese] (Tokyo: Hoei-sha, 1959).
364 Toshihiko Sato, *The Father of Democracy: Lincoln* [in Japanese] (Tokyo: Iwasaki Shoten, 1960).

수 있는 독자들에게 국한된 것처럼 보였다. 당시 영문해독은 대부분 중국인들의 능력 밖이었다. 그럼에도 불구하고 중국의 지식인들은 자수성가한 인물의 본보기로 링컨을 바라봤으며, 나아가 미국의 민주주의적 원칙들로 인해 의심할 여지없이 링컨에 매료되었다.365 그리고 이것은 특별히 중화민국(the Republic of China)의 국부인 쑨원(Sun Yat-sen)의 경우에 적용됐다. 그는 서양의 아이디어에 크게 영향을 받았다. 그는 10대 때 하와이의 호놀룰루에서 3년 간 형과 살았는데 당시 그는 성공회의 기숙학교에 다녔고 링컨과 알렉산더 해밀턴(Alexander Hamilton)의 아이디어를 배웠다.366 1895년부터 쑨원은 자신의 급진적 사상으로 인해 유럽, 미국, 캐나다 및 일본에서 16년 간 망명생활을 했다. 1876년 런던에서 청조(清朝)의 공사관에 의해 납치되면서 그는 중국의 혁명가로서 국제적 명성을 얻었다.367 1911년 신해혁명 후 중화민국의 임시 대통령이 되었고, 국민당

---

365 De-min Tao, *Ibid.*, p. 231.
366 John Fairbank, Edwin Reischauer, and Albert Craig, *East Asia: Tradition and Transformation*, re. ed. (Belmont, CA: Wadsworth Publishing, 1989), p. 743.
367 Wang Ke-wen, ed., *Modern China: An Encyclopedia of History, Culture, and Nationalism* (New York & London: Garland Publishing, 1998), pp. 339–341.

(KMT)을 창설했다. 민족, 민권, 민생으로 대표되는 쑨원의 삼민주의는 "인민의, 인민에 의한, 인민을 위한 정부"라는 링컨의 유명한 게티스버그 연설 표현과 흔히 비교되었다. 1919년 서양정치의 역사에 관한 한 강의에서 그는 민주공화국을 수립한 미국을 칭송하기 위해 그 표현을 사용했고, 링컨이 대표하는 정치체제에서 인민은 지배자가 되고 지도자들은 공적 하인이 된다고 주장했다. 그는 링컨의 구절을 중국이 염원해야 하는 민주적 이상으로 제시했다. 그의 삼민주의는 실제로 탈국가적 배경에서 나온 아이디어들의 종합이었으며, 그것의 구체적 본질은 링컨의 것과는 중대하게 달랐다. 그럼에도 불구하고 쑨원이 링컨의 메시지를 역사적 분수령에서 민족의 의지를 통일하고자 원용했다는 사실만으로 링컨의 정신이 진실로 중국에서 부활되었다고 말할 수 있을 것이다.[368]

쑨원은 국민당이 정권을 획득하는 것을 보지 못한 채 세상을 떠났지만, 그는 진정한 민주주의가 중국에서 점진적으로 인내력을 갖고 틀림없이 육성될 것으로 전망했다. 그의 비전은 1990년대 타이완(Taiwan)에서 실현되었다고 말할 수

---

[368] De-min Tao, *Ibid.*, p. 232.

도 있을 것이다. 그러나 중국에는 제2차 세계대전 종결 후 뒤따른 내전(1946-1949)에서 승리한 마오쩌둥(Mao Tse-tung)이 마르크스-레닌주의에 입각한 중화인민공화국(the People's Republic of China)을 수립했다. 진정한 민주주의가 부재한 중국은 링컨의 원칙을 중국에서 실현하려 했던 쑨원의 비전에 미치지 못할 것이다. 오늘날 중국이 과거에 비해 그의 비전에 더 가까워졌다고 말하기는 어렵다.[369] 종종 타이완과 중화인민공화국은 미국과의 외교에서 "중국의 통일" 문제와 관련해 링컨의 이름을 언급했다.[370] 지금까지 중국인들에 의해 열린 가장 큰 링컨 추모행사로는 1989년 11월 링컨 탄생 180주년을 기념해 타이페이(Taipei)에 있는 링컨협회(the Lincoln Society)가 아시아에서 최초로 링컨에 관한 국제학술회의를 개최하고 그 결과물을 출판한[371] 것이라 할 수 있다.

---

[369] Matthew L. Perdoni, "Lincoln, Hamilton, and Sun Yat-sen," in Jyotirmaya Tripathy, Sura P. Rath, and William D. Pederson, eds., *Abraham Lincoln Without Borders: Lincoln's Legacy Outside the United States* (Delhi, India: Pencraft International, 2010), p.147.

[370] 이 점에 대해서는, 강성학, 『한국의 지정학과 링컨의 리더십』(서울: 고려대학교 출판문화원, 2017), pp. 468–471 참조.

[371] Yu-Tang Daniel Lew, ed., *The Universal Lincoln* (Taipei: The Lincoln Society, 1995).

VI. 결론

 에이브러햄 링컨은 국가나 문화와는 관계없이 위대한 해방자이며 전 세계에 걸쳐 엘리트들이나 보통 사람들에게 똑같이 존경받는 하나의 민주적 우상이었다. 그는 생존 시기부터 현재에 이르기까지 세계의 수많은 정치지도자들과 보통 사람들에 의해 끊임없이 상상되고, 논의되고 또 이용되었다. 자수성가의 전형적 인물, 전시의 성공적 리더십, 인민정부 및 자유로운 노동의 절대적 옹호, 그리고 민주주의와 자유주의적 민족주의 시대에 보여준 정치적 리더십 등이 주는 영감으로 인해 링컨은 범세계적 명사의 반열에 올랐으며, 헤겔의 표현을 빌린다면 "역사적 인간", 그리고 니체의 표현을 빌린다면 "초인"이었다. 그를 칭송하기 위해 그의 이름을 딴 동상이나 거리, 학교 및 우표 등은 차치하더라도 부모들이 자기 자식들에게 링컨의 이름을 지어준 것은 결코 일상적인 일이 아니다. 그러나 처음부터 링컨이 이 같은 불멸의 인정을 받았던 것은 결코 아니었다. 그의 명성은 마치 눈덩이처럼 세월의 흐름과 역사창조의 과정과 민주주의의 발전과 확산이라는 역사의 파도와 함께 오늘날까지 끊임없이 전해져 왔다.

링컨의 범세계적 명성은 19세기 말과 20세기 초에 절정에 달했으며 냉전의 시대와 21세기 초 후임 미국 대통령들의 칭송을 통해 상기되었다. 그의 명성의 전성기에 링컨의 권위는 노예를 해방시킨 자로서의 역할보다는 자유주의와 민주적 민족주의에 대한 강인한 옹호자로서의 역할에 기인한다. 그는 보편적 민주주의의 원칙들에 의해 영감을 받은 프로젝트에 헌신적이었던 전 세계의 급진주의자들과 국가건설자들로부터 환호를 받았다. 링컨은 미국의 민족주의를 윤리나 인종적인 면에서가 아니라 인류의 향상을 위한 도덕적 힘, 즉 세상에 대한 자유의 횃불로 만들었다.[372] 이 같은 자유주의적 민족주의는 해외에서 다양한 정치적 진보주의자들, 즉 사회주의자들과 급진주의자들, 또 민주주의자들에게 호소력을 발휘했으며 그들은 함께 결합하여 군주적 권력과 귀족적 특권, 억압된 인민주권으로부터 세상을 해방시키는데 기여했다. 그들에게 국가는 그 자체가 목적이 아니라 정치적 자유와 개인적 권리가 보편적으로 성취되는 메커니즘(mechanism)이었다. 다시 말해 링컨은 어

---

[372] Richard Carwardine and Jay Sexton, "The Global Lincoln," in Richard Carwardine and Jay Sexton, eds., *The Global Lincoln* (New York: Oxford University Press, 2011), p. 7.

떻게 자국을 초월하여 일반인들의 보편적 투쟁의 상징이 되는가에 대한 모델을 제공했다.

빌리 브란트(Willy Brandt)의 말처럼 링컨이 미국인들에게만 속하지 않고 전 세계에 속한다면, 미국에 대한 링컨의 심오한 헌신을 시대를 초월하는 우주적 인간, 헤겔식으로 말해 "세계사적 인간"으로, 즉 지방주의와 협소한 국수주의를 초월한 인간으로 보는 견해와 어떻게 조화시킬 수 있을까? 링컨은 미국의 물질적 잠재력에 대한 깊은 믿음을 가지고 있었다. 그러나 미국의 윤리적·정치적 목적에 비하면, 즉 미국의 자유를 위한 정치제도에 비하면 그것은 부차적인 것이었다. 미국의 국부들에 대한 링컨의 존경심은 미 공화정의 초석인 독립선언서와 연방헌법에 대한 그의 흔들림 없는 신뢰의 반영이었다. 그리고 바로 이 가운데 미국 예외주의(exceptionalism)에 대한 강력한 신념이 들어 있었다.[373] 링컨은 지리적 조건과 국부들의 정치적 비전에 의해 부여된 미래의 보호를 자랑스러워했다. 그는 유럽과 아시아 그리고 아프리카의 모든 군대를 총동원해 나폴레옹 같은

---

[373] Jean H. Baker, "Lincoln's Narrative of American Exceptionalism," in James M. McPherson, ed., *We Cannot Escape History: Lincoln and The Last Best Hope of Earth* (Urbana and Chicago: University of Illinois Press, 1995), pp. 33–44.

인물이 지휘한다고 해도 결코 힘으로 미국을 정복할 수 없다고 믿었다.

링컨은 해외여행을 한 적이 없지만 고도의 독서를 통한 자율학습으로 19세기를 초월한 지적 지평선을 견지했다. 그는 미국의 역할을 본보기로 간주했다. 유럽의 자유주의자들, 공화주의자들, 그리고 민족주의자들이 링컨의 전시 행정부를 찬양하면서 미국의 범세계적 중요성에 대한 링컨의 생각을 심화해 주었다. 미국을 신의 가호 아래 특별한 국가로 생각하는데 있어서 링컨은 당시 미국인들의 널리 공유된 개념을 표현하고 있었다. 링컨은 그 나름대로 한 사람의 이상주의자였다. 그의 낭만적 민족주의와 미국의 역사에 대한 섭리주의적(providentialist) 해석은 모든 인류의 희망이 조국의 공화주의적 원칙과 실천에, 그리고 모든 인간의 존엄성과 합리성에 대한 민주적 신념에, 그리고 모든 인간의 어깨에서 무거운 짐이 내려지고 모두가 평등한 기회를 갖는 유동적 사회질서를 소중히 하는데 있다는 신념과 결합되어 있었다.[374] 남북전쟁의 실존적 투쟁에서 그를

---

[374] Richard Carwardine, "Lincoln's Horizons: The Nationalist as Universalist," in Richard Carwardine and Jay Sexton, eds., *The Global Lincoln* (New York: Oxford University Press, 2011), p. 40.

지탱해 주었던 것은 미국의 건국 원칙들을 끈질기게 붙들고 전 세계를 향해 현재뿐만 아니라 영원한 미래를 위한 자유의 희망을 계속해서 제시할 미국의 빛나는 비전이었다. 21세기에도 여전히 자유민주주의를 염원하고 그것의 실현을 모색하는 전 세계의 인민들을 향해 링컨은 바로 그런 비전을 상징하고 있다고 해도 과언이 아닐 것이다. 하나로 통일된 자유 민주주의 국가를 소망하는 한국인들에게 링컨보다 더 좋은, 아니, 더 적절하고 또 절실한 지도자의 모델은 아마도 발견하기 어려울 것이다. ＿ 강성학

제7장
에필로그: 링컨의 유산이 한국인들에게 주는 교훈

"투쟁에서 우리가 실패할지도 모른다는 가능성 때문에 우리가 거룩하다고 믿는 명분의 지지를 스스로 억제해서는 안 된다."
– 에이브러햄 링컨

"50년 전 나는 내 인생의 1년을 주었고 또 거의 잃을 뻔했다. 나는 한국인들이 그렇게 작은 나의 기여로 무엇을 성취했는지 깨닫지 못했었다. 내가 그들의 감사표시를 보았을 때, 아니 그 이상으로 그들이 완전히 새롭고 멋지고 밝고 동질적이고 대중적이며 번영하는 새 국가를 창조한 방식으로 감사를 표하는 것을 보았을 때 나는 이렇게 말하고 싶었다. '나에게 고마워하지 마세요. 나의 삶을 값지게 만든 것은 바로 당신입니다.… 나를 크게 보이도록 한 것은 바로 당신들이에요.'"
– 존 프레스톤-벨(John Preston-Bell), 한국전 참전 영국군인

링컨의 정신과 리더십이 남긴 유산은 실로 여러 가지이며 또 그것들은 각각 다양하게 해석될 수 있다. 그리고 그

해석은 주어진 시대적 상황과 공간적 처지에 따라 다를 수밖에 없을 것이다. 그럼에도 불구하고 오늘날 내우외환으로 국가의 존망이 위태롭다고 느끼는 한국인들에게 링컨의 유산이 주는 교훈은 어쩌면 자명하다고 할 수 있다. 왜냐하면 링컨은 자유민주주의 국가의 일부 세력들이 자유라는 이름하에 조국을 분열시키고 무력으로 도전했던 남부의 이탈자들을 4년에 걸친 힘겨운 전쟁을 통해 통일함으로써 오늘날 세계 최대 그리고 최강의 자유민주주의 국가인 미합중국의 토대를 확고히 수립한 정치지도자였기 때문이다. 그리하여 그는 미국의 후임 대통령과 지도자들의 위대한 사표가 되었을 뿐만 아니라 자유민주주의 국가의 수립과 발전을 모색하는 세계 여러 나라와 민족의 수많은 정치지도자들의 모범이 되었었다.

그동안 한국인들의 시대적 상황과 공간적 처지의 특수성으로 인해 링컨이 대한민국을 탄생시키고 발전시킨 한국의 지도자들과는 거의 무관한 인물이었다면, 내우외환에 시달리며 국가의 존망이 위태로운 오늘의 대한민국의 상황이야말로 링컨의 리더십이 한국인들에게 절실히 요구되는 시점이라고 하겠다. 링컨은 분명히 한국의 정치지도자들에게도 훌륭한 스승이 될 수 있는 인물임에 틀림없다.

따라서 본 에필로그에서는 21세기 오늘의 시대적 상황과 동북아 속의 한반도라는 공간적 처지를 고려하여 링컨이 우리 한국인들과 한국의 정치지도자들에게 줄 수 있는 소중하고 절실한 교훈들을 작성해 보고자 한다. 링컨에게 가장 가까운 전쟁 지도자였던 프랑스의 클레망소(Clemenceau) 수상은[375] 윌슨(Wilson) 대통령의 그 유명한 "14개 조항"(the Fourteen Points)을 듣고 "하나님도 14개 조항까지는 필요로 하지 않았다"고 대꾸했었다. 링컨 대통령이 당시 해방된 흑인들에 의해 제2의 모세(Moses)로 불렸던 만큼, 다소 무리가 있을지도 모르지만, 이스라엘 민족에게 준 모세의 10계명을 모델로 삼아 한국인들, 특히 한국의 정치지도자들에게 주는 교훈을 10개항으로 집약했다.

1. 한국의 정치지도자들은 국민들 사이에서 자유민주주의 대한민국에 대한 올바른 역사의식과 애국정신을 진작시켜야 한다! 대한민국의 수호는 대한민국의 국민들에게 너무도 당연한 것 같지만 그렇지 못한 것이 대한민국의 안타까운 현실이다. 대한민국의 국체는 대내외적으로 명백히

....
[375] 강성학, 『한국의 지정학과 링컨의 리더십』(서울: 고려대학교 출판문화원, 2017), p. 465.

위협받고 있다. 현재 대한민국의 국체인 자유민주주의 공화정치체제는 반만년의 역사에서 한국인이 수립한 최선의 정치제도이다. 한국의 헌법은 기미독립선언과 임시정부 그리고 대한민국의 탄생과정을 겪으면서 한국인들이 오랫동안 간직해온 고유한 염원은 물론 미국의 독립선언서 이후 세계적으로 보편적 가치인 자유를 최우선의 간주하는 정치체제다. 그것은 바로 링컨이 지키려고 했던 바로 그 정치체제와 거의 동일한 것이다.[376] 링컨은 미국을 건국한 국부들의 아들이었다.[377]

한국의 현 자유민주주의 정치제제는 링컨의 나라인 미국의 주도로 창설된 유엔의 후원하에 탄생했다. 소련의 거부로 남한에서만 자유민주주의 원칙에 따라 실시된 자유·비밀·보통선거로 대한민국의 건국과 함께 한국인들은 자유민주공화국 체제를 채택했지만, 그것은 반만년 역사에서 가장 생소한 것이어서 상당기간의 시행착오를 겪었다. 한편 한국인들이 자유민주주의 체제를 정치와 생활방식으로

---

[376] 링컨의 정치철학과 비전에 관한 보다 상세한 논의는, 강성학, 상게서, pp. 225–238을 참조.
[377] Richard Brookhiser, *Founders' Son* (New York: Basic Books, 2014).

미처 내면화하기도 전에 스탈린의 무기제공과 승인하에 이뤄진 1950년 6월 25일 북한의 전면적 남침으로 국가의 경제적 기반이 송두리째 파괴됐다. 휴전한 한국인들에겐 국가의 재건이 급선무였다. 파탄난 경제를 일으키는 피나는 산업화로 한강의 기적을 이루면서 동시에 민주화의 길로 나아간 한국인들의 운명은 참으로 험난했다.

레이몽 아롱(Raymond Aron)은 일찍이 모든 좋은 것들이 동시에 이뤄질 수 있다고 믿는 자는 바보라고 선언한 바 있다. 대한민국과 한반도에서 개인의 자유, 민주주의와 번영 그리고 평화가 모두 한꺼번에 올 수 있었다고 믿는 자는 참으로 순진함을 넘어 바보가 아닐 수 없다. 대한민국은 1948년 건국 직후 치른 전쟁으로 인해 1950년대의 잿더미로부터 재출발했지만 "무에서 영웅으로"(the zero-to-hero)의 부상을 이룩하며 20세기의 가장 위대한 국가적 성공의 주인공이 됐다. 반면 북한은 전 세계에서 극도로 고립되고 과대망상에 빠진 국가로 전락했다.[378] 피와 땀이 어린 고통과 시련의 산물인 현재 대한민국의 자유민주주의 체제는 참으로 한국인에게 소중한 민족사적 업적이 아닐 수 없다.

---

[378] Andrew Salmon, *To the Last Round: The Epic British Stand on the Imjin River, Korea 1951* (London: Aurum Press, 2009), p. 327.

따라서 불멸의 링컨 유산이 한국인들에게 주는 가장 우선적 교훈은, 그렇게 어려운 역사적 피와 땀과 노고와 눈물로 이룩한 대한민국의 자유민주주의 체제와 민주적 삶의 방식을 어떤 희생을 감수해서라도 반드시 지켜나가야 한다는 점일 것이다. 역사적으로 민주주의는 도전의 시기에 자신이 지닌 삶의 방식을 방어하기 위해 치열하게 성공적으로 싸웠다. 그것은 오늘날 한국인들에겐 곧 대한민국에 대한 투철한 애국주의(patriotism) 혹은 애국심을 요구한다고 바꾸어 말할 수 있을 것이다.[379] 대한민국은 반만년 역사에서 한반도에 처음으로 실현된 자유민주주의이다. 따라서 "인민의, 인민에 의한, 인민을 위한 정부가" 한반도에서 영원히 사라지지 않도록 모든 한국인들은 자신들이 보유한 모든 지혜와 힘과 용기를 아낌없이 발휘해야 할 것이다.

2. 한국의 정치지도자들은 북한동포를 노예의 삶에서 해방시키기 위해 흡수통일을 보다 적극적으로 모색해야 한다. 적지 않은 한국의 정치지도자들을 포함하여 많은 한국인들이 남한에 의한 북한의 흡수통일을 명시적으로 포

---

[379] 링컨의 애국주의 혹은 애국심에 관한 보다 상세한 필자의 논의를 위해서는, 강성학, 상게서, pp. 289-297을 참조.

기한지 오래되었다. 그러나 한국인들의 분단된 조국은 링컨이 대통령으로 취임할 때 미국인들이 처했던 상황과 비슷하다. 따라서 조국통일은 링컨에게처럼 한국인들에게도 하나의 지상명령이다. 링컨은 조국의 통일과 미국 독립선언서에서 밝힌 모든 인간이 자유로울 뿐만 아니라 그 자유를 누릴 평등한 권리가 있다는 자명한 이치를 실현하기 위해서 미국의 노예들을 해방시켰다. 북한 동포는 현재 김일성 전제군주체제의 계승자인 김정은의 폭정하에 노예적 삶을 이어가고 있다. 노예란 쇠사슬에 꽁꽁 묶여 짐승처럼 강제노역을 당하는 사람들만을 의미하는 것이 아니다. 인류의 역사는 패전하여 적국의 점령하에 놓여있는 경우와 전제군주의 폭군하에 사실상 모든 자유를 박탈당한 채 숨죽이고 살아가는 주민들을 노예상태라고 간주해왔다. 그리하여 19세기 제국주의 시대 식민지의 주민들, 예를 들어, 일본 제국주의하의 조선인들이 노예상태로 살았다는 것이 일반적으로 인정되는 것이라면 북한의 김정은 체제 아래 숨죽이며 살고 있는 북한 주민들 역시 노예상태에 있다고 보아야 할 것이다. 그렇다면 헤겔식으로 말해 오로지 전제군주 한 사람인 김정은만 자유롭고 주민 모두가 사실상 노예인 북한의 전제적 폭정체제로부터 그들을 해방시켜야 할 도덕적 의무를 우리 한국인 모두가 지고 있다고 해야 할 것이다.

로마시대 키케로(Cicero)의 폭군살해론(tyrannicide), 근대 자유민주주의 이론의 아버지 로크(Locke)의 혁명론, 고대 동양에서 맹자(Mencius)의 폭군을 타도하는 "응징적 정복론"[380] 등은 모두 다 오늘날 국제사회에서 말하는 소위 "인도주의적 개입"(humanitarian intervention)의 정당성을 뒷받침하고 있다. 따라서 조국통일을 위한 대한민국의 대북정책 목표는 노예상태에 있는 "북한동포의 해방"이 되어야 할 것이다. 조국통일이라는 한국인의 민족적 염원은 북한 노예동포의 해방이라는 정책적 목표로 구체화해야 한다. 이것은 링컨이 추구했던 미국 남부연합 체제하에 있는 노예해방에 버금가는 국가정책이라 해도 과언이 아니다.

3. 한국의 지도자는 전쟁 그 자체를 두려워해선 안 된다! 링컨은 전쟁을 피하고 싶어 했지만 결코 전쟁 그 자체를 두려워하지 않았다. 그래서 남부의 공격행위가 있자 그는

---

[380] Daniel A. Bell, "Just War and Confucianism: Implications for the Contemporary World," in Daniel A. Bell, ed., *Confucian Political Ethics* (Princeton and Oxford: Princeton University Press, 2008), pp. 235–236.

방어적 전쟁에 착수했다. 오늘날 방어적 전쟁은 국제평화와 안전을 목적으로 설립된 세계의 유일한 보편적 평화기구인 유엔도 헌장 제51조에서 허용하고 있다. 링컨은 방어적으로 전쟁을 시작했지만 일단 전쟁이 시작된 후에는 공세적으로 변환했다. 그리고 전쟁이 시작된 이후 협상에 의한 종전을 거부하면서, 승리의 순간까지 아무리 정치적으로 곤란에 처해도 종전을 희망하거나 타협을 수용하지 않았다. 예상 밖의 거듭되는 전투의 패배와 그에 따른 엄청난 인명손실과 막대한 재산의 피해에도 불구하고, 또 장병들과 그 가족들의 고통을 누구보다도 깊이 통감하였지만 링컨은 전쟁수행의 지도 측면에서 일순간도 전혀 의기소침해 하지 않았다. 전쟁개시 후 전쟁을 혐오하고 지쳐가는 미국인들의 강력한 여론에도 그는 전쟁수행을 독려했다. 만일 전쟁을 반대하는 강력해진 여론에 따라 종전을 수용하게 되면, 그것은 미국이 직면한 문제의 근본적 해결이 아니라 단순한 지연에 지나지 않을 뿐만 아니라 그 후로는 문제의 해결이 더 어려워질 것임을 알고 있었기 때문이다. 링컨의 정책은 전쟁을 성공적으로 수행하는 것이었고, 전쟁수행의 목적은 승리밖에 없다고 그는 굳게 믿었다.

한국인들은 누구도 결코 전쟁을 원하지 않는다. 1950년 북한의 기습 남침으로 시작된 한국전쟁이 1953년 휴전상태로 전환된 이후 한국의 어떤 정부도 전쟁을 추구한 적이 없으며 북한의 수많은 무력도발에도 불구하고 지금까지 북한의 전쟁을 억제하는 정책 외에 다른 대안을 고려해 본 적이 없다. 그러나 이제 북한 김정은이 핵위협을 지속하면서 한반도의 평화와 안정을 깬다면, 한국의 정치지도자는 방어적 전쟁을 더 이상 두려워해서는 안 된다. 그리고 일단 전쟁이 발발하면 엄청난 희생과 파괴를 각오해야 한다. 그리고 링컨처럼 공세적 전략으로 전쟁을 수행하여 승리를 거둘 때까지 어떤 타협이나 휴전을 수용해서도 안 될 것이다. 한국의 정치지도자들에게도 전쟁에 임할 때 링컨의 리더십이 보여준 것처럼 승리에 대한 확신과 어떤 어려움에 봉착해도 결코 굴하지 않는 결연한 자세와 용기 있는 결단과 행동이 반드시 필요하다.

4. 한국의 지도자는 올바른 전략적 안목을 가져야 한다!
한국의 대통령은 한국군 최고사령관으로서 전쟁에 승리하기 위해서는 링컨처럼 전쟁에 대한 올바른 전략적 안목을 갖고 있어야 한다. 링컨은 웨스트 포인트(the West Point) 사관학교 출신의 장군들에게 전쟁수행의 기회를 주었으나,

그들이 기대만큼의 전과를 내지 못하자 직접 전략적 지도에 착수하고 자신과 전략적 안목을 같이하는 장군들에게 지휘권을 부여함으로써 승전으로 전환시켰다. 당시 웨스트포인트 사관학교 출신 장군들은 나폴레옹의 숭배자들로서 조미니(Jomini)의 전략사상에 따라 결정적인 한판의 대규모 전투를 통해 남부의 수도 리치몬드(Richmond)를 점령함으로 승리할 수 있다고 믿고 전쟁을 수행했었다. 그러나 링컨은 마치 그가 클라우제비츠(Clausewitz)의 전략사상을 섭렵한 것처럼 남부연합의 소위 전략적 힘의 중심부(the center of gravity)는 수도인 리치몬드가 아니라 막강한 남부군에 있다고 판단했다. 그래서 그는 남부군 섬멸 없이는 승리가 불가능하다고 보고 동시다발적인 섬멸작전을 지시했다. 링컨은 북부의 군대가 설사 남부의 수도 리치몬드를 성공적으로 점령한다고 할지라도, 마치 1812년 나폴레옹이 러시아의 수도 모스크바를 점령하고도 승리하지 못했던 것처럼, 막강한 남부군이 존재하는 한 승리는 불가능하다고 내다봤다. 다행히 그랜트(Grant) 장군과 셔먼(Sherman) 장군이 링컨의 전략을 성공적으로 실행하여 북부는 최후의 승리를 거둘 수 있었다.

따라서 링컨의 올바른 전략적 안목은 남북전쟁을 승리로

이끈 가장 결정적이고 중요한 요인이었다고 해도 과언이 아니다.[381] 1980년 중반 한국의 민주화 이후 어쩌면 한국의 정치지도자들에게 가장 절실히 필요한 것이 바로 이러한 군사전략적 안목일 것이다. 링컨도 대통령 취임 때까지 군사전략에 관해선 문외한이나 다름없었지만, 전쟁이 시작되자마자 미국 국회도서관에서 군사전략에 관한 책을 빌려 자율학습에 들어갔다. 만일 한국의 정치지도자들이 군사전략에 관해 전혀 모른다면 링컨처럼 공부해야 할 것이다. 그러나 오늘날의 전쟁은 링컨의 시대와는 달리 전쟁개시 이전에 미리 군사전략에 관한 안목을 보유하지 않는다면 너무 늦게 될 것이다. 뿐만 아니라 군사전략에 관한 지식은 비교적 상당한 수준이 되어야 한다. 왜냐하면 서양 문명이 낳은 최고의 군사전략 사상가인 칼 폰 클라우제비츠(Carl von Clausewitz)가 일찍이 경고했듯이 피상적 군사전략 지식은 어설픈 외국어 실력처럼 오히려 오해에 따른 큰 위험을 초래할 가능성이 높기 때문이다. 어설픈 전략적 안목은 차라리 없느니만 못할 수 있다.

---

[381] 링컨의 전쟁수행의 리더십과 그의 전략에 관한 보다 상세한 논의를 위해서는, 강성학, 상게서, 제6장 "군사천재로서 링컨 대통령의 승전 리더십"을 참조

오늘날 전쟁의 양상은 19세기 중엽의 전쟁과 판이하며 한반도를 둘러싼 국제정치적 상황도 판이하지만 전쟁의 본질은 달라지지 않았다. 따라서 한국의 대통령에겐 올바른 국제정치적 안목과 동시에 전쟁을 성공적으로 지도해 나갈 올바른 전략적 안목이 절실히 요구된다고 하겠다. 오늘날 북한의 힘의 중심부는 수도 평양 혹은 북한의 핵무기 체제나 막강한 북한군이 아니라 북한의 전제군주인 김정은 독재자 개인에게 있다고 보아야 한다. 왜냐하면 평양은 점령하기도 어렵지만 설사 점령해도 승리를 보장하지 못한다는 것은 과거 한국전쟁에서 이미 입증되었을 뿐만 아니라 핵무기는 북한군에 의해서 운영되며 민주국가의 군대와는 달리 북한군은 김정은 개인을 숭배하고 개인에게 충성하는 일종의 호위병력에 지나지 않기 때문이다. 과거 한국전쟁에서 북한의 군사적 참패에도 불구하고 김일성의 생존으로 북한정권이 되살아났던 것처럼 북한 같은 전제군주체제에선 김정은만이 유일한 힘의 중심부인 것이다. 핵무기를 사용하여 동족을 말살시키는 한이 있더라도 자신의 전제적 독재정권만은 유지하려는 김정은이 생존하는 한 남북한 대결에서 승리를 기대하기란 불가능하다.

요컨대 대북전략은 북한의 유일한 힘의 중심부인 김정

은의 완전한 제거를 일차적이고 최우선적인 목표로 삼아 그것을 집중 공격하는데 둬야 한다. 김정은이 제거되는 순간 힘의 중심부인 유일하고 절대적인 최고사령관이 사라짐으로써 북한의 모든 군사력은 소위 지휘의 통일성(the unity of command)을 상실한 오합지졸로 전락하게 될 것이다. 한반도에서 대한민국의 승리는 그렇게 함으로써 시작될 수 있다. 북한체제의 특수성을 고려할 때, 김정은이 건재하는 한 북한에 대한 군사적, 그리고 궁극적인 정치적 승리는 또 한 번 불가능하게 될 것이다. 한국 대통령의 전략적 안목에서 이 점이 망각하거나 소홀히 되어서는 결코 안 될 것이다.

5. 한국의 지도자는 "무장한 예언자"(an armed prophet)가 되어야 한다! 국가 지도자는 단순히 최고 정책 결정자가 아니다. 그는 링컨처럼 국민들을 위한 "무장한 예언자"가 되어야 한다.[382] 국민들에게 올바른 정책방향을 제시하고 설득하여 그들이 깨닫게 하고 국민을 이끌어야 한다. 올바른 예언자가 되기 위해서는 일찍이 손자(孫子)가 말했던 것처

---

[382] 강성학, 상게서, 제6장 "군사천재로서 링컨 대통령의 승전 리더십"을 참조.

럼 적을 알고 나를 정확히 알아야 한다. 이는 정확한 국제 정치적 안목을 요구한다. 우선 동북아에서 한국의 정확한 국제적 위상을 알아야 한다. 냉전체제 종식 후 한국이 유엔에 가입하고, 특히 경제협력개발기구(OECD)의 회원국이 되고, 또 2002년 월드컵에서 4강에 진출하면서 국가적 위상이 급속히 오르자 한국인들과 정치 지도자들은 그런 들뜬 기분에 도취되어 한국이 마치 강대국이 되었다는 환상에 사로잡혔었다. 즉 당시 한때나마 한국인 거의 모두가 일종의 강대국 신드롬(great power syndrome)에 빠졌었다.[383] 한국은 과거처럼 국제사회의 "새우"가 아니라 최소한 "돌고래"는 되었다는 주장이 빈번해졌다.

그러나 한국이 범세계적으로 경제적 차원에서 선진국 대열에 들어섰다고 할지라도 동북아의 지정학적 조건은 한국에게 강대국이라는 국제적 위상을 허용하지 않았다. 한국이 더 이상 "새우"가 아니라 "돌고래"가 되었다고 아무리 한국인들이 스스로 자처해도 국제정치에선 새우나 돌고래나 사실상 별다른 차이가 없기 때문이다. 자기 자신에 대한 이러한 부정확한 인식으로는 한국의 어떤 지도자도

....
[383] 강성학, 『새우와 고래싸움: 한민족과 국제정치』(서울: 박영사, 2004), pp. 74–82.

한국의 안전한 미래에 대한 올바른 예언자가 될 수 없다. 뿐만 아니라 북한이 장기간에 걸쳐 핵개발을 진행하는 동안 한국의 정치지도자들은 북한의 핵무장 능력을 과소평가한 채 북한동포의 경제적 어려움만을 앞세워 오히려 수년에 걸쳐 대북 경제지원을 했다. 그 결과 이제는 한반도에서 북한만이 핵무장에 성공하여 가공할 핵무기로 한국인들의 생존마저 위협하는 참으로 어처구니 없는 상황에 처하게 되었다. 이처럼 정확한 정보수집과 판단의 필요성은 21세기의 군사전략에서도 여전히 치명적 요소이다.[384]

예언자적 정치지도자는 국가가 처할 미래를 정확히 내다보아야 한다. 유럽의 민주주의를 구했다는 점에서 20세기의 링컨 후계자인 윈스턴 처칠은,[385] 1936년 3월 히틀러가 독일의 비무장 지대인 라인란트(Rhineland)에 소규모 병력을 파견할 때부터 이미 히틀러의 침략전쟁을 경고한 영국의 유일한 예언자였다. 북한의 핵무장은 1994년 제네바 합의에서부터 용인된 셈이다. 한국과 미국은 북한의 핵무기 개발을 막을 수 있는 절호의 기회를 스스로 포기한 것이다.

---

[384] 강성학, 『전쟁신과 군사전략: 군사전략의 이론과 실천에 관한 논문선집』(서울: 리북, 2012), pp. 51–53.
[385] 강성학, 『한국의 지정학과 링컨의 리더십』, pp. 467–468.

그러나 그동안 한국의 정치 지도자들 가운데엔 단 한 사람의 카산드라(Cassandra)마저 없었기에 오늘날 한국인들은 가공할 북핵 위협 앞에 두렵지 않은 척하려 휘파람을 불고 있는 지경에 이르렀다.[386] 이제 한국의 지도자는 국민들이 북한 핵무기의 두려움 그 자체를 두려워하지 않도록 무장한 예언자로서 행동해야 할 것이다.

6. 한국의 지도자는 대중적 교육자 같은 역할을 수행해야 한다! 리더십이란 본래 교육(pedagogy)을 의미한다. 위기에 처한 나라의 처지와 세상의 이치를 설명하고 지도자가 그들을 진실로 생각한다는 것을 느끼게 만드는 능력을 의미한다. 사람들은 깨닫고 싶어한다. 지도자가 사람들을 깨닫게 하지 못하면, 지도자의 언행이 모두 선거의 속임수고 준비된 각본에 따른 연설인 것이라면, 지도자에 대한 불신과 경멸 밖에 남지 않게 될 것이다. 링컨의 말처럼 지도자

---

[386] 필자는 2000년 10월 6일 계룡대에서 행한 특별강연과, 그 후 2004년 출간된 저서에서 "한국은 최첨단 국방력을 강화하여 북한이 어느 날 갑작스럽게 돌변해서 적의에 찬 군가를 소리 높이 부르지 않도록 하고 계속해서 겁먹은 채로 휘파람만 불 수밖에 없도록 최선의 노력을 다해야 한다"고 주장했었다. 강성학, 『새우와 고래싸움: 한민족과 국제정치』, 제6장, "햇볕정책과 한국의 안보: 북한은 나그네의 외투인가, 솔로몬의 방패인가?", pp. 201-225 참조.

가 진실만을 말한다면 사람들은 그를 믿고 따를 것이다. 고대 아테네의 테미스토클레스(Themistocles)나 페리클레스(Pericles) 그리고 근대에선 처칠(Churchill)이나 드골(de Gaulle) 그리고 루즈벨트(Roosevelt) 같은 민주주의 지도자들이 좋은 본보기들이다.

남북전쟁 당시 북부군의 많은 병사들은 링컨을 "링컨 아버지"(Father Lincoln)로 불렀다. 링컨의 나이 때문에 그를 아버지로 불렀던 것은 아니었다. 당시에는 오늘날과 다르게 아버지는 곧 스승과 같은 존재였다. 한국의 정치지도자도 일반 국민에게 예언자나 선각자의 수준은 아닐지라도 때로는 스승이나 가장과 같은 위치에 서는 것이 필요하다. 그렇다면 무엇을 위한 대중적 교육자의 역할인가? 그것은 한국인들로 하여금 무조건적 평화주의(pacifism)의 본능에서 벗어나게 하기 위함이다. 한국인들만 유독 평화를 애호하는 아주 특별한 민족은 아니다. 인간은 누구나 전쟁의 가능성에 공포를 느끼고 본능적으로 안전을 선호한다. 그러나 본능에 따르는 것이 반드시 지혜로운 것은 아니다. 평화를 위한 오늘의 선택이 내일의 안전을 포기하여 죽음을 더 확실히 할 수도 있다. 일반적으로 대중은 당장 눈앞의 안전을 더 선호한다.

그러나 국가의 지도자는 오늘의 평화와 안전뿐만 아니라 내일의 평화와 안전도 모색해야 한다. 일반 대중은 아무런 대가를 지불함이 없이 공짜로 평화를 향유하려 한다. 그러나 국가 지도자는 내일의 평화와 안전을 보장하기 위해 요구되는 값비싼 대가도 지불할 줄 알아야 한다. 그래서 지도자가 필요한 것이고, 그것이 지도자의 의무이기도 하다. 내일의 국가적 안전과 평화를 보장할 방법을 선택하기 위해서, 정치지도자는 오늘의 기회와 여러 가능성들을 평가하고 판단하기 위해 냉정하고 무정한 이성을 사용할 줄 알아야 한다. "우리가 남이냐?" 라든가 민족이 최우선이라는 등의 감상주의에 빠지면 안 된다.

성경의 창세기에 카인(Kain)이 동생인 아벨(Abel)을 살해하고, 로마를 세운 로물루스(Romulus)가 쌍둥이 형제 레무스(Remus)를 죽인[387] 이래, 우리말에 골육상쟁이란 말이 있듯이 형제 간이나 민족분규 그리고 동족 간의 전쟁은 역사적으로 언제나 국가간의 전쟁보다 더 가혹했고 잔인했다. 미국의 남북전쟁에서는 63만 명 이상이 죽었고, 이는 미국 수립 후 미국이 참전한 다른 모든 전쟁의 희생자를 다 합한

---

[387] Anthony Everitt, *The Rise of Rome: The Making of the World's Greatest Empire* (New York: Random House, 2012), p. 19.

것보다도 더 많았다. 라인홀드 니버(Reinhold Niebuhr)가 일찍이 지적했듯이, 인간은 도덕적일 수 있고 순교자가 될 수도 있지만 인간들의 집단은 이기적이며 국가는 가장 이기적 존재이다. 칼 슈미트(Carl Schmitt)의 주장처럼 국가 간의 정치란 친구와 적을 구별하는 것이다.

1860년 11월 에이브러햄 링컨이 미국의 대통령으로 당선되자 그가 취임도 하기 전에 남부 7개 주가 연방정부에서 탈퇴하여 국가연합을 탄생시켰다. 그러나 링컨은 자신이 미국의 제16대 대통령으로 취임할 때에도 이들을 적으로 간주하지 않았다. 링컨은 취임사에서 "우리는 적이 아니라 친구들이다. 우리가 적이 되어서는 안 된다. 열정이 격앙되더라도 그것이 애정의 유대를 깨뜨려서는 안 된다"고 강조했었다.[388] 그랬던 링컨도 일단 남부연합이 독립국가임을 선언하고 전쟁에 돌입하자 전쟁이 종식될 때까지 그들을 철저히 적으로만 간주했다. 그들이 무기를 들고 대적하는 한 그들을 적으로 간주할 수밖에 없었던 것이다. 국가 간 정치란 그런 것이다. 북한의 김씨 전제군주체제가 독립된

---

[388] 1861년 3월 4일에 행해진 링컨의 첫 대통령 취임사의 원문을 위해서는, Maureen Harrison and Steve Gilbert, eds., *Abraham Lincoln In His Words* (New York: Barns and Noble Books, 1996), pp. 293–305를 참조.

국가로서 행동할 뿐만 아니라 남한을 자기네 식으로 통일하겠다는 적대적 목적을 견지하는 한, 북한정권은 한국인들의 적이며, 그것도 "주적"이라는 엄연한 사실을 결코 부인해선 안 된다. 한국의 정치지도자는 대중에게 바로 이런 점들을 교육시켜야 한다.

남북한 간의 경쟁 아니 투쟁은 실존적 투쟁이다. 북한의 통치자가 문제로 인식하는 것은 남한의 정책이 아니라 남한의 "존재 그 자체"이다. 따라서 유화적 정책은 결코 성공할 수 없다. 유화정책에 따른 평화정착은 평화적 공존을 전제로 하는 것을 넘어 강자가 약자에게 추진할 때 가능한 것이다. 그러나 군사력 측면에서 약자가 강자에게 유화책을 실행한다는 것은 스스로 자멸의 길을 택하는 것이다.

윈스턴 처칠(Winston Churchill)이 일찍이 간파했던 것처럼, "유화정책 그 자체는 상황에 따라 좋은 것일 수도 있고 나쁜 것일 수도 있다. 유약함과 두려움에서 나오는 유화는 쓸모없고 치명적이다. 힘에서 나온 유화만이 장엄하고 고결하며, 또 세계평화로 가는 가장 확실한 그리고 아마도 유일한 길이 될지도 모른다."[389] 그러나 처칠은 공산주의자와

---

[389] Richard M. Langworth, ed., *The Patriot's Churchill* (London: Ebury Press, 2011), p. 123.

좋은 관계를 유지하려는 것은 악어를 달래는 것과 같다면서 "유화정책을 실행하는 자는 악어가 자기를 마지막으로 잡아먹길 소망하면서 악어에게 먹이를 주는 자이다"라고 지적했다. 이어 "악어가 입을 벌릴 때 우리는 그것이 미소를 지으려는 것인지 우리를 먹어 치우려고 준비하는 것인지 결코 알 수 없다"고 경고했다.[390] 처칠의 선구자인 링컨도 남북전쟁을 치르는 동안 승리의 순간까지 실존적 투쟁의 적에게 결코 유화정책을 실시하지 않았다.

한국의 정치지도자가 국민들에게 대북 유화정책의 위험성과 어리석음을 새롭게 인식시켜 북한의 김정은 전제군주체제와의 민족사적 투쟁에서 승리의 길로 국민을 이끌어 나아가기 위해서는 링컨이 보여준 대중적 교육자의 역할을 통해[391] 소위 "변환적 리더십"(transforming leadership)[392]을 발휘해야 할 것이다. 게다가 이러한 변환적 리더십을 제대로 발휘하기 위해서는 바로 적기의 포착, 즉 타이밍에

---

[390] Dominique Enright, ed., *The Wicked Wit of Winston Churchill* (London: Michael O'mara Books Limited, 2001), pp. 25, 42.

[391] Jeremi Suri, *The Impossible Presidency: The Rise and Fall of America's Highest Office* (New York: Basic Books, 2017), p. 292.

[392] James MacGregor Burns, *Leadership* (New York: Perennial, 1978), Part III.

대한 탁월한 감각(a sense of timing)이 긴요하다. 링컨은 노예해방선포를 위한 시기를 결정하는데 탁월한 타이밍 포착의 감각을 보여주었다.393 왜냐하면 솔론(Solon)이 일찍이 현명하게 말했듯이 그것이 아무리 도덕적으로 우월한 정책이라 할지라도 국가가 견뎌낼 수 있는 정도 이상의 선(善)이 시도돼서는 안되기 때문이다.

7. 한국의 지도자는 대장부처럼 행동해야 한다. 국민들의 지지를 확보하고 국가에 대한 충성을 진작시키기 위해 윤리적 가치를 결코 포기해서는 안 된다. 왜냐하면 인간은 본질적으로 도덕적 존재이기 때문이다. 링컨은 이 점을 잘 이해하고 있었다. 그리하여 김동길 교수의 주장처럼 그는 어떤 면에서 영원한 윤리적 대통령이 되었다. 그가 실현하려고 했던 노예제도의 폐지는 윤리적 신념의 구현이었다. 또한 그는 특히 두 번째 취임사에서 보여준 것처럼 복수를 모르는 인물, 원수마저 사랑하라는 기독교의 가르침을 실천한 지도자였다. 그의 행동과 연설과 글들이 단순히 합법

---

393 Douglas L. Wilson, "Abraham Lincoln and Shaping of Public Opinion," in George R. Goethals and Gary L. McDowell, eds., *Lincoln's Legacy of Leadership* (New York: Palgrave Macmillan, 2010), p. 148.

적인 것을 넘어 윤리적이었기에 그는 미국인들의 지지를 확보하고 또 유지해 나갈 수 있었다. 링컨이 수많은 연설과 글에서 보여준 놀라운 수사학은 그를 지지하지 않을 수 없게 만들었다. 그의 연설문이나 글은 곧바로 당시 수많은 신문들의 주목을 받았고 일반 국민들의 입에 오르내렸다. 오늘날 링컨이 여전히 존경받는 가장 중요한 이유들 중 하나는 그가 말했던 것과 그것을 말하는 방식 때문이다. 정치 지도자의 말과 그것을 말하는 방식은 참으로 중요한 것이다. 정치 지도자가 시인이거나 언어의 마술사일 필요는 없다. 진실이 담기기 않은 말은 아무리 화려해도 허공에서 맴돌 뿐이다. 링컨의 고결한 윤리성은 그가 최우선적 의무로 간주한 정직성에 있다. 링컨이 지적했듯이 지도자에겐 정직이 최선의 정책이다.[394] 그의 말처럼 우리는 어느 정도의 사람들을 영원히 속이거나 모든 사람들을 얼마 동안 속일 수 있을지는 몰라도, 모든 사람들을 영원히 속일 수는 없을 것이기 때문이다.

링컨은 성공적 전쟁수행을 위해 자신을 비웃었고 조롱

---

[394] 이것은 원래 지도자의 의무를 무엇보다도 중요시했던, 로마의 유명한 철학자요 정치가였던 키케로의 모토였다. 키케로에 관해서는, Anthony Everitt, *Cicero: The Life and Times of Rome's Greatest Politician* (New York: Random House, 2003) 참조.

까지 했던 인물들을 각료와 장군으로 임명했던 "정치적 천재"였지만,395 전쟁의 효율적 수행을 위해 단합된 국민적 여론과 지지를 지속적으로 유지해 나가기 위해서 필요할 때는 반역적 언론의 검열과 단속을 실시하고 반애국적 국회의원들의 구금도 주저하지 않았다. 그러나 링컨은 그것이 전쟁 수행에 꼭 필요한 조치임을 분명하게 밝히면서, 이러한 조치들이 일시적임을 분명히 하고 의회와 국민들의 이해를 촉구했다. 그는 정적들을 가혹하게 대한 적이 결코 없었다. 그는 전시의 엄격한 군법 위반에 대해서도 정상참작을 통해 수많은 병사들의 죄를 감면했다. 그는 소위 군자로서 인(仁)의 정치를 구현했던 대장부(大丈夫)였다.396 링컨은 오히려 우리에게 훨씬 더 친숙한 유교적 덕목을 실천에 옮김으로써 국민적 단합을 이끌었던 것이다.

이는 한국인들의 국내정치과정에서 참으로 요구되는 정치적 덕목이 아닐 수 없다. 자유민주주의에서 정치적 반대자는 경쟁자일 뿐이다. 그러나 한국의 국내정치는 마치 국내정치를 무정부적 자연상태의 국제정치로 오인하고, 적과

---

395 Doris Kearns Goodwin, *Team of Rivals: The Political Genius of Abraham Lincoln* (New York: Simon and Schuster, 2005), p. xvii.
396 강성학, 『한국의 지정학과 링컨의 리더십』, pp. 327–358 참조.

동지를 엄격하게 구별하며, 적개심과 복수심에서 정적을 탄압하고, 더 나아가 영원히 괴멸시키려 한다. 그들은 국내정치와 국제정치의 근본적 차이를 알지 못할 뿐만 아니라 오히려 정반대로 오인하고 있다. 다시 말해, 국내정치의 경쟁자는 적으로, 타국은 단순한 경쟁자로 인식하고 있다. 왜냐하면 그들에게 자신의 권력에 대한 경쟁자는 눈 앞에 있지만 타국의 적들은 눈에 보이지 않는 저 먼 곳에 있기 때문이다. 그러나 전쟁을 수행하는 와중에서도 링컨 대통령은 자신의 정적이나 비판자들에 대해 적개심을 품지 않았다. 왜냐하면 "내가 하는 일은 적개심으로 다루기엔 너무나 거대하다"[397]고 생각했기 때문이었다. 한국의 정치지도자들도 링컨이 보여준 군자나 대장부, 혹은 장엄한 정치가의 자세를 갖추어야 할 것이다.

8. 한국의 지도자는 국가의 매력을 높이도록 노력해야

---

[397] William Lee Miller, "The Magnanimity of Abraham Lincoln: 'What I Deal with Is Too Vast for Malicious Dealing'", in George R. Goethals and Gary L. McDowell, eds., *Lincoln's Legacy of Leadership* (New York: Palgrave Macmillan, 2010), p. 82; Joseph R. Fornieri, "Lincoln and Biblical Magnanimity," in Carson Holloway, ed., *Magnanimity and Statesmanship* (Lanham, Maryland: Lexington Books, 2008), pp. 171–196.

한다! 링컨은 전쟁이 시작되면서 국제사회의 움직임을 면밀히 주시하고 대처해 나갔다. 전쟁이 진행되면서 당시 유럽의 강대국들, 특히 영국과 프랑스는 자국의 이익을 위해 미국의 남북전쟁이 내전임에도 불구하고, 국익 보호를 명분으로 한 외교적·군사적 개입 가능성을 모색했다. 이에 따라 링컨은 특히 영국과 프랑스 그리고 러시아 정부와 각국 여론의 움직임에 세심한 주의를 기울였다. 그들이 자국의 전략적·경제적 이익을 명분으로 개입하는 경우 링컨의 승리는 요원해질 것이기 때문이다. 그들이 남부의 편을 들어 개입하는 경우는 물론이고, 중재에 나서 남북의 분열상황을 정당화하거나 휴전상태에 들어갈 경우, 그것은 결국 남부연합의 독립이 국제적 승인을 받아 미합중국이 붕괴될 수 있다는 것을 의미했다. 따라서 링컨은 유럽 강대국들이 북부의 승리를 예상할 수 있는 전과를 내야 하는 전략적 압박을 받을 수밖에 없었다. 링컨의 승리 가능성이 분명해야만 유럽 강대국들이 개입의 유혹에 빠지지 않을 것이기 때문이었다.

그리하여 링컨은 영국이나 프랑스가 남북전쟁에 개입하지 않도록 링컨 행정부가 추구하는 전쟁목적의 정당성을 각국에 홍보했다. 특히 이미 1830년대에 대영제국과 프랑스에서 노예제도와 노예무역을 폐지했었다. 따라서 남부연합이 존속시키려는 노예제도는 시대착오적 죄악으로 선전할 수 있었다. 그리고 바로 그러한 이유에서 영국이나 프랑스의 국민적 여론은 북부에 호의적이었다. 그러나 전쟁이 시작되면서 링컨이 실시한 남부에 대한 봉쇄정책은 남부로부터의 대규모 목화수입에 의존하고 있는 영국과 프랑스의 섬유산업에 결정적 타격을 입혔다. 따라서 미국의 내전에 남부 편을 들어 개입해야 한다고 강력히 주장하는 세력들이 존재했다. 그러나 노예제도에 반대하는 링컨 정부의 윤리적 명분을 극복할 만큼 강력한 세력이 되지는 못했다. 링컨이 국제적 홍보전략에서도 승리한 것이다. 링컨의 정책은 시대의 정신과 부합되는 강력한 도덕적 호소력이 있었다. 이러한 도덕적 명분으로 인해 영국과 프랑스는 엄청난 경제적 손실에 따른 국가경제의 피해에도 불구하고 개입할 수 없었다.

국제정치가 본질적으로 권력정치의 마키아벨리적 세계임에는 분명하다. 그렇다고 해서 국가 간의 관계가 도덕적 가치가 완전히 배제된 물리적 세계만은 아니다. 소위 연성권력(soft power)이 때로는 기대 이상의 영향을 미치는 경우도 있다. 특히 매스 미디어의 비약적 발전과 확장으로 인해 세계여론이 오늘날처럼 거의 즉각적 반응을 집단적으로 표출하는 시대에 국가 정책의 도덕적 가치는 국제사회에서 무시할 수 없는 영향력을 행사하기도 한다. 따라서 국가의 정책에서 공공외교(public diplomacy)를 통한 도덕적 우월성을 유지하고 선전하는 것이 필요하다고 하겠다.

9. 한국의 지도자는 동맹을 강화하도록 최선을 다해야 한다! 국가의 지도자가 무장한 예언자가 되기 위해서는 국가가 우선 제대로 무장해야 한다. 군사력 증강에 최우선적 순위를 두어야 한다. 강력한 군사력은 전장에서 승리하기 위해서만 필요한 것이 아니다. 강력한 군사력은 외교의 무대에서도 긴요하다. 왜냐하면 프러시아(Prussia)의 프레더릭 대왕(Frederick the Great)이 일찍이 간파했듯이 무력 없는 외교는 악기 없는 음악이나 마찬가지이기 때문이다. 그러나 모든 국가가 동일한 수준의 군사력을 보유할 수는 없다. 그것은 그 나라의 총체적 역량에 의해서 제약되기 때문이다. 그래서 국가는 자국의 제한된 군사력을 보완하기 위해서 항상 동맹국가를 찾았다.

남북전쟁 당시 미국의 링컨 대통령은 남부연합과의 전쟁에 돌입했지만 구태여 동맹국을 찾지 않았다. 남부와의 전쟁에서 궁극적으로 승리를 가져오기에 충분한 무장능력을 스스로 갖고 있었기 때문이다. 그러나 한국은 한반도를 중심으로 전개되는 국제정치적 조건에서 필요한 군사력을 자력으로 감당할 충분한 역량을 갖고 있지 못하다. 이것은 구한말의 비극적 역사는 물론이고 1950년 발생한 한국전쟁의 역사가 생생하게 증명해주고 있다. 바로 그러한 이유 때문에 한국은 국가적 생존을 위해 미국과 동맹을 맺고 지금까지 소중하게 유지해 오고 있는 것이다. 그런데 동맹의 지속적 유지는 언제나 주의 깊은 관리와 종종 비싼 대가의 지불을 요구한다. 그렇지 않을 경우 국가 간 동맹은 지속되지 않는다. 동맹국가와의 관계란 그 영향력이나 경제적 이익 면에서 결코 상호 간 엄격히 균등한 관계일 수가 없기 때문이다.

1955년 4월 5일 80세의 윈스턴 처칠 수상은 그의 두 번째 수상직을 스스로 사임하는 마지막 각료회의를 마치면서 각료들에게 "결코 미국인들과 헤어지지 말라"(Never be separated from the Americans)는 마지막 말을 유언처럼 당부했었다.[398] 유럽이 히틀러의 무자비한 군사력에 굴복한 뒤 독일

---

[398] Martin Gilbert, *Churchill: A Life* (New York: Henry Holt and Company, 1991), p. 939.

과의 전쟁에서 고군분투하던 영국은, 소련과 미국이 제2차 세계대전에 참가하자 연합국과의 전략적 협력이 긴요하게 되었다. 그 결과 미국, 소련의 최고 지도자들과 1943년 테헤란에서 최초로 열린 정상회담에서 처칠은 영국 군사력의 상대적 열세로 인해 그때까지 균등했던 3국 관계에서 영국이 미국과 소련의 주니어 파트너(junior partner)로 전락하고 있음을 실감했다. 이후 열린 얄타회담과 포츠담회담에서 3국 간의 불균등한 영향력은 심화되었지만 처칠은 주어진 여건에서 자신이 할 수 있는 최선을 다했다. 그는 동맹국들 사이에서도 군사력의 차이에서 오는 어쩔 수 없는 영향력의 감소를 조용히 감수했던 것이다. 왜냐하면 그 길만이 동맹의 결속을 유지시킬 것이기 때문이었다. 그런 과정을 직접 체험했던 처칠이었지만 그는 영국의 국가이익을 위해, 미국과의 불균등한 동맹 유지를 위해 수상으로서 최선을 다했고, 또 수상직을 사임하는 순간까지 그 동맹관계의 중요성을 강조했다.

영국인들이 미국과의 동맹관계를 관리해 나가는데 있어서 얼마나 세심했는가를 보여주는 또 다른 행동도 있다. 2006년 12월 31일 영국의 에드워드 볼스(Edward Balls) 경제장관이 미국의 재무부 앞으로 미국정부에게 보내는 감사의 편지와 함께 8,330만 달러 짜리 마지막 수표를 발행했다. 그것은 1941년 미국의 무기대여법(the Lend-Lease Act)에 입각하여 영국이 미국에 진 빚을 갚는 마지막 수표였다.399 제2차 대전의 동맹국인 미국에 진 빚을 65년에 걸쳐 감사의 편지와 함께 갚아온 것이다. 이 지구상에 영국이 아닌 어느 국가가 전시에 진 빚을 그렇게 맹종하듯 꼼꼼하게 갚을 수 있을까? 이것은 참으로 주목할 만한 행동이라고 생각된다. 동맹관계를 어떻게 관리해야 하는가를 보여주는 중요한 사례라고 하겠다. 영국이 두 초강대국이 지배했던 냉전시대에는 물론이고 지금까지도 높은 국제적 위상과 대미 영향력을 유지하는 비결은 바로 이러한 외교적 기민함에서 나오는 것이라 해도 과언이 아니다. 동맹관계란 그렇게 세심하게 관리되어야 하는 것이다.

한미동맹은 오늘의 대한민국을 가능하게 해 준 기본적이고 구조적인 조건이었다. 한국이 국가안보를 유지하고, 한강의 기적을 통해 오늘날의 한국으로 발전하고 번영하는데 있어서 동맹국 미국은 한국인들을 위한 일종의 신부(God Father)였고 또 동시에 유모(nanny)였다.400 오늘의 한국

---

399 Boris Johnson, *The Churchill Factor: How One Man Made History* (New York: Riverhead Books, 2014), p. 242.

은 번영하는 자유민주주의 국가로 발전했다. 그러나 한반도의 지정학적 조건이나 한반도의 분단체제가 근본적으로 달라진 것은 없다. 따라서 한국이 기존의 안전보장과 번영을 유지하고 궁극적인 통일을 이룩하려면 한미동맹체제의 유지가 가장 중요한 국제적 조건이다. 처칠이 영국인들에게 권고했던 말을 원용하여 말한다면 "한국인들은 결코 링컨의 나라 미국과 결별하지 말라"가 될 것이다.

10. 한국의 지도자는 영원한 동맹이란 없다는 것을 명심하고 대비해 나가야 한다! 미국의 대외정책에는 뿌리깊은 "불간섭주의의 전통"이 언제나 잠복해 있다. 링컨의 외교정책은 미국이 세계의 모든 인류를 위한 민주정부의 성공적 본보기로서 미국의 역할을 확장하려 했다는 점에서 광범위하고 대외 지향적이었지만, 동시에 "외국과 연루되는 것"(foreign entanglement)을 최소화하려 했다는 점에서 동시에

---

400 강성학, 『이아고와 카산드라: 항공력 시대의 미국과 한국』(서울: 도서출판 오름, 1997), 특히 제3장 "주한미군과 한반도: 역사적 전개와 의미" 참조. 영문판으로는, Sung-Hack Kang, *Korea's Foreign Policy Dilemmas: Defining State Security and the Goal of National Unification* (Kent, UK: Global Oriental, 2011), especially, chapter 6.

내부 지향적이고 "소극적"이었다.[401] 이것은 링컨이 미국외교정책의 수행에 있어서도 국부들의 정신과 정책을 따랐었다는 것을 의미한다. 즉 링컨은 소위 "워싱턴 규칙"(the Washington Rules)을 외교정책 측면에서 고수했던 것이다. 동 규칙은 1796년 조지 워싱턴 초대 대통령이 그의 유명한 고별사(the Farewell Address)에서 제시했었던 것이다. 그것은 미국이 어떤 국가와도 항구적인 동맹을 맺지 않고 오직 위급시에만 일시적 동맹을 허용하는 것이다. 이 워싱턴 규칙은 1801년 토마스 제퍼슨(Thomas Jefferson)이 타국에게 말려드는 동맹(entangling alliance)을 피하라는 경고로 재천명함으로써, 국부들의 교훈적 유산으로 오랫동안 적어도 제2차 세계대전 때까지 간직되어 왔다. 이것은 미국의 고립주의적 외교정책, 더 정확히 표현한다면 미국의 불간섭주의적 외교정책 전통의 기원이라고 할 수 있다.[402]

---

[401] Dean B. Mahin, *One War at a Time: The International Dimension of the American Civil War* (Washington, D.C.: Brassey's, 1999), p. 262. Byron W. Daynes and Hyrum Salmond, "Shaping American Foreign Policy: Comparing Lincoln/Seward and Nixon/Kissinger," in Robert P. Watson, William D. Pederson, and Frank J. Williams, *Lincoln's Enduring Legacy: Perspectives from Great Thinkers, Great Leaders, and the American Experiment* (Lanham, Maryland: Lexington Books, 2011), p. 218에서 재인용.

링컨은 4년에 걸친 내전 기간 동안, 특히 전쟁 초기 전투에서의 거듭된 패전에도 불구하고 타국과의 동맹을 통한 전략적 혹은 경제적 도움을 받으려 전혀 시도하지 않았으며 심지어 일순간 생각하지도 않았다. 동맹국의 도움을 받는다면 전쟁을 보다 손쉽고 신속하게 종결할 수도 있었을 것이다. 물론 일단 어떤 국가가 북부의 동맹이 된다면 또 다른 국가가 남부의 동맹국이 되어 미국 내전이 국제전쟁으로 확대될 위험성도 있었다. 그러나 만일 북부만 동맹을 확보한다면 전쟁을 훨씬 더 신속하게 승리로 이끌 수도 있는 것이었다. 그러나 링컨은 타국들의 개입을 경계했을 뿐 동맹이 가능성을 전혀 고려하지 않았다는 사실이 중요하다. 이는 링컨 자신이 존경했던 조지 워싱턴 대통령의 외교정책적 규칙을 준수하고 있었던 것으로 이해할 수 있다.

링컨의 불간섭주의 원칙은 미국이 주도한 중립주의의 발전에 기여했을[402] 뿐만 아니라 워싱턴 규칙을 미국의 강력한 전통으로 발전시키는데 기여했다. 미국의 이 전통은 20세기

---

[402] 강성학, 『카멜레온과 시지프스: 변천하는 국제질서와 한국의 안보』(서울: 나남출판, 1995), pp. 491–492.

[403] Syngman Rhee, *Neutrality as Influenced by the United States* (Leopold Classic Library, 2016; originally 1910), Chapter 5.

초인 1905년 러일전쟁이 끝나갈 무렵 미국의 시어도어 루즈벨트(Theodore Roosevelt) 대통령 행정부 시대 미국이 일본과 합의한 소위 가쓰라-태프트 협약(the Katsura-Taft Agreement)에서도 잘 나타나 있다. 이 협약은 후에 이승만 박사를 비롯하여 많은 한국인들의 그칠 줄 모르는 원망을 샀었지만,404 사실 그것은 당시까지 강력하게 유지되어온 미국의 외교정책적 전통이 그대로 반영된 것이었다. 비록 미국이 제2차 세계대전 후 긴 냉전의 시기 동안 국제주의(internationalism)를 주도했지만 월남전을 계기로 시작된 미국의 전통적 고립주의, 즉 불간섭주의적 분위기는 점점 기력을 회복해왔으며 최근 버락 오바마 행정부의 시기에 부활하고 있는 조짐이 보다 더 선명해졌다.405 2017년 출범한 트럼프 대통령은 미국 국가이익을 최우선에 두는 정책을 추구하겠다고 선언했다. 그렇다면 트럼프 행정부는 한반도에서 보다 더 셰익스피어의 이아고(Iago)처럼406 행동할 것이다. 따라서 한국인들은

---

404 강성학, 『시베리아 횡단열차와 사무라이: 러일전쟁의 외교와 군사 전략』(서울: 고려대학교 출판부, 1999), pp. 644–645.
405 이 점에 대한 필자의 보다 상세한 논의를 위해서는, 강성학, 『한국의 지정학과 링컨의 리더십』(서울: 고려대학교 출판문화원, 2017)의 제1장, "중국의 지정학적 도전과 한-미-일 민주국가들의 응전: 재균형이 잘 이루어질 수 있을까?"를 참조.
406 Sung-Hack Kang, *Korea's Foreign Policy Dilemmas: Defining State*

"정치의 세계에서 누구나 자신에게 이익이 되지 않는 한 순전히 이웃을 위해 하는 일은 없다"는 비스마르크(Bismarck)의 경고를 잊지 말아야 할 것이다. ___ 강성학

Security and the Goal of National Unification (Kent, UK: Global Oriental, 2011), p. 382.

참고문헌

강성학, 『카멜레온과 시지프스: 변천하는 국제질서와 한국의 안보』, 서울: 나남출판, 1995.
_____, 『시베리아 횡단열차와 사무라이: 러일전쟁의 외교와 군사전략』, 서울: 고려대학교 출판부, 1999.
_____, 『새우와 고래싸움: 한민족과 국제정치』, 서울: 박영사, 2004.
_____, 『인간神과 평화의 바벨탑: 국제정치의 원칙과 평화를 위한 세계헌정질서의 모색』, 서울: 고려대학교 출판부, 2006.
_____, 『전쟁神과 군사전략: 군사전략의 이론과 실천에 관한 논문선집』, 서울: 리북, 2012.
_____, 『한국의 지정학과 링컨의 리더십: 동아시아의 지정학적 변화와 국가통일의 리더십』, 서울: 고려대학교 출판문화원, 2017.
김동길, 『링컨의 일생』, 서울: 샘터사, 2015 (초판은 1976년 출간).
이선근, 『한국사: 최근세편』, 서울: 을유문화사, 1961.

Analects.
Han Fei Tzu.
House document.
Li Chi.
Mencius.
Pictorial Lincoln (Kodansha).
Statutes at large.
Tao Te Ching.

Akiyama, Yaichi, The *Great Man Lincoln* [in Japanese], Tokyo: Kyo-bun-kan, 1933.

Allen, H. C., "Civil War, Reconstruction, and Great Britain," in Harold M. Hyman, ed., *Heard Round the World: The Impact Abroad of the Civil War*, New York: Knopf, 1969.

Arnold, Issac Newton, *The Life of Abraham Lincoln*, Chicago: Jansen, McClurg & Company, 1885.

Auchincloss, Louis, *Theodore Roosevelt*, New York: Times Books, 2001.

Avineri, Shlomo, *Hegel's Theory of the Modern State*, New York: Cambridge University Press, 1972.

Baker, Jean H., "Lincoln's Narrative of American Exceptionalism," in James M. McPherson, ed., *We Cannot Escape History: Lincoln and The Last Best Hope of Earth*,

Urbana and Chicago: University of Illinois Press, 1995.
_____, *James Buchanan*, New York: Times Books, 2004.
Basler, Roy P., Marion D. Pratt, and Lloyd A. Dunlap, eds., *The Collected Works of Abraham Lincoln*, 9 vols. New Brunswick: Rutgers University Press, 1953.
Basler, Roy P., ed., *Abraham Lincoln: His Speeches and Writings*, New York: Grosset and Dunlap, 1962.
Bell, Daniel A. "Just War and Confucianism: Implications for the Contemporary World," in Daniel A. Bell, ed., *Confucian Political Ethics*, Princeton and Oxford: Princeton University Press, 2008.
_____, ed., *Confucian Political Ethics*, Princeton and Oxford: Princeton University Press, 2008.
Bemis, Samuel Flagg, et al., eds., *The American Secretaries of State and Their Diplomacy*, New York: Pageant Book Company, 1958.
Benson, Godfrey Rathbone (1st Baron Charnwood), *Abraham Lincoln*, London: Constable, 1916.
Beringer, Richard E., et al., *Why the South Lost the Civil War*, Athens and London: The University of Georgia Press, 1986.
Bernard, Kenneth A., *Lincoln and the Music of the Civil War*, Caldwell, Idaho: The Caxton Printers, 1966.

Berns, Walter, *Making Patriots*, Chicago: University of Chicago Press, 2001.

_____, *Lincoln at Two Hundred: Why We Still Read the Sixteenth President*, Washington, D.C.: The AEI Press, 2010.

Biagini, Eugenio F., "The Principle of Humanity: Lincoln in Germany and Italy, 1859-1865," in Richard Carwardine and Jay Sexton, eds., *The Global Lincoln*, New York: Oxford University Press, 2011.

Binns, Henry Bryan, *Abraham Lincoln*, London: Everyman Library, 1907.

Bix, Herbert P., *Hirohito and the Making of Modern Japan*, New York: HarperCollins, 2000.

Blight, David W., *Beyond the Battlefield: Race, Memory, & the American Civil War*, Boston: University of Massachusetts Press, 2002.

Borneman, Walter R., *Polk: The Man Who Transformed the Presidency and America*, New York: Random House, 2008.

Boyd, Carolyn P., *Historia Patria: Politics, History and National Identity in Spain 1875-1975*, Princeton: Princeton University Press, 1997.

_____, "A Man for All Seasons: Lincoln in Spain," in Richard Carwardine and Jay Sexton, eds., *The Global*

Lincoln, New York: Oxford University Press, 2011.

Brands, H. W., *T. R.: The Last Romantic*, New York: Basic Books, 1997.

_____, *Woodrow Wilson*, New York: Times Books, 2003.

Brandt, Willy, *Begegnungen und Einsichten*, Hamburg: Hoffmann und Campe, 1976.

Broers, Michael, "Changes in War: The French Revolutionary and Napoleonic Wars," in Hew Strachan and Sibylle Scheipers, eds., *The Changing Character of War*, Oxford: Oxford University Press, 2011.

Brookhiser, Richard, *Founders' Son: A Life of Abraham Lincoln*, New York: Basic Books, 2014.

Brooks, Noah, *Washington, D.C. in Lincoln's Time*, New York: Collier Books, 1962 (원제는 *Washington in Lincoln's Time*, New York: The Century Company, 1895).

Bullard, F. Lauriston, *Abraham Lincoln and the Widow Bixby*, New Brunswick: Rutgers University Press, 1946.

_____, *Was "Abe" Lincoln a Gentleman?*, Boston: The Boston University Press, 1952.

Bunting III, Josiah, *Ulysses S. Grant*, New York: Times Books, 2004.

Carpenter, Francis B., *Six Months at the White House with Abraham Lincoln*, New York: Hurd and Houghton, 1867.

Carwardine, Richard, and Jay Sexton, "The Global Lincoln," in Richard Carwardine and Jay Sexton, eds., *The Global Lincoln*, New York: Oxford University Press, 2011.

Carwardine, Richard, "Lincoln's Horizons: The Nationalist as Universalist," in Richard Carwardine and Jay Sexton, eds., *The Global Lincoln*, New York: Oxford University Press, 2011.

Catton, Bruce, *America Goes to War: The Civil War and Its Meaning in American Culture*, Middletown, Connecticut: Wesleyan University Press, 1986 (초판은 1958년 출간).

Choi, Tai Yung, *Abraham Lincoln*, Seoul: The Christian Literature Society of Korea, 1929.

Churchill, Winston, *History of the English-Speaking Peoples: The Great Democracies*, London: Cassel, 1956.

Cooper, John Milton, Jr., *The Warrior and the Priest: Woodrow Wilson and Theodore Roosevelt*, Cambridge: The Belknap Press of Harvard University Press, 1983.

Crosby, Frank, *Life of Abraham Lincoln, Sixteenth President of the United States*, Philadelphia: John E. Potter, 1865.

Cunningham, Michele, *Mexico and the Foreign Policy of Napoleon III*, New York: Palgrave 2001.

Daynes, Byron W., and Hyrum Salmond, "Shaping American Foreign Policy: Comparing Lincoln/Seward and

Nixon/Kissinger," in Robert P. Watson, William D. Pederson, and Frank J. Williams, *Lincoln's Enduring Legacy: Perspectives from Great Thinkers, Great Leaders, and the American Experiment*, Lanham, Maryland: Lexington Books, 2011.

Dennett, Tyler, "Seward's Far Eastern Policy," *The American Historical Review*, Vol.28, No.1 (1923), pp. 45–62.

DeVoto, Bernard, *The Year of Decision: 1846*, Boston: Houghton Mifflin, 1989 (초판은 1942년 출간).

Enright, Dominique, ed., *The Wicked Wit of Winston Churchill*, London: Michael O'mara Books Limited, 2001.

Everitt, Anthony, *Cicero: The Life and Times of Rome's Greatest Politician*, New York: Random House, 2003.

_____, *The Rise of Rome: The Making of the World's Greatest Empire*, New York: Random House, 2012.

Fairbank, John K., Edwin O. Reischauer, and Albert M. Craig, *East Asia: The Modern Transformation*, Boston: Houghton Mifflin Company, 1965.

_____, *East Asia: Tradition and Transformation*, re. ed., Belmont, CA: Wadsworth Publishing, 1989.

Fairbank, John K., *The United States and China*, New York: The Viking Press, 1966.

Ferguson, Andrew, *Land of Lincoln: Adventures in Abe's*

America, New York: Grove Press, 2007.

Foner, Eric, *Nothing But Freedom: Emancipation and Its Legacy*, Baton Rouge: Louisiana State University Press, 2007 (초판은 1983년 출간).

_____, *Reconstruction: America's Unfinished Revolution 1863-1877*, New York: Harper & Row, 2014 (초판은 1988년 출간).

Fornieri, Joseph R., "Lincoln and Biblical Magnanimity," in Carson Holloway, ed., *Magnanimity and Statesmanship*, Lanham, Maryland: Lexington Books, 2008.

Franklin, John Hope, *From Slavery to Freedom*, New York: Alfred A. Knopf, 1948.

Fukuyama, Francis, *The End of History and the Last Man*, New York: The Free Press, 1992.

Gaines, Kevin, *American Africans in Ghana: Black Expatriates in the Civil Rights Era*, Chapel Hill: University of North Carolina press, 2006.

_____, "From Colonization to Anti-colonialism: Lincoln in Africa," in Richard Carwardine and Jay Sexton, eds., *The Global Lincoln*, New York: Oxford University Press, 2011.

Gandhi, M.K., "Abraham Lincoln," in *The Collective Works of Mahatma Gandhi*, 100 vols. New Delhi: Publication

Division, Ministry of Information and Broadcasting, Government of India, Vol. 4.

Gerste, Ronald D., *Abraham Lincoln: Begründer des Modernen Amerika*, Regenburg: Pustet, 2008.

Gilbert, Martin, *Churchill: A Life*, New York: Henry Holt and Company, 1991.

Goodwin, Doris Kearns, *Team of Rivals: Political Genius of Abraham Lincoln*, New York: Simon & Schuster, 2005.

Gordon-Reed, Annette, *Andrew Johnson*, New York: Times Books, 2011.

Gould, Lewis L., *The William Howard Taft Presidency*, Lawrence: University Press of Kansas, 2009.

_____, *The Presidency of Theodore Roosevelt*, Oxford: Oxford University Press, 2012.

Greenberg, David, *Calvin Coolidge*, New York: Times Books, 2006.

Guelzo, Allen C., *Abraham Lincoln: Redeemer President*, Grand Rapids, Michigan: William B. Eerdmans Publishing Co., 1999.

Hamilton, Charles, and Lloyd Ostendorf, *Lincoln in Photographs*, Norman: University of Oklahoma Press, 1963.

Hanna, Alfred Jackson, and Kathryn Abbey Hanna, *Napoleon*

III and Mexico: American Triumph over Monarchy, Chapel Hill: University of North Carolina Press, 1971.

Harrison, Maureen, and Steve Gilbert, eds., *Abraham Lincoln In His Words*, New York: Barns and Noble Books, 1996.

Hayward, Steven F., *Patriotism Is Not Enough: Harry Jaffa, Walter Berns, and the Arguments that Redefined American Conservatism*, New York: Encounter Books, 2017.

Higgins, Marguerite, *War in Korea: The Report of a Woman Combat Correspondent*, Borodino Books, 2017 (초판은 1951년 출간).

Hofstadter, Richard, *The American Political Tradition*, New York: Alfred A. Knopf, 1948.

Holzer, Harold, and Norton Garfinkle, *A Just and Generous Nation: Abraham Lincoln and the Fight for American Opportunity*, New York: Basic Books, 2015.

Howard, Michael, *The Franco-Prussian War: The German Invasion of France 1870-1871,* 2nd ed., London: Routledge, 2001 (초판은 1961년 출간).

Hsü, Immanuel C. Y., *The Rise of Modern China*, New York: Oxford University Press, 1970.

Hyman, Harold M., ed., *Heard Round the World: The Impact Abroad of the Civil War*, New York: Knopf, 1969.

Ikeda, Norimasa, *Lincoln*, Tokyo: Dainihon Yubenkai

Kodansha, 1952.

Ingersoll, Robert G., "The Great Memory of Our World," in Allen Thorndike Rice, ed., *Reminiscences of Abraham Lincoln by Distinguished Men of His Times*, New York: Harper & Brothers Publishers, 1909.

Jaffa, Harry V., *A New Birth of Freedom: Abraham Lincoln and the Coming of the Civil War*, Lanham: Rowman & Littlefield, 2000.

Jenkins, Roy, *Gladstone: A Biography*, New York: Random House, 2002.

_____, *Franklin Delano Roosevelt*, New York: Times Books, 2003.

Jividen, Jason R., *Claiming Lincoln: Progressivism, Equality, and the Battle for Lincoln's legacy in Presidential Rhetoric*, Dekalb, Illinois: Northern Illinois University, 2011.

Johnson, Boris, *The Churchill Factor: How One Man Made History*, New York: Riverhead Books, 2014.

Jones, Howard, "Introduction," in Robert Penn Warren, *The Legacy of the Civil War*, Lincoln: University of Nebraska Press, 1998 (초판은 1961년 출간).

_____, *Blue and Gray Diplomacy: A History of Union and Confederate Foreign Relations*, Chapel Hill: University of North Carolina Press, 2010.

Kagawa, Toyohiko, "Making the World as My Home," in *The Complete Works of Kagawa Toyohiko* [in Japanese], Vol. 23, Tokyo: Kirisuto Shinbunsha, 1963.

Kang, Sung-Hack, *Korea's Foreign Policy Dilemmas: Defining State Security and the Goal of National Unification*, Kent, UK: Global Oriental, 2011.

Kaplan, Robert D., *Earning the Rockies: How Geography Shapes America's Role in the World*, New York: Random House, 2017.

Kass, Leon R., "Introduction," in Walter Berns, *Lincoln at Two Hundred: Why We Still Read the Sixteenth President*, Washington, D.C.: The AEI Press, 2010.

Kenny, Kevin, "'Freedom and Unity': Lincoln in Irish Political Discourse," in Richard Carwardine and Jay Sexton, eds., *The Global Lincoln*, New York: Oxford University Press, 2011.

Kim, Donggill, *Abraham Lincoln: An Oriental Interpretation*, Seoul: Jungwoo-sa, 1983.

Kojeve, Alexander, *Introduction to the Reading of Hegel*, New York: Basic Books, 1969.

Lal, Vinay, "Defining a Legacy: Lincoln in the National Imaginary of India," in Richard Carwardine and Jay Sexton, eds., *The Global Lincoln*, New York: Oxford

University Press, 2011.

Lamon, Ward Hill, *Recollections of Abraham Lincoln*, Washington, D.C.: The University Press, 1911.

Langworth, Richard M., ed., *The Patriot's Churchill: An Inspiring Collection of Churchill's Finest Words*, London: Ebury Press, 2011.

Latourette, Kenneth Scott, *The Chinese: Their History and Culture*, New York: Macmillan Company, 1967.

Leech, Margaret, *Reveille in Washington 1860-1865*, New York and London: Harper and Brothers, 1941.

Lew, Yu-Tang Daniel, ed., *The Universal Lincoln*, Taipei: The Lincoln Society, 1995.

Lorant, Stefan, *Lincoln: A Picture Story of His Life*, New York: Harper and Brothers, 1952.

MacDonald, James, "Theodore Roosevelt and the Heirs of Abraham Lincoln," in Robert P. Watson, William D. Pederson, and Frank J. Williams, eds., *Lincoln's Enduring Legacy: Perspectives from Great Thinkers, Great Leaders, and the American Experiment*, Lanham, Maryland: Lexington Books, 2011.

Mackinder, Halford J., *Democratic Ideals and Reality*, New York: Henry Holt and Co., 1919.

Mahin, Dean B., *One War at a Time: The International*

Dimension of the American Civil War, Washington, D.C.: Brassey's, 1999.

Manela, Erez, *The Wilsonian Moment: Self-Determination and the International Origins of Anticolonial Nationalism*, Oxford: Oxford University Press, 2007.

Mao, Tse-tung, *Talks at the Yenan Forum on Literature and Art*, Peking: Foreign Languages Press, 1965.

Matsumura, Kaiseki, *Biography of Lincoln* [in Japanese], Tokyo: Maruzen Shosha Shoten, 1890.

McPherson, James, *Battle Cry of Freedom: The Civil War Era*, Oxford: Oxford University Press, 1988.

_____, *Abraham Lincoln and the Second American Revolution*, New York: Oxford University Press, 1991.

_____, ed., *We Cannot Escape History: Lincoln and The Last Best Hope of Earth*, Urbana and Chicago: University of Illinois Press, 1995.

_____, *The War that Forged a Nation: Why the Civil War Still Matters*, Oxford: Oxford University Press, 2015.

Miller, Nicola, "'The Great and Gentle Soul': Images of Lincoln in Latin America," in Richard Carwardine and Jay Sexton, eds., *The Global Lincoln*, New York: Oxford University Press, 2011.

Miller, William Lee, "The Magnanimity of Abraham Lincoln:

'What I Deal with Is Too Vast for Malicious Dealing'", in George R. Goethals and Gary L. McDowell, eds., *Lincoln's Legacy of Leadership*, New York: Palgrave Macmillan, 2010.

Monaghan, Jay, *Lincoln Bibliography 1839-1939*, Springfield: Illinois State Historical Library, 1943.

_____, *Diplomat in Carpet Slippers*, Indianapolis: Bobbs-Merrill Company, 1945.

Moore, Barrington, Jr., *Social Origins of Dictatorship and Democracy: Lord and Peasant in the Making of the Modern World*, Boston: Beacon Press, 1966.

Moore, R. Laurence, *European Socialists and the American Promised Land*, New York: Oxford University Press, 1970.

Morgan, Kenneth O., "*Kentucky's 'Cottage-Bred Man': Abraham Lincoln and Wales*," in Richard Carwardine and Jay Sexton, eds., *The Global Lincoln*, New York: Oxford University Press, 2011.

Morse, John T., ed., *Diary of Gideon Welles*, Boston and New York: Houghton Mifflin Company, 1911.

Nagler, Jörg, *Abraham Lincoln: Amerikas Großer Präsident*, Darmstadt: Verlag C.H. Beck, 2009.

_____, "National Unity and Liberty Lincoln's Image and Reception in Germany, 1971-1989," in Richard

Carwardine and Jay Sexton, eds., *The Global Lincoln*, Oxford: Oxford University Press, 2011, p. 243.

Nicolay, Helen, *Personal Traits of Abraham Lincoln*, New York: The Century Company, 1912.

Niebuhr, Reinhold, *Moral Man and Immoral Society*, New York: Charles Scribner's Sons, 1960.

_____, *The Irony of American History*, New York: Charles Scribner's Sons, 1962.

Nora, Pierre, "Between Memory and History: Les Lieux Memoire," *Representations*, Vol. 26 (Spring 1989), pp. 7 - 25.

Obama, Barack, *The Audacity of Hope: Thoughts on Reclaiming the American Dream*, New York: Broadway Paperbacks, 2006.

Ono, Takeo, *Lincoln: The Embodiment of Democracy* [in Japanese], Tokyo: Hoei-sha, 1959.

Padover, Saul K., ed. and trans., *Karl Marx on America and the Civil War*, New York, 1972.

Pahk, Induk, *September Monkey*, New York: Harper and Brothers, 1954.

Perdoni, Matthew L., "Lincoln, Hamilton, and Sun Yat-sen," in Jyotirmaya Tripathy, Sura P. Rath, and William D. Pederson, eds., *Abraham Lincoln Without Borders: Lincoln's*

Legacy Outside the United States, Delhi, India: Pencraft International, 2010.
Peters, Charles, *Lyndon B. Johnson*, New York: Times Books, 2010.
Peterson, Merrill D., *Lincoln in American Memory*, New York: Oxford University Press, 1995.
Pinkney, David H., "France and the Civil War," in Harold Hyman, ed., *Heard Round the World: The Impact Abroad of the Civil War*, New York: Alfred A. Knopf, 1968.
Post, Gaines, *Memoirs of a Cold War Son*, Iowa city: University of Iowa Press, 2000.
Potter, David M., *The Impending Crisis*, New York: HarperCollins, 1976.
Powell, C. Percy, *Lincoln Day by Day: A Chronology, 1809-1865*, Washington: Lincoln Sesquicentennial Commission, 1960.
Rahe, Paul A., *Soft Despotism, Democracy's Drift*, New Haven: Yale University Press, 2009.
Randall, J. G., *Lincoln: The Liberal Statesman*, New York: Dodd, Mead & Company, 1947.
Ransom, Roger L., and Richard Sutch, *One Kind of Freedom: The Economic Consequences of Emancipation, 2nd. ed.*, Cambridge: Cambridge University Press, 2001 (초판은

1977년 출간).

Rhee, Syngman, *Neutrality as Influenced by the United States*, A Dissertation Presented to the Faculty of Princeton University in Candidacy for the Degree of Doctor of Philosophy, Leopold Classic Library, 2016 (초판은 1910년 출간).

Rice, Allen Thorndike, ed., *Reminiscences of Abraham Lincoln by Distinguished Men of His Times*, New York: Harper & Brothers Publishers, 1909.

Sakurai, Oson, *Tales of Lincoln* [in Japanese], Tokyo: Teibi Press, 1912.

Salmon, Andrew, *To the Last Round: The Epic British Stand on the Imjin River, Korea 1951*, London: Aurum Press, 2009.

Sandburg, Carl, *Abraham Lincoln: The War Years*, New York: Harcourt, Brace & Company, 1939.

Sato, Toshihiko, *The Father of Democracy: Lincoln* [in Japanese], Tokyo: Iwasaki Shoten, 1960.

Sawada, Ken, *A Biography of Lincoln* [in Japanese], Tokyo: Chobunkaku, 1946.

Schurz, Carl, *Abraham Lincoln*, Boston and New York: Houghton Mifflin Company, 1891.

Schwartz, Barry, "Iconography and Collective Memory:

Lincoln's Image in the American Mind," *The Sociological Quarterly*, Vol.32, No.1 (1991), pp. 301–319.

_____, *Abraham Lincoln in the Post-Heroic Era: History and Memory in Late Twentieth-Century America*, Chicago: University of Chicago Press, 2008.

Shaw, Archer H., ed., *The Lincoln Encyclopedia*, New York: The Macmillan Company, 1950.

Shibano, Minzo, *Lincoln*, Tokyo: Kin-no Hoshi-sha, 1964.

Sideman, Belle Becker, and Lillian Friedman, eds., *Europe Looks at the Civil War*, New York: Orion Press, 1960.

Smith, Adam I. P., "'The Stuff Our Dreams are Made Of': Lincoln in The English Imagination," in Richard Carwardine and Jay Sexton, eds., *The Global Lincoln*, New York: Oxford University Press, 2011.

Smith, Steven B., *Hegel's Critique of Liberalism: Rights in Context*, Chicago: University of Chicago Press, 1989.

_____, *Political Philosophy*, New Haven: Yale University Press, 2012.

Spykman, Nicholas John, *America's Strategy in World Politics: The United States and the Balance of Power*, New York: Harcourt, brace and Co., 1942.

Stengel, Richard, *Mandela's Way: Fifteen Lessons on Life, Love, and Courage*, New York: Crown Publishers, 2010.

Stevenson, Louise L., *Lincoln in the Atlantic World*, Cambridge: Cambridge University Press, 2015.

Stockwell, Mary Elizabeth, "Woodrow Wilson and Lincoln's Bridge to the World," in Robert P. Watson, William D. Pederson, and Frank J. Williams, eds., *Lincoln's Enduring Legacy: Perspectives from Great Thinkers, Great Leaders, and the American Experiment*, Lanham, Maryland: Lexington Books, 2011.

_____, *Woodrow Wilson: The Last Romantic*, New York: Nova Science Publishers, 2008.

Strachan, Hew, and Sibylle Scheipers, eds., *The Changing Character of War*, Oxford: Oxford University Press, 2011.

Suri, Jeremi, *The Impossible Presidency: The Rise and Fall of America's Highest Office*, New York: Basic Books, 2017.

Tao, De-min, "'A Standard of Our Thought and Action': Lincoln's Reception in East Asia," in Richard Carwardine and Jay Sexton, eds., *The Global Lincoln*, New York: Oxford University Press, 2011.

Taranto, James, and Leonard Leo. eds., *Presidential Leadership: Rating the Best and Worst in the White House*, New York: A Wall Street Journal Book, 2004.

Temple, Henry W., "William H. Seward Secretary of State," in Samuel Flagg Bemis, et al., eds., *The American*

Secretaries of State and Their Diplomacy, New York: Pageant Book Company, 1958.

Thatcher, Margaret, *The Downing Street Years*, New York: HarperCollins, 1993.

Tomasky, Michael, *Bill Clinton*, New York: Times Books, 2017.

Trefousse, Hans L., *Rutherford B. Hayes*, New York: Times Books, 2002.

Tripathy, Jyotirmaya, Sura P. Rath, and William D. Pederson, eds., *Abraham Lincoln Without Borders: Lincoln's Legacy Outside the United States*, Delhi, India: Pencraft International, 2010.

Tsujita, Usao, *Lincoln* [in Japanese], Tokyo: Daigado, 1949.

Villard, Harold. G., and Oswald G. Villard, eds., *Lincoln on the Eve of '61: A Journalist's Story*, New York: Alfred A. Knopf, 1941.

Vorenberg, Michael, *Final Freedom: The Civil War, the Abolition of Slavery, and the Thirteenth Amendment*, Cambridge: Cambridge University Press, 2001.

_____, "Liberté, Égalité, and Lincoln: French Readings of an American President," in Richard Carwardine and Jay Sexton, eds., *The Global Lincoln*, New York: Oxford University Press, 2011.

Wang, Ke-wen, ed., *Modern China: An Encyclopedia of History, Culture, and Nationalism*, New York & London: Garland Publishing, 1998.

Warren, Robert Penn, *The Legacy of the Civil War*, New York: Random House, 1961.

Watson, Robert P., William D. Pederson, and Frank J. Williams, eds., *Lincoln's Enduring Legacy: Perspectives from Great Thinkers, Great Leaders, and the American Experiment*, Lanham, Maryland: Lexington Books, 2011.

Weisberg, Jacob, *Ronald Reagan*, New York: Times Books, 2016.

Willett, Ralph, *Americanization of Germany, 1945-1949*, New York: Routledge, 1989.

Williamson, David B., *Illustrated Life, Services, Martyrdom, and Funeral of Abraham Lincoln*, Philadelphia: T.B. Peterson & Brothers, 1865.

Wills, Garry, *Lincoln at Gettysburg*, New York: Simon & Schuster, 1992.

Wilson, Douglas L., "Abraham Lincoln and Shaping of Public Opinion," in George R. Goethals and Gary L. McDowell, eds., *Lincoln's Legacy of Leadership*, New York: Palgrave Macmillan, 2010.

Indian Opinion.
Lincoln Lore.
Manchester Guardian.
New York Tribune.
Report (Tokyo Lincoln Center).
The Saturday Evening Post.
The Times.

찾아보기

ㄱ

가리발디	101
가쓰라-태프트 협약	309
간디	257
게티스버그	84
공공외교	302
공자	40
공화주의	124
국민당	266
국제연맹	159
국제주의	309
균형자	102
그랜트	87
글래드스톤	245
김일성	280
김정은	11, 280

ㄴ

나이지리아	252
나폴레옹	75
나폴레옹 3세	214
남아프리카	251
뉴딜	162
니버	65
니체	133

ㄷ

대처	179, 240
더글라스	60
데이비스	68
동맹	302
동방정책	208
드골	291

ㄹ

러일전쟁	309
레이건	178
로버트 리	23
록펠러	140
루소	196
루즈벨트	144, 160
루터 킹	129

ㅁ

마르크스	108
만델라	251

먼로 독트린	217	신해혁명	266
멕킨더	126		
명치유신	260	**ㅇ**	
모택동	92	아롱	278
무솔리니	9	아르헨티나	246
		아일랜드	236
ㅂ		연성 권력	301
바이마르	202	예외주의	179
베르사유 조약	159	오바마	186
변환적 리더십	295	왕샤조약	28
보불전쟁	216	우루과이	248
부시	185	워싱턴	192
북한	5	웨일즈	241
뷰캐넌	115	윌슨	8, 151
브란트	205	유럽협조체제	99
비스마르크	101	유엔	5
비엔나체제	101	유화정책	5
		이라크전	187
ㅅ		이승만	309
사회적 다원주의	142	이홍장	31
손문	69	인도	256
슈미트	208	인도주의적 개입	281
스워드	19		
스탈린	278	**ㅈ**	
스파이크만	125	자유민주주의	10
스페인	223	제1차 세계대전	8

찾아보기 **335**

제2차 세계대전	9	**ㅍ**	
조미니	284	파리코뮌	219
조지	237	페리	30
존슨	116, 173	프랑스 대혁명	99
중화인민공화국	268	프랑코	230
증국번	31	플라톤	196
14개 조항	158		
		ㅎ	
ㅊ		합의	289
처칠	234	핵무기	11
총력전	120	헤겔	132
		히틀러	9
ㅋ		힘의 균형	99
카부르	101	힘의 중심부	284
케냐	251		
콜롬비아	249		
쿠바	247		
크리미아 전쟁	100		
클라우제비츠	284		
클린턴	182		
ㅌ			
태프트	150		
트럼프	191